职业教育机电类专业系列教材

电工电子技术基础与应用

第2版

主 编 刘伦富 杨 啸 张道平

参 编 侯守军 蔡继红 马廷花 刘静华

　　　 王翠霞 周 未

主 审 汤学达

机械工业出版社
CHINA MACHINE PRESS

本书以单元为大类，以项目为节，涵盖了电工中级工的专业理论和实践操作技能。本书主要内容包括电工基本操作、常用电工材料、常用电工仪表、交流电路、交流电动机、低压电器与电动机控制电路、安全用电、常用电子元器件的识别与整流滤波电路、晶体管放大电路、数字电路基础，共10个单元，分为48个项目和5个阅读材料。每个项目均附有思考与练习题，帮助学生巩固知识。为便于教学，本书配有相关教学资源，选择本书作为教材的老师，可登录www.cmpedu.com，注册、免费下载。

本书侧重介绍电工知识，可作为模具、数控、机电类专业电工电子技术课程的教学用书，也可作为电气技术应用和中级电工培训教材及电子信息类电工基础课程教材。

图书在版编目（CIP）数据

电工电子技术基础与应用/刘伦富，杨啸，张道平主编. —2版. —北京：机械工业出版社，2021.8（2025.6重印）
职业教育机电类专业系列教材
ISBN 978-7-111-68931-7

Ⅰ.①电… Ⅱ.①刘… ②杨… ③张… Ⅲ.①电工技术-高等职业教育-教材②电子技术-高等职业教育-教材 Ⅳ.①TM②TN

中国版本图书馆CIP数据核字（2021）第162122号

机械工业出版社（北京市百万庄大街22号　邮政编码100037）
策划编辑：汪光灿　责任编辑：汪光灿　王　荣
责任校对：肖　琳　封面设计：张　静
责任印制：单爱军
北京盛通数码印刷有限公司印刷
2025年6月第2版第5次印刷
184mm×260mm·18.25印张·314千字
标准书号：ISBN 978-7-111-68931-7
定价：56.00元

电话服务　　　　　　　　　网络服务
客服电话：010-88361066　机 工 官 网：www.cmpbook.com
　　　　　010-88379833　机 工 官 博：weibo.com/cmp1952
　　　　　010-68326294　金 书 网：www.golden-book.com
封底无防伪标均为盗版　机工教育服务网：www.cmpedu.com

党的二十大报告中指出"实施科教兴国战略,强化现代化建设人才支撑",将"大国工匠"和"高技能人才"纳入国家战略人才行列,本书编者在总结过去教学和企业实践经验的基础上,以培养高技能人才为目标,在第1版的基础上修订了本书。本书的特点如下:

1) 采用了最新标准,增加了新知识,使第2版的内容更合理、更实用。

2) 以服务于企业生产实践为目标来组织、选择内容。按照学生的一般认识规律由浅入深,分单元以项目的形式编写,每个项目就是一个生产实践活动,以工厂为背景组织实施教学,逐步提高学生的认知能力、实践技能和对企业的适应能力,培养学生"零距离"上岗。

3) 淡化了复杂的专业理论分析、推导与计算,将中级技术工人必须掌握的专业理论融入实践中,使内容通俗易懂,增加了可读性。每个项目都提出了学习目标、学习过程(方法),利于学生自学,培养自觉学习的习惯,树立学习信心。

4) 部分项目总结了生产实践中解决实际问题的一些小技巧,有利于快速提高学生的专业技能和解决问题的灵活性。

5) 第七单元安全用电部分没有抽象的理论说教。该单元内容结合生产实践中的实例,分析了安全用电的几种措施、方法的科学性和重要性,使学生易于理解、掌握安全用电的知识,自觉遵守安全用电规则,明晓安全用电的重要意义。

教学建议:

"电工电子技术基础与应用"是理工类专业的技术基础课程,实践性强,采用项目教学,将理论和实践融为一体,可收到较好的效果。将学生 2~4 人分为一个小组，共同协作、学习，完成项目学习任务，培养学生相互学习、相互合作的团队精神。

阅读材料部分以实用技术为主，拓宽学生的知识面，可以根据专业的不同和课时情况进行选修。加"＊"的内容对招收的初中毕业生而言有一定的教学难度，可用于选修。

本书由湖北信息工程学校刘伦富、杨啸、张道平担任主编，参与编写工作的有湖北信息工程学校侯守军、蔡继红、马廷花、刘静华、王翠霞，以及荆门职业学院周末，湖北省十堰市职业技术（集团）学校汤学达担任本书主审，对书稿提出了许多宝贵意见，在此表示衷心的感谢。

由于编者水平有限，书中错误和不妥之处在所难免，敬请读者批评指正。

编　者

随着我国职业教育形势的发展变化和人们对职业教育认识的不断深入,职业教育工作者已认识到:职业教育应以就业为导向,以能力为本位,注重学生实践能力和创新能力的培养。为贯彻落实国家教育部面向 21 世纪职业教育课程改革和教材建设规划以及中职学校电工电子教学大纲的要求,编者在总结过去教学经验和企业实践的基础上,以培养现代中级技术工人为目标,以项目的形式编写了本书。本书的特点如下:

1) 以服务于企业生产实践为目标来组织、选择内容。按照学生的一般认识规律由浅入深,分单元以项目的形式编写,每个项目就是一个生产实践活动,以工厂为背景组织实施教学,逐步提高学生的认知能力、实践技能和对企业的适应能力,培养学生"零距离"上岗。

2) 淡化了复杂的专业理论分析、推导与计算,将中级技术工人必须掌握的专业理论融入实践中,使内容通俗易懂,增加了可读性。每个项目都提出了学习目标、学习过程(方法),利于学生自学,培养自觉学习的习惯,树立学习信心。

3) 部分项目总结了生产实践中解决实际问题的一些小技巧,有利于快速提高学生的专业技能和解决问题的灵活性。

4) 第七单元安全用电部分没有抽象的理论说教。该单元内容结合生产实践中的实例,分析了安全用电的几种措施、方法的科学性和重要性。使学生易于理解、掌握安全用电的知识,自觉遵守安全用电规则,明晓安全用电的重要意义。

教学建议:

"电工电子技术基础与应用"是理工类专业的技术基础课程,

实践性强，采用项目教学，将理论和实践融为一体，可收到较好的效果。将学生2~4人分为一个小组，共同协作、学习，完成项目学习任务，培养学生相互学习、相互合作的团队精神。

阅读材料部分以实用技术为主，拓宽学生的知识面，可以根据专业的不同和课时情况进行选修。加"＊"的内容对招收的初中毕业生而言有一定的教学难度，可作选修。

本教材由湖北信息工程学校刘伦富担任主编并修改定稿，负责编写了第一、二、三、六、九单元和阅读材料；湖北省十堰市职业技术（集团）学校肖保燕担任副主编，编写了第四单元；广西壮族自治区南宁高级技工学校周继伟编写了第八、十单元；湖北信息工程学校张四平编写了第五、七单元。湖北省十堰市职业技术（集团）学校汤学达担任主审，对书稿提出了许多宝贵意见，在此表示衷心的感谢。

由于编写时间仓促和编者水平有限，书中错误和不妥之处在所难免，敬请读者批评指正。

编　者

目　录

目　录

第一单元　电工基本操作

▶ **学习目标**

　　通过对这一单元的学习，熟练掌握电工基本工具的使用方法与技巧；能根据工作现场选择合适的导线连接方法，掌握绝缘恢复的方法。

项目 1　测电笔的认识与使用

一、学习目标

1）通过对测电笔的观察，掌握测电笔的结构和各组成部件的作用。

2）通过对测电笔的使用训练，熟练掌握测电笔的使用方法和技巧。

二、主要设备、材料及工具

主要使用的设备、材料及工具见表 1-1。

表 1-1　主要设备、材料及工具

名称	参数	名称	参数	名称	参数
测电笔	低压测电笔	插头	二极插头	电线	软铜线
电源	交流、直流可调	线圈	继电器线圈		

三、项目实施及工艺要求

1. 低压测电笔的握法

　　按照如图 1-1 所示方法握好测电笔，手指触及笔尾的金属体，氖管小窗体背光朝向自己，便于观察。

2. 低压测电笔使用训练

完成下列项目内容并认真观察相关的现象。

（1）相线和中性线的判别　测电笔触及相线氖管发光；测电笔触及中性线，在正常状态下，氖管不发光。

（2）电压高、低的判别　测电笔触及不同的电压值（低电压范围），氖管发光的强弱不同，经过反复多次训练，可根据氖管发光的强弱估计电压高低的大约数值。

图1-1　低压测电笔的使用方法

（3）交流电、直流电的区别　测电笔触及直流电，氖管只有一个电极发光；测电笔触及交流电，氖管两个电极同时发光。

（4）设备外壳是否带电的鉴别　测电笔触及电动机或调压器等电气设备的外壳，如果氖管发光，说明该设备外壳带电，它表明设备漏电（相线碰机壳）且接地装置有问题，应及时处理，消除隐患。如果设备外壳接地装置良好，氖管不会发光。

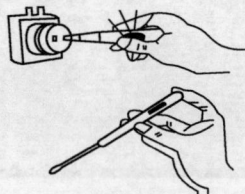

四、测电笔的使用技巧

在居家生活或简单的电气故障检修中，不是人人或时时总带有万用表，而测电笔却很易找到或居家备有，它在电气检修中有很多的使用技巧，下面做简要介绍。

1. 判断线圈、荧光灯管的灯丝是否烧断

线圈、荧光灯管的灯丝分别是用漆包线和特殊电阻丝制成，其两端点是相通的，如图1-2所示。检测方法：将荧光灯管的一个灯脚插入验明为相线的

a) 线圈　　　b) 灯管

图1-2　线圈、荧光灯管结构示意图

插座孔中，用测电笔测试灯管的另一个灯脚应发光，否则说明其灯丝已烧断。用漆包线绕制成的线圈，刮去两端头的漆膜，用带绝缘手柄的尖嘴钳将其中一个端头垂直插入相线孔中，测试另一端，如测电笔不发光，则线圈内部已断线。

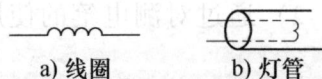

2. 查找中性线断线点

检修照明电路时，我们时常遇到用测电笔测试电路分接盒或接线桥接点处的两根电源线都发光的现象，这其实是住户的供电中性线在某接点断线或接触不良，相线通过灯具等电器形成通路。一般地，中性线断线往往是因接头处如进线刀开关、接线桥等接点接触不良所致，用测电笔从两根电源线都发光的接点处逐渐向电源方向查找故障点，其断点在中性线的发光与不发光的分界点的一段电路或两

接点处。如图 1-3 所示，中性线在图中接点左端点不发光而在右端点发光，说明中性线在左端点之前接触良好，断开开关，仔细检查这两个接点的连接情况即可找到故障点。

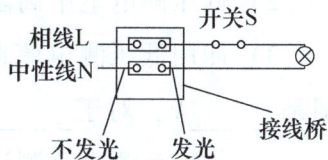

测电笔的使用技巧训练，应严格在指导老师监护下进行，以保证安全。

图 1-3　中性线断线点的查找

五、相关知识

1. 低压测电笔

低压测电笔有氖管型（包括钢笔式、旋具式）和数显型两种，结构如图 1-4 所示。低压测电笔测试电压的范围为 60～500V。当测试带电体时，电流经带电体、笔尖、电阻、氖管（或数显型的电子电路）、弹簧、笔尾、人体到大地形成串联的通电回路，只要带电体与大地之间的电位超过 60V，测电笔中的氖管就会发光（或显示被测相线电压值）。由于这段电路中串有高阻值的电阻，故电流很小，对人体没有危害。

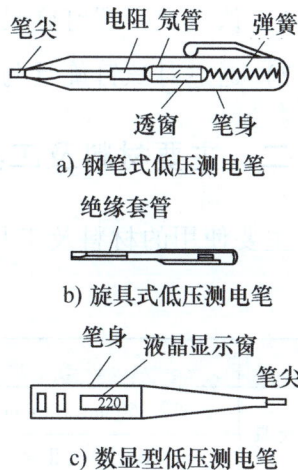

a) 钢笔式低压测电笔

b) 旋具式低压测电笔

c) 数显型低压测电笔

图 1-4　低压测电笔

2. 使用测电笔的安全知识

1）不可拆掉测电笔中的高阻值电阻，否则使用时会造成触电事故。

2）使用测电笔前，一定要在已知的电源上检测，确认测电笔良好才能使用。

3）潮湿环境慎用测电笔，使用时，应使测电笔逐渐靠近被测物体，直至氖管发光。

4）在明亮的光线下测试时，应注意避光，以防误判。

5）在测试时慎防测电笔尖滑落搭接在两根导线或导线与金属外壳上，导致短路。

6）测电笔不可当旋具使用，以防损坏。

7）36V 以下的电压，氖管型测电笔是检验不出来的（即氖管不发光）。

六、思考与练习

1）低压测电笔有几种？各由哪几部分组成？

2）低压测电笔中高阻值电阻的作用是什么？使用中应注意哪些事项？

3）使用低压测电笔时，手指要触及测电笔的_____。低压测电笔的检测范围是_____V，对于_____V以下带电体，氖管不发光。

4）氖管型测电笔测试电路不发光，说明电路不带电吗？

5）说说你在测电笔的使用过程中有哪些体会？

6）你怎样注意测电笔在使用过程中的安全？

项目2 螺钉旋具与电工钳的认识与使用

一、学习目标

1）认真观察螺钉旋具与电工钳，了解其结构和各组成部分的作用。

2）通过对螺钉旋具与电工钳的使用训练，熟练掌握其使用方法和技巧。

二、主要材料及工具

主要使用的材料及工具见表1-2。

表1-2 主要材料及工具

名称	参数	名称	参数	名称	参数
螺钉旋具	一字形：50mm、100mm	木板	平木板、竖木板	压线钳	YJQ-P2型手动式
	十字形：Ⅰ号、Ⅱ号	钢丝钳	绝缘柄式	剥线钳	绝缘柄式
螺钉	一字形、十字形螺钉	钢丝	8号、长度0.4m	螺杆螺母	M6附带平垫、弹簧垫
尖嘴钳	绝缘柄式	接线耳		导线	塑料、橡胶绝缘硬、软线

三、相关知识

1. 螺钉旋具

螺钉旋具是电工最常用的基本工具之一，用来拆卸、紧固螺钉。螺钉旋具可分为有磁性材料和无磁性材料两种；按头部形状可分为一字形和十字形（又称梅花形）两种；按握柄材料可分为木柄、塑柄和胶柄。其结构如图1-5所示。

螺钉旋具一般用握柄以外的体部长度表示。一字形螺钉旋具常用的有50mm、75mm、100mm、150mm

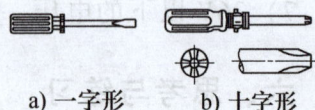

a）一字形　　b）十字形

图1-5 旋具

和200mm等规格。十字形螺钉旋具有 Ⅰ、Ⅱ、Ⅲ、Ⅳ四种规格，Ⅰ号适用于螺钉直径为2~2.5mm；Ⅱ号适用于螺钉直径为3~5mm；Ⅲ号适用于螺钉直径为6~8mm；Ⅳ号适用于螺钉直径为10~12mm。

2. 电工钳

电工钳主要包括钢丝钳、尖嘴钳、剥线钳、断线钳、压线钳等，钳柄上必须套有耐压500V以上的绝缘套管，其结构、用途和使用注意事项见表1-3。

表1-3　常用电工钳的结构、用途和使用注意事项

工具名称	结构与用途	使用注意事项
钢丝钳 刀口 齿口 铡口 钳口 绝缘管	由钳头和钳柄两部分组成，是钳夹和剪切工具。电工用的钢丝钳钳头功能较多：钳口用来弯绞或钳夹导线线头；齿口用来紧固或起松螺母；铡口用来铡切钢丝或铁丝等较硬金属；刀口用来剪切导线及线芯或剖切导线绝缘层	1）使用前应检查绝缘柄是否完好，以防带电作业时触电 2）当剪切带电导线时，绝不可同时剪切相线和中性线或两根相线，以防发生短路事故 3）要保持钢丝钳的清洁，钳轴要经常加机油润滑，保证使用灵活 4）钢丝钳不可作为锤子来敲打硬质物体，以免损坏钳头 5）不要用钢丝钳来夹持灼热发红的物体，以免钳口"退火"，影响钳口的硬度和完整性
尖嘴钳 刀口 钳口 钳柄	尖嘴钳的头部细长，可在狭小的工作空间操作。主要用来夹持较小的螺钉、垫圈，剥削软导线，剪切细小导线或金属丝。在装接电气控制电路时可用尖嘴钳将单股导线弯成一定圆弧的接线鼻，便于压接在垫圈下	不可用钳口来剪切钢丝。其他与钢丝钳相同
剥线钳 刀口 钳柄 压线口	剥线钳用来剥削线芯截面积为6mm^{2}以下的塑料、橡胶导线的绝缘层。其切口分为0.5~3mm的多个直径切口，用于剥削不同规格的芯线	1）切记不可将大直径的导线放入小直径的切口内剥削，以免切伤线芯甚至切断线芯，损坏剥线钳 2）对剥线钳的机械运动部分要经常滴入适量的润滑油，保持其运动灵活
断线钳（斜口钳）	主要用于剪切较粗的线材、线缆和电子元器件的管脚及引脚	与钢丝钳相同
压线钳（压接钳）	用来压接导线线头与接线耳端头等，是一种可靠连接的冷压模工具。其分为手动式压接钳、气动式压接钳、油压式压接钳。左图是YJQ-P2型手动式压接钳的外形图。它有四种压接口腔，用于压接导线截面积为0.75~8mm^{2}之间多种规格与冷压端头的压接	

四、项目实施及工艺要求

1. 螺钉旋具的使用练习

用螺钉旋具在水平木板和竖直木板上拆卸、紧固螺钉，如图 1-6 所示。当螺钉较小时，可用大拇指和中指夹住握柄，用食指顶住柄的末端捻旋；螺钉较大时，除用大拇指和中指夹住握柄外，手掌还要顶住柄的末端用力扭旋；竖直方向操作时另一个手托住手掌协助操作，这样既便于用力又防止旋转时滑脱。

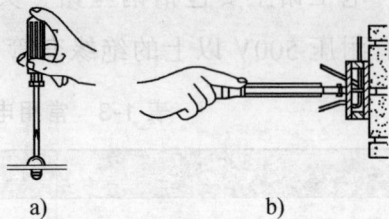

螺钉旋具使用注意事项如下：

a)　　　　　　　b)

图 1-6　螺钉旋具的正确使用

1）使用螺钉旋具拆卸、紧固带电螺钉时，手不可触及金属杆，以免触电，为避免发生事故，应在其金属杆上套绝缘管。

2）电工不可使用金属杆通顶的螺钉旋具；不可将螺钉旋具当凿子使用；木柄螺钉旋具不要受潮，以防带电作业时发生触电事故。

3）使用螺钉旋具时，应按螺钉的大小规格选用合适的刃口，不可以小代大或以大代小损坏螺钉或电气元器件。

2. 钢丝钳的使用练习

按图 1-7 所示进行钢丝钳的使用练习。

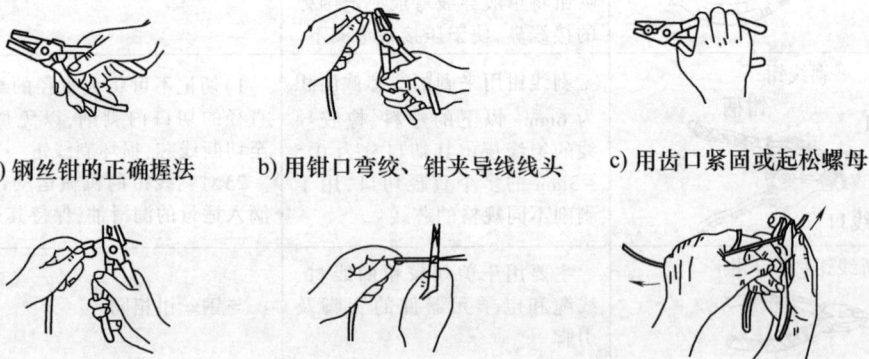

a) 钢丝钳的正确握法　　b) 用钳口弯绞、钳夹导线线头　　c) 用齿口紧固或起松螺母

d) 用刀口剪切导线或线芯　e) 用铡口铡切钢丝或铁丝等较硬金属　f) 用刀口剖削导线绝缘层

图 1-7　钢丝钳的使用

3. 尖嘴钳的使用练习

1）如图 1-8 所示，将截面积为 2.5mm^2、4mm^2 的导线弯成圆弧形压接圈并配合钢丝钳按图 1-9 所示紧固导线。压线时，压接圈、接线耳（鼻）等必须压在平

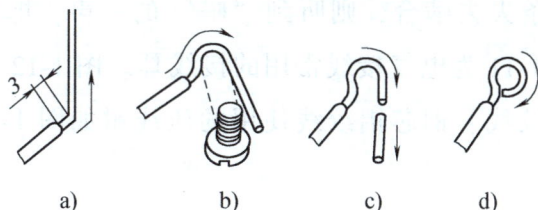

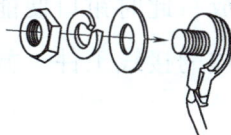

图 1-8　单芯线压接圈的弯法　　　　　　图 1-9　接线桩垫圈压线顺序

垫圈下边；压接圈的方向必须与螺钉拧紧方向一致。

2）使用尖嘴钳剖削软线，方法同钢丝钳。

4. 剥线钳的使用练习

用表 1-3 中剥线钳剥削不同规格的塑料、橡胶绝缘层的硬、软导线。

使用时，先确定好被剥削导线绝缘层的长度，然后将导线放入大于其芯线直径的切口上，用手将钳柄一握，导线的绝缘层即被割断自动弹出。图 1-10 所示是多功能剥线钳的结构与使用方法，它具有压接端子，剪切铜、铝导线，剥线等功能。剥线时，导线绝缘层被割断后仍需握住钳柄将绝缘层拉出。

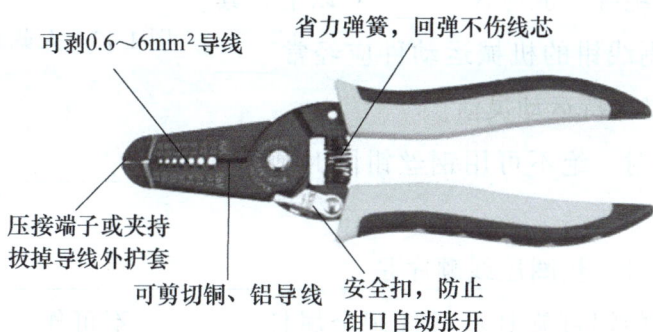

a）结构

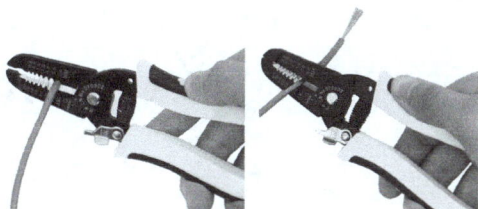

b）使用方法

图 1-10　多功能剥线钳的结构与使用方法

5. 压线钳的使用练习

操作时，先将接线耳预压在钳口腔内，将剥去绝缘层的导线端头插入接线耳端头的孔内，并使被压裸线的长度超过压痕的长度，即可将手柄压合到底，使钳口完全闭合，当锁定装置中的棘爪与齿条失去啮合，则听到"嗒"的一声，即为压接完成，此时钳口便能自由张开。图 1-11 为电气接线常用的接线耳。图 1-12 为压接完成的接线工件。截面积较大的铝绞线、钢芯铝绞线使用的压线钳如图 1-13 所示。

a) 大电流用接线耳 b) 小电流用接线耳

图 1-11　接线耳

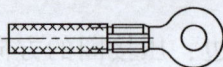
图 1-12　压接完成的接线工件

五、思考与练习

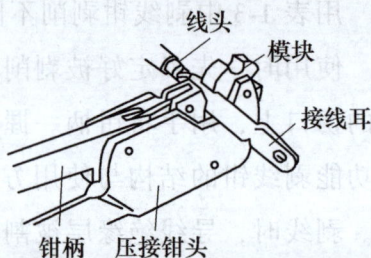
图 1-13　大截面积导线压线钳

1）使用电工工具前应＿＿＿＿＿＿＿＿＿。

2）圆弧形压接圈一般是＿＿＿＿＿时针方向，以便与螺钉拧紧方向一致。

3）电工钳的绝缘一般应在＿＿＿＿＿V 以上，其可动部位如轴、剥线钳的机械运动件应经常＿＿＿＿＿＿＿＿＿＿＿以保持运动灵活。

4）带电作业时，绝不可用钢丝钳同时剪切＿＿＿＿＿＿＿＿＿＿＿，以防发生短路事故。

5）接线桩螺母、垫圈压线顺序是＿＿＿＿＿＿＿＿＿＿＿＿＿＿。

6）电工使用的螺钉旋具不可选用金属杆＿＿＿＿＿，不可作＿＿＿＿＿使用，以免敲打损坏。

项目 3　电工刀的使用、导线连接与绝缘恢复

一、学习目标

1）熟练掌握电工刀剖削硬线的方法和电工刀锥、锯的使用方法。

2）能根据工作现场的情况选择合适的导线连接方法与绝缘恢复方法。

二、主要设备、材料及工具

主要使用的设备、材料及工具见表 1-4。

表 1-4　主要设备、材料及工具

名称	参数	名称	参数	名称	参数
电工刀	四用型	木块		单铜芯线	$2.5\text{mm}^2/2\text{m}/$根
电工钳	钢丝钳、尖嘴钳、剥线钳	黑胶布	20mm 宽	单铝芯线	$2.5\text{mm}^2/2\text{m}/$根
多股铜绞线	7 芯 $10\text{mm}^2/2\text{m}/$根	黄蜡带	20mm 宽	多股铝绞线	7 芯 $10\text{mm}^2/2\text{m}/$根

三、项目实施及工艺要求

电工刀是用来剖削导线绝缘层，切割电工器材，削制木榫的常用电工工具。电工刀按结构分为普通型和四用型两种，如图 1-14 所示。四用型电工刀有刀片、锯片、锥子和平起。

图 1-14　电工刀

1. 电工刀的使用练习

1）用电工刀剖削塑料硬导线绝缘层，如图 1-15 所示。

2）用锥子钻木螺钉的定位孔。

3）用锯片锯割电线槽板、塑料管和小木桩，削制木榫。

电工刀剖削硬导线绝缘层是电工的基本功，较粗的导线必须用电工刀剖削绝缘层。软线不可用电工刀剖削绝缘层，必须用电工钳剖削。

电工刀剖削塑料硬线绝缘层时，按所需线头长度用电工刀以 45°倾角切入导线绝缘层，如图 1-15b 所示，然后以 25°角倾斜推削，如图 1-15c 所示。最后将剖开的绝缘层反方向扳翻并齐根切去剩余的绝缘层，如图 1-15d 所示。剖削绝缘层时不能削伤线芯。

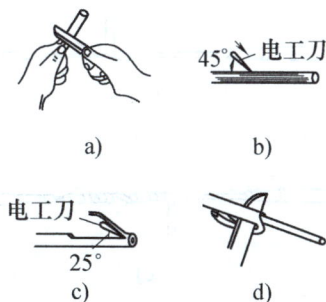

图 1-15　电工刀剖削
塑料硬导线绝缘层

4）塑料护套线绝缘层的剖削。护套线的外层有公共绝缘护套层，内层每根线芯由绝缘层将其相互分开。剖削时，先按所需线头长度找到平行线芯的缝隙，用电工刀尖划开护套外层，然后将剖开的护套层反方向扳翻并齐根切去，如图 1-16 所示。

5）电工刀使用注意事项。

① 使用电工刀时，应将刀口朝外，一般是左手持导线，右手握刀柄，刀片与

导线成较小锐角，否则会削伤导线。

② 电工刀刀柄是不绝缘的，不能带电进行操作，以免发生触电事故。

③ 电工刀使用完毕，应将刀片折入刀柄内。

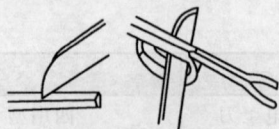

图 1-16　护套线绝缘层的剖削

2. 铜导线的连接

导线连接是电工最基本的技能，许多电气事故往往是导线线头接触不良或连接不正确而造成的。

（1）单股铜芯导线的直线连接和 T 形分支连接

1）单股铜芯导线的直线连接。如图 1-17 所示，根据导线直径将两线头剖削出所需要长度的线芯，清除线芯表面氧化层，将两线芯进行 X 形交叉，并相互绞绕 2~3 圈，再扳直线头，如图 1-17a、b 所示。然后将扳直的两线头各紧密自绕 5~6 圈，切除余下线头并钳平线头末端。

2）单股铜芯导线的 T 形分支连接。如图 1-18 所示，将剖削好的支路线芯与干线线芯十字相交，支路线芯根部留出 3~5mm，按顺时针方向在干线线芯上紧密缠绕 6~8 圈，然后用钢丝钳切除余下线芯，钳平线芯末端。

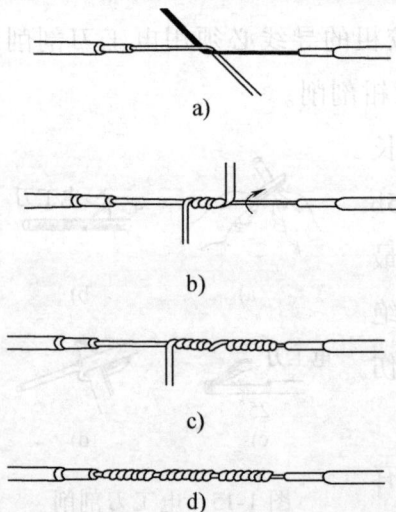

图 1-17　单股铜芯导线的直线连接

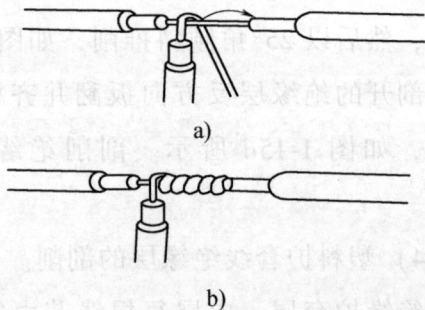

图 1-18　单股铜芯导线的 T 形分支连接

（2）7 股铜芯线的直线连接和 T 形分支连接

1）7 股铜芯线的直线连接，如图 1-19 所示。

① 将两线端剖削出 150mm 长的线芯，并将靠近绝缘层约 1/3 段线芯长用钢丝钳绞紧，把余下的 2/3 线头散开成伞状，清洁表面氧化层并拉直，如图 1-19a

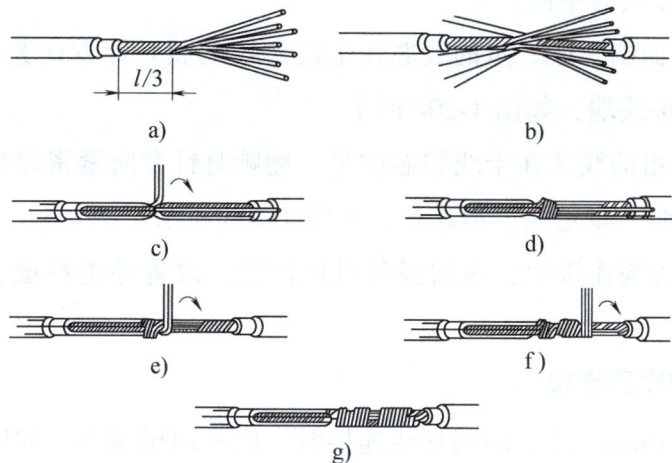

图 1-19　7 股铜芯线的直线连接

所示。

② 如图 1-19b 所示，把伞状线芯隔根对叉。

③ 理平线芯，把 7 股线芯分为 2、2、3 股成三组，把第一组的 2 股线芯扳直成如图 1-19c 所示状态，按顺时针方向紧密缠绕 2 圈后扳平余下线芯，如图 1-19d 所示。

④ 把第二组扳直到与线芯垂直的位置，如图 1-19e 所示，再压住第一组余下的线芯缠绕 2 圈扳平余下的线芯，用第三组的 3 股线芯压住余下的线芯，如图 1-19f 所示，紧密缠绕 3 圈，切除余下的线芯，钳平线端，如图 1-19g 所示。用同样的方法完成另一边的缠绕即可。

上述方法可总结为：绞紧 1/3 段线芯，散开余下的 2/3 线头，隔根对叉。7 股线芯分为 2、2、3 股成三组，分别缠绕 2、2、3 圈，钳平线端。

2）7 股铜芯线的 T 形分支连接，如图 1-20 所示。

① 剖削干线与分支线的绝缘层，把分支芯线线头的 1/8 处根部进一步绞紧，余下部分散开拉直，清洁表面氧化层，如图 1-20a 所示。

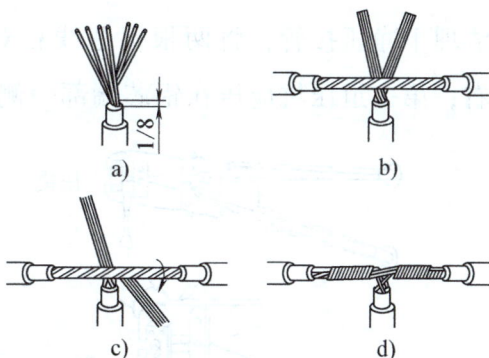

图 1-20　7 股铜芯线的 T 形分支连接

② 如图 1-20b 所示，把分支线芯分为 4、3 股成两组，理整齐，接着把干线芯线用一字形旋具撬分成两组，把支线 4

股线芯组插入干线线芯中间。

③ 将留在外面的 3 股一组的线芯在干线芯线上顺时针方向紧密缠绕 4~5 圈，切除余下线芯钳平线端，如图 1-20c 所示。

④ 用 4 股一组的线芯在干线线芯的另一侧顺时针方向紧密缠绕 3~4 圈，切除余下线芯钳平线端，即完成 T 形连接，如图 1-20d 所示。

在铜导线的缠绕连接中，为增强其机械性能，改善导电性能，可进一步进行锡焊处理。

3. 铜导线的冷压连接

截面积大于 $16mm^2$ 以上的铜导线连接时，应采用压接法，如图 1-21 所示。为满足接触电阻和机械强度的要求，一般是每端压两个坑。压接时的压坑深度以控制上、下模均相互接触为止。压紧后，维持压接状态 10~15s，待变形稳定后方可松开钳口，再压下一个。

图 1-21　铜导线用铜压接管压接

压接法的优点是操作简单，便于现场施工。

值得注意的是，如需把铜导线与铝导线压接在一起时，为防止铜、铝导线接触处发生电化学腐蚀，必须采用铜铝连接管，其一端为铜，一端为铝，压接时，铜导线与连接管的铜端压接，铝导线与铝端压接。

4. 铝导线的连接

铝导线易氧化，且氧化膜电阻率高，如铝导线采用缠绕法连接，则接触处电阻较大，发热严重。因此铝导线一般采用螺栓压接和压接管压接的方法。螺栓压接适用于承载小电流的铝芯线的连接。承载较大电流的多股铝芯线的连接应采用压接管压接，如图 1-22 所示。根据铝芯线的规格选择合适的铝压接管。压接时，先清理干净压接管，将两根铝芯线相对穿入压接管，且两线端伸出压接管 30mm 左右，第一道压坑应压在铝芯端部一侧。

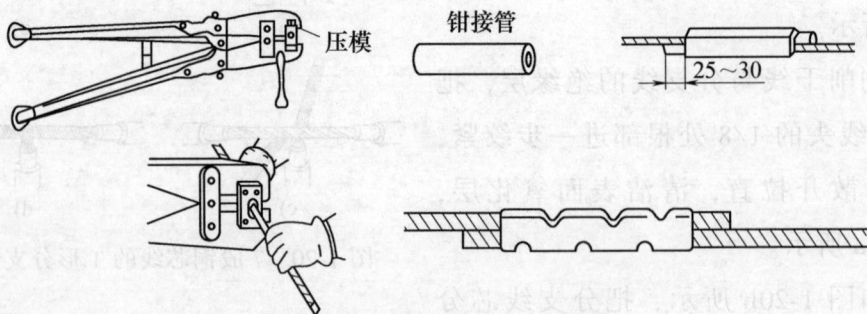

压模　　　钳接管　　　25~30

图 1-22　铝导线用压接管压接

5. 导线绝缘层的恢复

导线连接或绝缘层因外界因素破损后，必须恢复其绝缘。恢复绝缘后的绝缘强度不应低于原来的绝缘强度。通常使用的绝缘材料有黄蜡带、涤纶薄膜带和黑胶布带等。绝缘带包缠方法如图 1-23 所示。绝缘恢复时，黄蜡带的起点应从距线芯两带宽的位置开始，包缠时黄蜡带应与导线保持 45°~55° 的倾角，1/2 带宽叠压。包缠完第一层黄蜡带后，要用黑胶布带接黄蜡带尾端再反方向包缠一层，其方法与前相同，以保证绝缘层恢复后的绝缘性能。

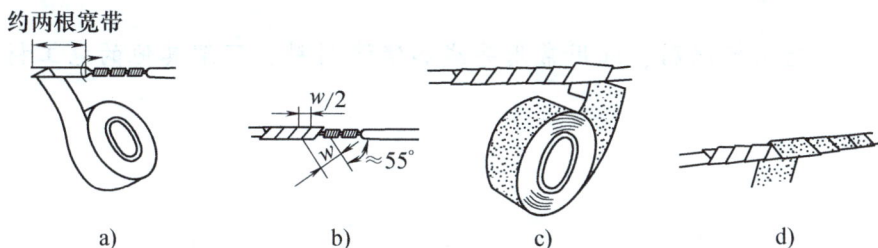

图 1-23　导线绝缘层的恢复

绝缘层恢复要求：恢复承载 220V 导线的绝缘层时，先包一层黄蜡带，再包一层黑胶布，或两层黑胶布。对于 380V 的电路，则要先包两层黄蜡带，再包一层黑胶布。包缠绝缘带时，用力不可太大，以免绝缘带拉伸变形，也不可太松，影响绝缘性能。

四、思考与练习

1）铜芯线与铝芯线能直接连接吗？_____，原因是_____
_____。

2）能用电工刀剖削软线吗？_____。你能用哪几种工具剖削软线？_____
_____。

3）电工刀剖削单根硬线的方法可概括为_____。

4）7 根铜芯线连接的方法可概括为_____。

5）绝缘恢复方法可概括为_____。

6）单根导线和单芯线是一样的吗？

项目 1　常用导线的认识与选用

一、学习目标

了解常用导线的结构、型号、名称和性能特点，掌握其选用方法。

二、主要材料

主要使用的材料为表 2-1 所列导线。

表 2-1　常用导线的结构和应用范围

结构	型号	名　称	用　　途
单股芯线　塑料绝缘　多股绞合芯线	BV BLV	聚氯乙烯（塑料）绝缘铜芯线 聚氯乙烯绝缘铝芯线	用于交直流额定电压为 500V 及以下的户内照明和动力线路的敷设（布线），可明敷、暗敷、穿管以及用于户外沿墙支架线路的架设
棉纱编织层　橡胶绝缘　单根芯线	BX BLX	铜芯橡胶线 铝芯橡胶线	
钢芯	LJ LGJ	裸铝绞线 钢芯铝绞线	用于户外高低压架空线路的架设；其中 LGJ 应用于气象条件恶劣，或电杆档距大，或跨越重要区域，或电压较高等场合

结 构	型 号	名 称	用 途
塑料绝缘 多股束绞芯线	BVR	聚氯乙烯（塑料）绝缘铜芯软线	用作不频繁活动有柔软要求场合的电源连接线
绞合线 平行线	RVB RVS	塑料绝缘双根平行铜芯软线，双根绞合铜芯软线	用作交直流额定电压为250V以下的电器、吊灯的电源连接线
护套层 多股芯线 绝缘层	RVV	塑料绝缘和护套铜芯软线	用作交直流额定电压为250V及以下移动日用电器、家用电子设备电源连接线
棉纱编织层 橡胶绝缘 多股绞芯线 棉纱层	BXS	棉纱编织橡胶绝缘双根绞合软线（俗称花线）	用作交直流额定电压为250V及以下的电热移动电具（如小型电炉、电熨斗和电烙铁）的电源连接导线
塑料护套 塑料绝缘 双根芯线	BVV BLVV	塑料绝缘和护套铜（铝）芯双根或三根护套线	用于交直流额定电压为500V及以下的户内外照明和小容量动力线路的敷设
铜芯 包带 橡胶护套 橡胶绝缘	YQ(W) YZ(W) YC(W)	移动式橡套软电缆（Y系列）	用作低压移动电器如电动工具、插座、仪器及临时供电电源的连接线。YCW型耐油、耐气候变化，适用于户外、耐油场合
	NLV NLVV	聚氯乙烯绝缘铝芯线；聚乙烯绝缘聚氯乙烯护套铝芯线	N系列固定敷设农村低压配电线路，可直埋，积水地区最好选聚乙烯绝缘导线
绝缘层 金属编织屏蔽层	BVP RVP	聚氯乙烯绝缘屏蔽（软）线	用于通信线路，防止电磁波干扰，如传声器话筒线、通信传输线

三、相关知识

电气设备所用的导线可分为三大类，即电磁线、电力线（包括裸导线、电力电缆、电气装备用电线电缆）和通信电缆。它们用以电磁能转换、电能传输和信息通信。一般电工以塑料线、橡胶线、护套线、软线和裸绞线最为常用。橡胶护套具有较好的弹性、耐磨、柔软和耐寒等特性。聚氯乙烯（塑料）护套具有耐油、耐酸碱腐蚀、机械强度高、不易燃等综合防护性好和制造工艺简单等优点。常用导线的结构、型号、名称和用途见表2-1。

1．电线电缆型号的意义

类别项中其他常见字母

表示意义

Y：移动电缆

J：电动机引接线

YH：电焊机用移动电缆

```
        B  L  X  F
```
类别：绝缘布线———   ——其他特征：氯丁橡胶
导电材料：铝—————   ——绝缘材料：橡胶

名称：铝芯氯丁橡胶绝缘导线

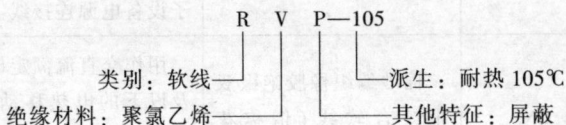

特征项中其他字母

表示意义

S：双绞线

HF：非燃烧橡套

Q：轻型　Z：中型

C：重型　W：户外型

```
        R  V  P—105
```
类别：软线————   ——派生：耐热 105℃
绝缘材料：聚氯乙烯—— ——其他特征：屏蔽

铜芯导电材料代号省略，名称：耐热 105℃聚氯乙烯绝缘屏蔽软线。

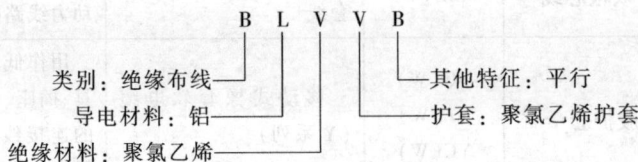

```
        B  L  V  V  B
```
类别：绝缘布线———   ——其他特征：平行
导电材料：铝————   ——护套：聚氯乙烯护套
绝缘材料：聚氯乙烯——

名称：铝芯（二或三芯）聚氯乙烯绝缘聚氯乙烯护套平行导线。

2．导线的选用

导线的选用要考虑的因素较多，其用途不同考虑的侧重点也不同，主要进行以下几个方面的分析。

1）看用途定类型。判断导线是专用线还是通用线，用于户内还是户外，是固定还是移动，以此确定类型。

2）看环境。依据温度、湿度、散热条件等选线芯的长期允许工作温度；按受外力情况，选外护套层的机械强度参数；看有无腐蚀气体、液体、油污的浸渍等选其耐化学性；按振动大小、弯曲状况选它的柔软性；按是否要防电磁干扰选是否用屏蔽线。

3）看额定工作电压、负载的电流。根据额定工作电压选导线的电压等级，依据负载的电流值选导线的截面积且应注意输电导线不宜过长，线路总电压降应不超过5%。导线截面积与长期连续负荷运行允许载流量（安全载流量）见表 2-2 和表 2-3。

表 2-2　常用单芯线空气中和穿管敷设的安全载流量

芯线股数/（单股直径/mm）	导线截面积/mm²	空气中敷设安全载流量/A				穿管敷设安全载流量/A					
		BV BVR	BX BXR	BLV	BLX	穿2根线 BX	穿2根线 BLX	穿3根线 BX	穿3根线 BLX	穿4根线 BX	穿4根线 BLX
1/1.13	1.0	19	21	—	—	15	—	14	—	12	—
1/1.37	1.5	24	27	18	19	20	15	18	14	17	11
1/1.76	2.5	32	35	25	27	28	21	25	19	23	16
1/2.24	4.0	42	45	32	35	37	28	33	25	30	23
1/2.73	6.0	55	58	42	45	49	37	43	34	39	30
7/1.33	10	75	85	55	65	68	52	60	46	53	40
7/1.70	16	105	110	80	85	86	66	77	59	69	52
7/2.12	25	138	145	105	110	113	86	100	76	90	68
7/2.50	35	170	180	130	138	140	106	122	94	110	83
19/1.83	50	215	230	165	175	175	133	154	118	137	105
19/2.14	70	260	285	205	220	215	165	193	150	173	133
19/2.50	95	325	345	250	265	260	200	235	180	210	160
37/2.00	120	375	400	285	310	300	230	270	210	245	190

表 2-3　BX、BLX 型导线空气中敷设的安全载流量

导线截面积/mm²	一芯安全载流量/A BX	一芯安全载流量/A BLX	二芯安全载流量/A BX	二芯安全载流量/A BLX	三芯安全载流量/A BX	三芯安全载流量/A BLX
0.5	12.5	—	9.5	—	7	—
0.75	16	—	12.5	—	9	—
1.0	19	—	15	—	11	—
1.5	24	—	19	—	12	—
2	28	—	22	—	17	—
2.5	32	25	26	20	20	16
4	42	34	36	26	26	22
6	55	43	47	33	32	25
10	75	59	65	51	52	40

注：表中所列数据的条件是导线最高允许工作温度为 65℃，环境温度为 25℃。

4）看经济指标。不能单纯要求各方面技术性能均优而使价格偏高。在满足使用要求的前提下尽可能选价格低的产品，如选用铝芯线，既价廉又节省铜资源。

四、项目实施及工艺要求

1）认识本项目中所列举的电线电缆。

2）某住户家现有空调器（1200W）、电冰箱（120W）、彩电（100W）、电饭煲（800W）等电器，计划装 10A 电能表，进户线穿管，到其他各用电器及插座

第二单元　常用电工材料

的导线采用明敷设。应如何选用导线？

① 分析。一看用途，全部为普通型固定敷设方式。二看环境，为普通室内干燥环境，无腐蚀无振动；为美观，进户线采用暗敷，散热条件稍差，进户穿管线应选耐气候性优的导线。三看电压、电流，民用住户，单相220V，按电能表容量10A计。用户允许的总功率 $P = IU = 10A \times 220V = 2200W$。四看经济指标，综合上述三点，选用铝芯线可满足使用要求，价格较低。

② 选用导线。

进户线：采用 BLXF 型单根铝芯氯丁橡胶线，截面积为 $2.5mm^2$。从手册中查出，其为最小规格，长期连续负荷允许载流值为 27A，长期工作温度为 65℃。可满足要求并有裕量。

户内干线：采用 BLVV 型二芯平行护套线，截面积为 $2.5mm^2$。其长期连续负荷允许载流量为 20A，长期工作温度为 65℃。可满足使用要求。

各用电器支线：从理论上讲各用电器支线截面积应按用电器功率 $P = IU$ 计算出 I 值，再选用。由于住户内干线、支线实际差别不很大，为方便起见，确定干线、支线用同种线，也选用 $2.5mm^2$ 铝芯线。

五、思考与练习

1）选用电气装备用线时，要一看_____，二看_____，三看_____，四看_____。全面考虑合理选材，正确用材。

2）某宿舍楼进户线选_____型合适，室内暗敷设照明线路选___型合适。

① BV　② BLVV　③ BLXF　④ YQ　⑤ RFB　⑥ VLV

3）为 120W 手电钻配_____型、截面积为_____ mm^2 的电缆。

4）查《电工手册》等资料为交流电弧焊机钳配电焊电缆（ $I_e = 250A$ ），选___型、截面积为_____ mm^2 的电缆。

项目 2　常用绝缘材料的认识与选用

一、学习目标

了解常用绝缘材料的型号、名称和性能特点，能正确选用。

二、主要材料

主要使用的材料与表 2-5 中材料示例项相同。

三、相关知识

绝缘材料的主要作用是隔离带电体或具有不同电位的导体，使电流只能沿导体流动。绝缘材料在使用过程中，由于光、电、热、氧等各种因素的长期作用，会发生物理变化和化学变化，使其电气性能及机械性能变差，这种变化称为老化。影响绝缘材料老化的因素很多，高压电器主要是电老化，低压电器主要是热老化，使用时温度过高会加速绝缘材料的老化过程。因此对各种绝缘材料都要规定它们在使用过程中的极限温度，以延缓材料的老化过程，保证电气产品的使用寿命。电工绝缘材料按极限温度划分为七个耐热等级，见表 2-4。按其应用或工艺特征，划分为六大类，见表 2-5。

表 2-4　绝缘材料的耐热等级和极限温度

等级代号	耐热等级	极限温度/℃	等级代号	耐热等级	极限温度/℃
0	Y	90	4	F	155
1	A	105	5	H	180
2	E	120	6	C	>180
3	B	130			

表 2-5　绝缘材料的分类

分类代号	材料类别	材料示例
1	漆、可聚合树脂和胶类	1030 醇酸漆、1052 硅有机漆等
2	树脂浸渍纤维制品类	2432 醇酸玻璃漆布等
3	层压制品类	3240 环氧酚醛层压玻璃布板、3640 环氧酚醛层压玻璃布管等
4	压塑料类	4013 酚醛木粉压塑料
5	云母制品类	5438-1 环氧玻璃粉云母带、5450 硅有机粉带
6	薄膜、黏带和复合制品类	6020 聚酯薄膜、聚酰亚胺等

绝缘材料产品命名方法是：先按绝缘材料的应用或工艺特征分大类，大类中再按使用范围及形态分小类，在小类中又按其主要成分和基本工艺分品种，再在品种中划分规格。其逐层分类参见附录 A。

绝缘材料型号举例：

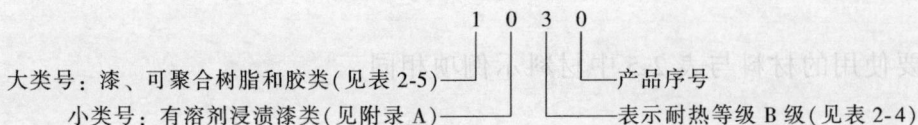

```
                              1 0 3 0
大类号：漆、可聚合树脂和胶类（见表 2-5）        产品序号
小类号：有溶剂浸渍漆类（见附录 A）        表示耐热等级 B 级（见表 2-4）
```

1. 绝缘漆

1）浸渍漆。浸渍漆主要用来浸渍电机、电器的线圈和绝缘零件，以填充其间隙和微孔，提高它们的电气及机械性能。浸渍漆是烘干漆。

2）覆盖漆。覆盖漆有清漆和磁漆两种，用来涂覆经浸渍处理后的线圈和绝缘零部件，在其表面形成连续而均匀的漆膜，起绝缘保护层的作用，防止机械损伤和受大气、润滑油和化学药品等的侵蚀。

3）硅钢片漆。硅钢片漆是用来涂覆硅钢片表面，以降低铁心的涡流损耗，增强防锈及耐腐蚀性能。

2. 浸漆纤维制品

1）玻璃纤维布。玻璃纤维布主要用作电机电器的衬垫和线圈的绝缘。

2）漆管。漆管主要用作电机和电器的引出线和连接的外包绝缘管。可用于电机、电器和仪表等设备引出线和连接线的绝缘。

3）绑扎带。绑扎带主要用来绑扎变压器铁心和电机转子绕组端部。

3. 层压制品

常用的层压制品主要有层压玻璃布板、层压玻璃布管和层压玻璃布棒。这三种层压制品适宜用作电机的绝缘结构零件。

4. 压塑料

常用的压塑料有两种：酚醛木粉压塑料和酚醛玻璃纤维压塑料。它们具有良好的电气性能和防潮性能，尺寸稳定，机械强度高，适宜用作电机电器的绝缘零件。

5. 云母制品

云母具有非常好的绝缘、绝热性能，具有抗强酸、强碱和抗压能力，因此，云母是制造电气设备的重要绝缘、绝热原材料。云母板可用作吹风机内的绝缘与支持材料。换向器云母板用作直流电机换向器的片间绝缘。塑料云母板在室温时较硬，加热变软后可压塑成各种形状的绝缘零件。云母粉可加工成各种云母纸，用作电机、电器的绝缘。

6. 薄膜和薄膜复合制品

薄膜和复合膜制品要求电气性能好，机械强度高，主要用于电机的槽绝缘、匝间绝缘、相间绝缘，以及其他电工产品线圈的绝缘。

7. 其他绝缘材料

其他绝缘材料是指在电机电器中作为结构、补强、衬垫、包扎及保护作用的辅助绝缘材料。其品种多、规格杂，有的无统一型号。常用的有以下几种。

1）电话纸。主要用于电信电缆的绝缘和线圈的层绝缘。

2）绝缘纸板。可在变压器油中使用。薄型的、不掺棉纤维的绝缘纸板通常称为青壳纸，主要用作绝缘保护和补强材料。

3）涤纶玻璃丝绳。简称涤纶绳。它强度高，耐热性好，主要用来代替垫片和蜡线绑扎电机定子绕组端部；用涤纶绳并经浸漆、烘干处理后，绕组端部形成整体，大大提高了电机运行的可靠性，简化了电机制造工艺。

4）聚酰胺（尼龙）1010。聚酰胺（尼龙）1010是白色半透明体，在常温时具有较高的机械强度，耐油、耐磨，电气性能较好，吸水性小，尺寸稳定，适宜用作绝缘套、插座、线圈骨架、接线板等绝缘零件，也可以制作齿轮等机械传动零件。

5）绝缘包扎带。它主要用作包缠电线和电缆的接头。常用的有两种：黑胶布带和聚氯乙烯带。黑胶布带用于低压电线电缆接头的绝缘包扎。聚氯乙烯带绝缘性能较好，耐潮性及耐蚀性好，常作电线电缆的第一层包扎代替黄蜡带。而电缆用的特种软聚氯乙烯带，专门用来包扎电缆接头。由于它制成黄、绿、红、黑四种颜色，通常称它为相色带。

6）绝缘子。绝缘子是电瓷制品，主要是用来支承和固定导线。电工常用的低压绝缘子如图2-1所示，其可分为以下两类。

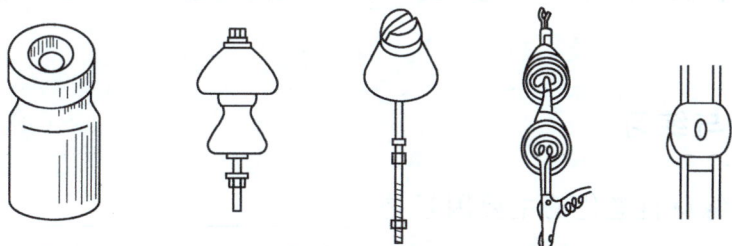

a) 鼓形绝缘子　b) 蝶形绝缘子 c) 针式绝缘子　d) 悬式绝缘子　e) 瓷夹板

图 2-1　绝缘子的种类

① 低压架空线路用绝缘子。低压架空线路用绝缘子有针式绝缘子和蝶形绝缘子，用于电压为500V及以下的交直流架空线路中固定导线。

② 低压户内线路用绝缘子。电压为 500V 及以下的交直流低压户内木质结构、跨距较大或潮湿且用电量较大的情况等线路用的电瓷制品，有鼓形绝缘子、瓷夹板和穿墙用瓷管。

四、项目实施及工艺要求

现要修理一台绝缘等级为 E 级的电动机绕组，请为它选择所需的绝缘材料。

1. 分析

电动机绕组的绝缘有：

1）槽绝缘及层间绝缘。槽绝缘是定子绕组与铁心槽之间的绝缘。层间绝缘是在双层绕组的电动机中，用来隔开槽内上、下两个线圈的绝缘材料。

2）端部绝缘。端部绝缘是垫在绕组两端作为相与相之间的绝缘材料，质地与槽内绝缘材料相同。

3）引出线绝缘。引出线绝缘是指引出线与绕组端部相连接部位的绝缘，用 0.15mm×15mm 醇酸玻璃漆布带半叠绕一层，外面再套上醇酸玻璃丝套管。

4）绕组整体浸漆。绕组整体浸漆处理是为了提高绝缘强度、耐热、耐潮等，同时增强绕组的机械强度和耐蚀能力。

2. 选用

1）槽绝缘、层间绝缘、端部绝缘均选用 6520 聚酯薄膜绝缘纸复合箔，即聚酯薄膜和绝缘纸胶合在一起的复合绝缘材料。端部绑扎选用醇酸玻璃漆布带或普通白纱带（须浸绝缘漆）。

2）引出线套管选用 2730 醇酸玻璃漆管，直径视引出线而定。

3）绕组整体浸漆选用 B 级绝缘的 1030 醇酸浸渍漆或 1032 三聚氰胺醇酸浸渍漆。

五、思考与练习

1）促使绝缘材料老化的主要因素是_____。其中高压电器和低压电器常常分别是_____老化和_____老化。

2）小型变压器的 220V 绕组与 6V 绕组间选用_____或_____绝缘材料隔开。

3）举例说明你所见过的绝缘零件和绝缘材料。

4）列举你所见过的绝缘子线路。

阅读材料一　磁　性　材　料

磁性材料、导电材料、绝缘材料是常用的三大类电工材料。它们在电气、电子工程中广泛应用。常用的磁性材料包括软磁性材料和硬磁性材料两大类。

1. 软磁性材料

（1）硅钢片　硅钢片是在铁材料中加入少量硅制成的，硅含量在 4.5% 以下。它是电力、电子工业的主要磁性材料，使用量占所有磁性材料的90%以上，通常加工成 0.05~1.0mm 厚的片状，表面涂绝缘漆或坡莫合金，以减小涡流损耗。按制造工艺不同，分为冷轧和热轧两种。硅钢片常用于电机、变压器、互感器、继电器的铁心。

（2）导磁合金

1）铁镍合金：又称坡莫合金，它是在铁中加入一定量的镍经真空冶炼而成，其磁导率很高。一般要求在磁化电流很小的条件下得到较高磁密时，采用坡莫合金作铁心。它常用于小型元件如高准确度的仪表、小功率变压器、脉冲变压器、高频变压器、磁放大器等的铁心。

2）铁铝合金：它是在铁中加入一定量的铝制成的，其含铝量为 6%~16%，多用于制作脉冲变压器、互感器、继电器、磁放大器、电磁阀、磁头和分频器的磁心。

（3）铁氧体材料　铁氧体由陶瓷工艺制作而成，硬而脆，不易加工，是以 Fe_2O_3 为主要成分的软磁性材料。其电阻率高，在高频电路中损耗小，适用于100kHz~500MHz 的高频场中导磁，故广泛应用于通信设备和自动控制设备中，如中频、高频变压器、高频扼流圈及磁性天线。

（4）电工用纯铁　电工用纯铁一般含碳量较低，在 0.04% 以下，饱和磁感应强度高，冷加工性好，但电阻率高，常用于直流电机磁极和直流电磁铁等直流磁场，常用的型号有 DT3、DT4、DT5 和 DT6 几种。

不同的产品对磁性材料的要求不同。例如，电力变压器应着重减少损耗，宜用低铁损和高磁感应强度的冷轧单取向和无取向的硅钢片。对小型电机，其铁心体积较小，铁损比铜损要小，因此铁损可放宽而选择磁感应强度高的硅钢片。这样可使铜损降低，电机的总损耗得到补偿。对于大型电机，其铁心体积大，铁损在总损耗中所占比例较高，对铁损更应严格要求。对大型高速电动机，因离心力大，转子用的硅钢片除要求磁性能好外，还要求有足够的抗拉强度。对间歇运转的电机，因起动频繁，应选用磁感应强度高的硅钢片，以减少起动电流，而对铁损则可不做严格要求。对于互感器铁心，特别是电流互感器，主要要求为误差小，工作点则应选在低于磁化曲线直线部分的中点以下的线性部分。

在弱磁场下使用的软磁性材料，常选用铁镍合金、铁铝合金以及冷轧单取向硅钢薄带。由于这些材料的磁导率和磁感应强度高，矫顽力低，能满足弱信号的使用要求，所以，常在磁放大器、电表测量机构铁心以及磁屏蔽等元件中采用。在高频下使用的软磁性材料，一般选用铁氧体软磁性材料。

2. 硬磁性材料

硬磁性材料又称永磁材料，具有较高剩磁和较强矫顽力，在外加磁场撤去后仍能保留较强剩磁。按其制造工艺及应用特点可分为铸造铝镍钴系永磁材料、粉末烧结铝镍钴系永磁材料、铁氧体永磁材料、稀土钴系永磁材料和塑性变形永磁材料5类。

硬磁性材料中用得较多的是铝镍钴合金。如铸造铝镍钴系和粉末烧结铝镍钴系永磁材料广泛应用于磁电系仪表、永磁电机、扬声器、电能表、流量表等内部作导磁材料。

熟练掌握万用表、绝缘电阻表、钳形电流表等常用电工仪表的使用和单相、三相电能表安装；掌握相关的电磁知识；了解仪表的工作原理。

项目1　万用表测量电压

一、学习目标

1）熟练掌握万用表测量电压的方法，能快速准确地读数及正确分析测量结果。

2）掌握串联电路的特点及在实践中的应用。

二、主要设备、材料及工具

主要使用的设备、材料及工具见表3-1。

表 3-1　主要设备、材料及工具

名称	参数	名称	参数	名称	参数
万用表	MF47 型或 500 型	导线	软线若干	电阻器	5Ω、10Ω、50Ω
表头	内阻、最大电流明确	工具	螺钉旋具、电工钳	开关	
电阻箱	精密型	电源	380V/220V，交、直流可调电源		

三、相关知识

万用表是一种多功能、多量程的便携式测量仪表。一般的万用表可以测量交、直流电压、直流电流和电阻。档次稍高的万用表还可测音频电平、交流电流、电容量、电感量、晶体管的放大倍数等。它是电气工程人员、无线电通信人员在测试、维修工作中必备的电工仪表。目前，广泛使用的万用表有两大类别，一类是指针式，另一类是数字式。一般测试和电路检修时，使用指针式较方便，在需要精确测量数据和准确读数时用数字式较方便。图 3-1 所示是 MF47 型指针式万用表的面板，由表棒插孔、欧姆调零器、转换开关、示数系统和机械调零旋钮组成。红色测试棒应插入标有"+"号的插孔内，黑色测试棒应插入标有"−"号或"※"号或"COM"标记的插孔内。面板上设有交、直流"5A""2500V"两个专用插孔，在测量这些特殊量时，红色测试棒应改插到相应的专

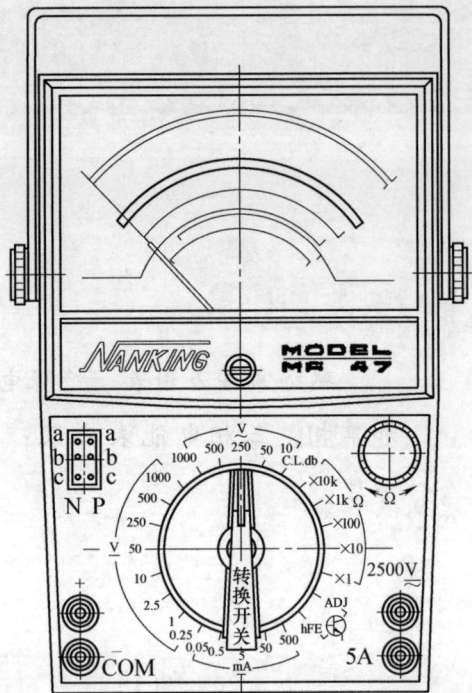

图 3-1　MF47 型指针式万用表的面板

用孔，黑色测试棒不变。万用表在测量前，要检查指针是否处于机械零位（标尺左边零点），若不在零位，应调零，否则影响测量结果。

1. 交、直流电压的测量

（1）交流电压的测量方法和注意事项

1）测量前，要根据被测电量的类别和大小，将转换开关置于合适的位置。量程的选择，应尽量使仪表指针偏转到刻度尺满偏刻度的 2/3 左右。如果事先无法估计被测量的大小，可在测量中从最大量程逐渐减小到合适的档位。每当拿起表棒准备测量时，一定要再核对一下测量类别，检查量程是否拨对、拨准。

2）测量时，必须将转换开关拨到对应的交流电压量程档。如果误用直流电压档，表头指针会不动或略微抖动；切不可误用直流电流档或电阻档，否则会烧坏表头，损坏万用表。

3）测量电压时，表棒必须并联在被测电路或被测元器件两端。

4）严禁在测量中拨动转换开关选择量程，在测量较高电压时更应注意这一点，以免电弧烧坏转换开关触点。

（2）直流电压的测量方法与注意事项　直流电压的测量方法和注意事项与测量交流电压基本相同，不同点是：

1）注意正确选择测量项目与量程，如果误选了交流电压档测直流电压，读数可能会偏高，也可能为零（与表内部接线有关）；同样切不可误用直流电流档或电阻档测直流电压。

2）测量前，必须注意表棒的正、负极性，红表棒接被测电路或元器件的高电位端即正极性端，黑表棒接被测电路或元器件的低电位端即负极性端。若表棒接反了，表头指针会反方向偏转，容易撞弯指针。

如果事先不知道被测点电位的高低，可将两表棒快速地试触一下被测电路或元器件的两个端点，若表头指针反向偏转（向左），说明表笔极反了，交换表棒即可。

2. 读数方法

读数前要根据转换开关选定的测量项目和量程档，明确在哪一条标度尺上读数，并应清楚标度尺上一个小格代表多大数值。读数时眼睛应位于指针正前方，对有弧形反射镜的表盘，当看到指针与镜中像重合时，读数最准确。一般情况下，除了读出整数值外，还要根据指针的位置估读一位数字。图 3-2 所示为交、直流电压、直流电流、电阻等的标度尺，交、直流电压 10V 及以下用 10V 专用标度尺读数。

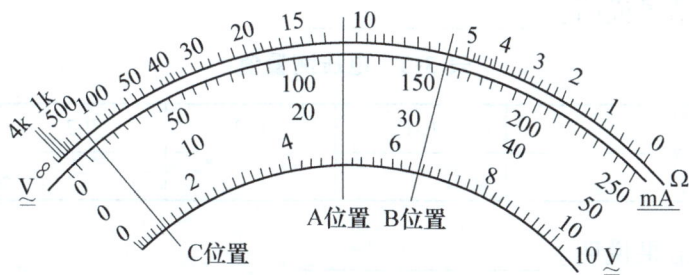

图 3-2　万用表示数盘

例如，转换开关置于交流 250V 档，可从 250V 标度尺直接读数，其一个小格代表 5V，在 A 位置，电压为（100+5×4）V = 120V 或者为（125−5×1）V = 120V。如果欲在 50V 标度尺读数，则将 50V 标度尺的读数×5（即 250/50）即可，其读数为 [（20+4）×5] V = 120V。

转换开关置于交流 500V 和 50V 档，B 位置的读数分别为 _____ V 和 _____ V。

一般地，指针式仪表的读数方法基本与上述相同。直流电流的读数与电压读数方法相同。如转换开关置于直流 50mA，则在 B 位置的读数为 31.9mA。

四、项目实施及工艺要求

1. 交流电压的测量

1）转换开关置于交流最大量程档并逐渐减小到合适的档位，测量图 3-3 所示的三相四线电源插座的插孔两两之间的电压并填入表 3-2 中。

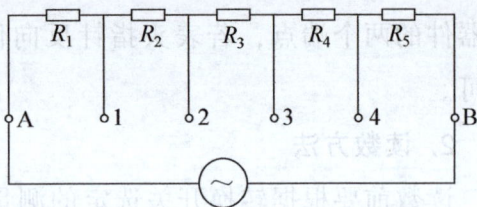

2）测量图 3-4 中 B 点与其他各点间的电压并填入表 3-3 中。

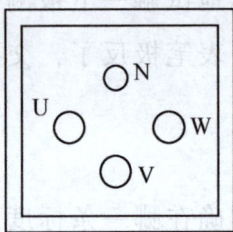

图 3-3　三相四线电源插座　　　　图 3-4　电压测量训练

表 3-2　三相四线电源测量值

测试点	U_{UV}	U_{VW}	U_{UW}	U_{UN}	U_{VN}	U_{WN}
电压值/V						

表 3-2 测量结果说明：＿＿＿＿＿＿＿＿。

表 3-3　电压测量值

测试点	A-B	B-1	B-2	B-3	B-4
电压值/V					

表 3-3 测量结果说明：＿＿＿＿＿＿＿＿。

2. 直流电压的测量

测量图 3-5 中各点与 B 点及其他各点间的电压并填入表 3-4 中。

表 3-4　电压测量值

测试点	A-B	1-B	2-B	3-B	A-1	1-2	2-3
电压值/V							
电压值/V							

表 3-4 测量结果说明：＿＿＿＿＿＿＿＿。

五、串联电路的特点与知识拓展

1. 电路

电路就是提供电流的通路，它是为了某种需要由一些电工设备或元件按一定方式组合起来的。图 3-6a 所示为由干电池、小灯泡、开关和连接导线构成的一个简单直流电路。合上开关，干电池向外输出电流，流过小灯泡，小灯泡发光。

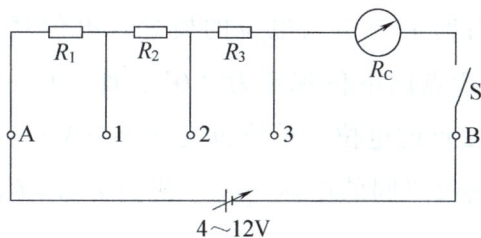

图 3-5 电压测量训练

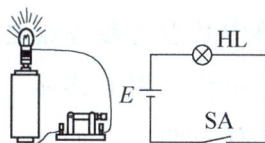

a) 实物连接图　　b) 电路图

图 3-6 电路和电路图

为了表达的方便与交流，电路往往用国家统一规定的符号表示即电路图。图 3-6b 就是图 3-6a 的电路图。

由图 3-6 可以看出，电路一般由电源、负载、开关和连接导线 4 个基本部分组成。

1）电源：把非电能转换成电能提供给电路的装置，如发电机、干电池等。

2）负载：把电能转换成其他形式能量的装置，如灯泡、电炉、电烙铁、扬声器、电动机等用电设备。

3）开关：接通或断开电路的控制元件。广义地讲，它包括控制电器和保护装置，使电路按人们的意愿接通或分断，保护设备安全运行，如熔断器、各种开关、继电器等。

4）连接导线：把电源、负载及开关连接起来，组成一个闭合电路，起传输和分配电能的作用。

2. 电压与电位

1）电压。电路中导体、负载里有电流流过，是因为它们的两端有电压作用。如图 3-7 所示，在电场中若电场力将正电荷 Q 从 A 点移动到 B 点，所做的功为 W_{AB}，则 W_{AB} 与电荷 Q 的比值称为 A、B 两点间的电压，用 U_{AB} 表示，即

$$U_{AB} = \frac{W_{AB}}{Q}$$

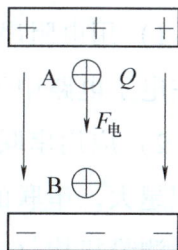

图 3-7 电场力做功

若电场力将 1 库仑 (C) 的电荷从 A 点移动到 B 点, 所做的功为 1 焦耳 (J), 则 AB 间的电压为 1 伏特, 简称伏 (V)。工程上常用的单位有千伏 (kV)、毫伏 (mV) 和微伏 (μV)。

$$1kV = 10^3 V$$
$$1mV = 10^{-3} V$$
$$1\mu V = 10^{-3} mV = 10^{-6} V$$

2) 电位。在电路分析、故障排查中, 有时需要引入电位的概念。电位就是电路中某点与参考点之间的电压。通常把参考点的电位规定为 "0", 即 "0" 电位。电位也用 U 表示, 单下标, 如 U_A 表示 A 点的电位, 单位也是伏特 (V)。电路中任意两点 (如 A、B) 间的电位差即为该两点间的电压。关系式为 $U_{AB} = U_A - U_B$。

一般选大地为参考点, 即大地电位为零电位。在电子仪器和设备中常把其金属外壳或电路的公共接点的电位规定为零电位, 其符号有两种, 但意义有差异。"⏚" 表示接大地, "⊥" 或 "⏛" 表示公共接地或接机壳。

3. 串联电路的特点

图 3-5 所示为串联电路, 其特点如下:

1) 串联电路中流过各电阻的电流相等。

2) 串联电路的总电压等于各分电压 (各电阻两端电压) 之和。

$$U = U_{AB} = U_{R_1} + U_{R_2} + U_{R_3} + U_{R_C}$$

3) 串联电路的总电阻 (等效电阻) 等于各电阻之和, 即

$$R = R_1 + R_2 + R_3 + R_C$$

4) 串联电路中各电阻两端的电压与它的阻值成正比, 即

$$U_{R_1} = \frac{R_1}{R} U \quad U_{R_2} = \frac{R_2}{R} U \quad U_{R_3} = \frac{R_3}{R} U$$

4. 知识拓展

1) 用电阻串联构成分压器, 使同一个电源能满足不同电路的不同电压要求, 这在电子电路中很常用。

2) 应用串联电阻分压特点扩大电压表的量程。串联的电阻越大, 其扩大的量程越大。串联的分级电阻越多, 其量程等级 (档位) 越多。如图 3-8 所示, 磁电系测量机构 (表头) R_C 的满偏电流为 500μA, 内阻为 500Ω, 则其能承载的最大电压 $U_C = U_{B3} = I_C R_C = (500×10^{-6}×500) V = 0.5V$。此测量机构无法测量较高的电

压，若串联电阻 $R_3 = 49500\Omega$，此时测量机构量程变大，$U'_C = U_2 = (R_C + R_3)I_C = 25\text{V}$。若需将表的量程继续扩大到 $U_1 = 100\text{V}$，则串联电阻 $R_2 = (U_1 - U'_C)/I_C = [(100 - 25)/(500 \times 10^{-6})]\ \Omega = 150000\Omega$。

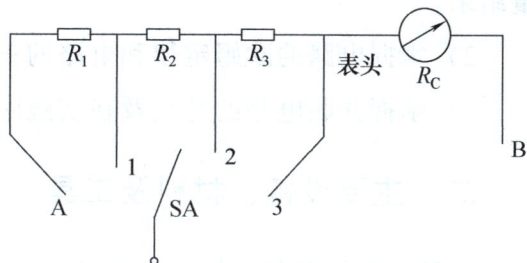

图 3-8 扩大电压表的量程

若需将表的量程再继续扩大到 $U_A = 250\text{V}$，则串联电阻 $R_1 = \underline{\qquad}\ \Omega$。这样就把一个量程为 0.5V 的表头改为量程为 25V、100V 和 250V 的电压表。万用表的电压档即是如此制成，图 3-8 中的 SA 为转换开关。

六、思考与练习

1）图 3-2 中，转换开关置于交流电压 1000V 档，A 位置的读数为 _____ V，B、C 位置的读数分别为 _____ V 和 _____ V。

2）图 3-2 中，如果转换开关置于直流电压 2.5V 和 1V 档，则在 A 位置的读数分别为 _____ V 和 _____ V；在 B 位置的读数分别为 _____ V 和 _____ V；在 C 位置的读数分别为 _____ V 和 _____ V。同样地，如果转换开关置于直流 50mA 和 0.5mA 档，其读数方法与电压读数相同，则在 A 位置的读数分别为 _____ mA 和 _____ mA；在 B 位置的读数分别为 _____ mA 和 _____ mA；在 C 位置的读数分别为 _____ mA 和 _____ mA。

3）电阻串联则总阻值 _____。因此，电阻串联可获得 _____ 阻值的电阻。

4）已知 $R_1 = 3\Omega$，$R_2 = 12\Omega$，两电阻串联接在 10V 的电源上，则两电阻上电压分别是多少？

5）已知一个万用表的表头等效内电阻为 $R_a = 10\text{k}\Omega$，满偏电流（即允许通过的最大电流）$I_a = 50\mu\text{A}$，要把它扩大成量程为 10V 的电压表，应串联多大的电阻？

项目 2　万用表测量直流电流

一、学习目标

1）熟练掌握万用表测量直流电流的方法，能准而快地读数，能正确分析测量结果。

2）掌握电路的欧姆定律和电路的三种状态。

3）掌握并联电路的特点及在实践中的应用。

二、主要设备、材料及工具

主要使用的设备、材料及工具：在本单元项目 1 基础上增加一块电流表，其他与表 3-1 相同。

三、项目实施与工艺要求

1. 直流电流的测量

将测试棒插入 "+" "–" 插孔中。转换开关置于直流电流适当的档位，将万用表串联于被测电路中，且红表棒接电路的高电位端，黑表棒接电路的低电位端。若测量前不知电位的高、低端，可用表棒轻点一下测试点，如表的指针反偏，则将红、黑表棒对调即可。

2. 电流测量注意事项

1）测量时必须先断开电路串入万用表。如果将万用表误与负载并联，因电流表的内阻很小，会造成短路，导致电路和仪表被烧毁。

2）严禁在测量过程中拨动转换开关选择量程，以免烧坏转换开关触点，且可避免因误拨到过小量程档而撞弯指针或烧毁表头。

3. 测试训练

在图 3-9 所示电路的 AB 间加上适当的直流电压，使表头 R_C 满偏，串联在电路中的电流表量程要适当大一些，测量 B 点与 1、2、3、4 点间的直流电流，观察表头 R_C、直流电流表的电流变化，并将测量结果填入表 3-5 中，分析测量结果。

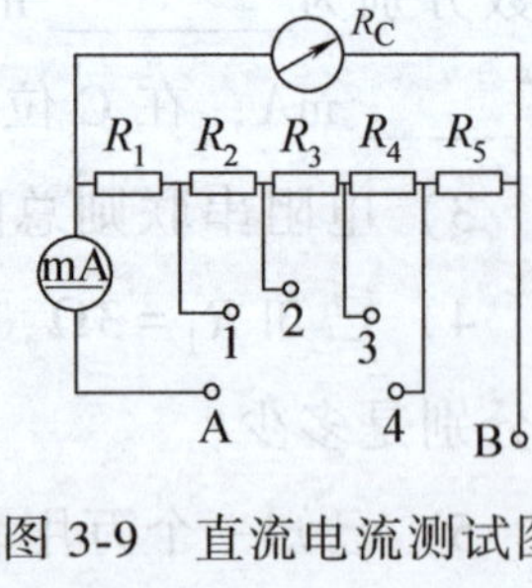

图 3-9 直流电流测试图

表 3-5　电流测量/mA

I_{B1}	I_{R_C}	mA 表	I_{B2}	I_{R_C}	mA 表	I_{B3}	I_{R_C}	mA 表	I_{B4}	I_{R_C}	mA 表

表 3-5 测量结果表明：＿＿＿＿＿＿＿＿＿＿＿＿。

四、相关知识

1. 欧姆定律及电路的三种状态

（1）电动势 电动势是衡量电源将非电能转换成电能本领的物理量，如发电机将机械能或水能转换成电能，电池将化学能转换成电能等。

电动势的定义：在电源的内部，外力将单位正电荷从电源的负极移动到电源的正极所做的功，如图 3-10 所示（请与图 3-7 比较）。用符号 E 表示，其数学表达式为

$$E = \frac{W_\text{外}}{Q}$$

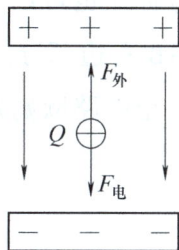

图 3-10 外力克服电场力做功

单位与电压相同，为伏特（V）。电动势方向规定：在电源内部由负极指向正极。如图 3-11 所示，对于电源，它既有电动势，又有对外输出的端电压。电动势只存在于电源内部，端电压则是电源加在外电路两端的电压，方向由正极指向负极。

（2）欧姆定律

1）部分电路的欧姆定律。初中阶段学过的欧姆定律就是部分电路的欧姆定律，它描述的是一段电路或一个导体上流过的电流与电压的关系，内容是：在

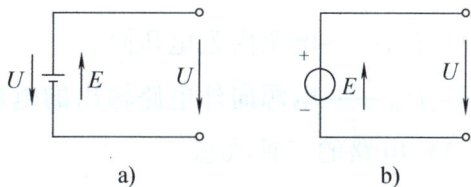

图 3-11 直流电动势图形符号的两种表示法

不含电源的电路中，如图 3-12 所示，流过导体的电流与这段导体两端的电压成正比，与电阻成反比，即

$$I = \frac{U}{R}$$

式中 I——电流（A）；

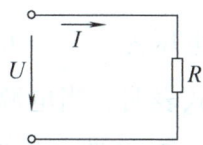

图 3-12 部分电路

U——电压（V）；

R——电阻（Ω）。

欧姆定律揭示了电路中电流、电压、电阻三者的关系，对于一段电路，只要知道其中任意两个物理量，就可求出第三个物理量，它广泛应用于电路分析中。

电流的国际单位是安培（A），实用单位有微安（μA）、毫安（mA）、千安（kA）等。它们之间的关系是

$$1A = 10^3 mA = 10^6 \mu A$$

$$1kA = 1000A$$

2）全电路欧姆定律。全电路是指由内电路和外电路组成的闭合电路的整体，如图 3-13 所示。图中点画线框即为电源的内电路，r 为电源内部的电阻，称为内阻。内电阻可以不单独画出而在电源旁标注也可以。电源外部的电路即为外电路，如图 3-13 中 AB 右边部分。

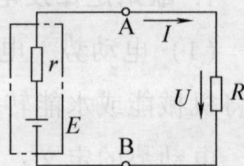

全电路欧姆定律的数学表达式为

图 3-13　全电路

$$I = \frac{E}{R+r}$$

式中　E——电源电动势（V）；

　　　R——外电路（负载）电阻（Ω）；

　　　r——内电路电阻（Ω）；

　　　I——电路中电流（A）。

由上式得　　　　　　　　　$E = IR + Ir = U_外 + U_内$

式中　$U_内$——电源内阻电压降；

　　　$U_外$——电源向外电路输出的电压，称为电源的端电压。

3）电路的三种状态。

① 通路。如图 3-14 所示，将开关 SA 置于"1"位置，电路为通路状态，也称为有载状态，其电流为

$$I = \frac{E}{R+r}$$

端电压为　　　　　$U = U_外 = E - U_内 = E - Ir$

图 3-14　电路的三种状态

此式表明，当电源具有一定的内阻时，端电压总小于电源电动势。

② 开路（断路）。将图 3-14 中的开关 SA 置于"3"位置，电路为断路状态，也称为空载状态。其电流为 0。内阻电压降为 $U_内 = Ir = 0$，$U_内 = E - Ir = E$，即电源开路时，其开路电压等于电源电动势。有的电源如电池，使用久了，内阻会变大，用仪表测量其开路电压（实际为电源电动势）并不太低，连接在电路中其输出电压却较低，对外电路的供电能力也就很差了。但发电机的内阻一般不变。

③ 短路。将图 3-14 中的开关 SA 置于"2"位置，电源被短接，电路处于短路状态。短路电流 $I_短 = E/r$，由于电源的内阻一般都很小，$I_短$ 极大，此时外电路的端电压 $U = E - rI_短 = 0$。电源的能量全部被内电阻消耗了，短时间内产生大量的

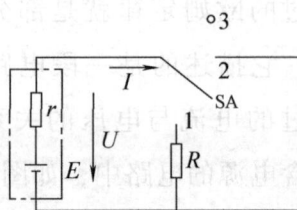

热量，严重损坏电源。短路是一种严重的故障状态，必须严格禁止，避免发生。在电气工程实践中，常常串联保护装置，如熔断器、断路器等，一旦电路发生短路故障，它们就自动切断电路，起到安全保护作用。

例 3-1 如图 3-14 中，$E = 2\text{V}$，$r = 0.2\Omega$，$R = 9.8\Omega$。求开关在不同位置时的电压、电流。

解：开关置于"1"位置，电路处于通路状态，电流 $I = E/(R+r) = [2/(9.8+0.2)]\text{A} = 0.2\text{A}$，电压 $U = IR = 0.2 \times 9.8\text{V} = 1.96\text{V}$ 或 $U = E - Ir = (2 - 0.2 \times 0.2)\text{V} = 1.96\text{V}$。

开关置于"2"位置，电路处于短路状态，电流 $I = I_{短} = E/r = 2/0.2\text{A} = 10\text{A}$，电压 $U = 0$。

开关置于"3"位置，电路处于开路状态，电流 $I = 0$，电压 $U = E = 2\text{V}$。

2. 并联电路的特点

如图 3-15 所示为电阻并联电路，其特点如下：

1）并联电路中各电阻两端的电压相等，且等于电路两端的电压，即

$$U = U_1 = U_2 = \cdots U_n$$

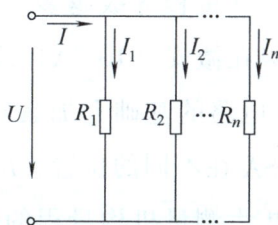

图 3-15　电阻并联电路

2）并联电路的总电流等于流过各电阻的电流之和，即

$$I = I_1 + I_2 + \cdots + I_n$$

即并联电路具有分流特性。因并联电压相等，则有

$$\frac{I_1}{I_n} = \frac{R_n}{R_1}$$

此式说明并联电路中通过各支路的电流与其阻值成反比。

若两个电阻并联，则

$$I_1 = \frac{R_2 I}{R_1 + R_2}$$

$$I_2 = \frac{R_1 I}{R_1 + R_2}$$

3）并联电路的等效电阻（总电阻）的倒数等于各并联电阻的倒数之和，即

$$\frac{1}{R} = \frac{1}{R_1} + \frac{1}{R_2} + \cdots + \frac{1}{R_n}$$

若几个（设为 n）阻值相同（均为 R_0）的电阻并联，则总阻值为 $R = R_0/n$。若两个电阻并联，总电阻为

$$R = \frac{R_1 R_2}{R_1 + R_2}$$

五、知识应用与拓展

1）在实际工作中，凡额定电压相同的负载均采用并联工作方式。这样每个负载都是一个可独立控制的电路，任一负载的正常开、关都不影响其他负载的正常工作。如照明线路中的各灯具、插座、电炉、工厂中的电机等均是并联。

2）应用并联电阻分流特点可扩大电流表的量程。并联的电阻越小，其扩大的量程越大。并联的分级电阻越多，其量程等级越多。一般测量机构（表头）的满偏电流只在微安（10^{-6}A）级，远远不能满足测量要求。在图 3-9 电路的基础上加装转换开关 SA，如图 3-16 所示。开关 SA 在不同的位置，$R_1 \sim R_5$ 与表头的连接关系不同，起到扩大测量机构量程的作用。如 SA 在"A"位置，$R_1 \sim R_5$ 串联后再与测量机构并联，分流一部分电流，此量程扩大得较小。SA 在"1"位置，R_1 和测量机构串联后再与 $R_2 \sim R_5$ 串联电阻并联，量程得到进一步的扩大。依此类推，就构成了多量程的电流表。

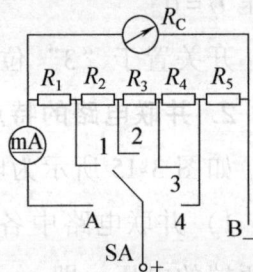

图 3-16 闭环式分流器
扩大电流表的量程

六、思考与练习

1）实践中要求电流表的内阻越_____越好，电压表的内阻越_____越好。因为_____。

2）简述并联电路的特点。

3）一用户家有计算机、电视机、电饭煲、荧光灯 3 盏，工作电流分别为 250mA、800mA、3.5A、250mA，若它们同时工作，此时主线路电流为多大？

4）现有 6Ω、8Ω、12Ω 的电阻若干，如何获得 4Ω、14Ω、10Ω、4.8Ω 的电阻？

5）有 4 只相同的灯泡，额定电压 110V，现要连接到 220V 的电源上，如何连接才能使 4 只灯泡都能正常工作？

6）已知某微安表的内阻 $R_C = 3750\Omega$，允许通过的最大电流 $I_a = 40\mu A$。现要将此电流表扩大成量程为 500mA 的电流表，则需并联多大的分流电阻 R_X？

项目 3　万用表测量电阻与万用表的测量电路

一、学习目标

1）掌握万用表测量电阻的方法与技巧。

2）了解万用表的测量电路。

二、主要材料及工具

主要使用的材料及工具见表 3-6。

表 3-6　主要材料及工具

名称	参数	名称	参数	名称	参数
万用表	MF47 型或 500 型	可变电阻	带开关	固定电阻	20kΩ、10kΩ 若干
灯泡	20W 或 40W	按钮	LA 系列	导线	整卷单股线

三、项目实施及工艺要求

1. 电阻的测量方法与注意事项

1）测量电阻前，应先"调零"即调整欧姆标度尺零点。将两表棒短接同时转动调零旋钮，使指针准确停留在欧姆标度尺的零点上（标度尺右边）。每次更换倍率档时都应重新"调零"。如果表的指针不能指到欧姆零点，说明表内电池电压太低，已不符合要求，应该更换。注意在测量间隙，不要让两表棒长时间接触，以免短路耗空表内电池。

2）选择档位时，应使指针尽可能地接近标度尺的几何中心，这样可提高测量数据的准确性。由于电阻标度尺的刻度不是均匀的，如图 3-2 所示，越往左端阻值的刻度越密，读数误差就越大，因此，选择倍率档应尽量避免指针停在标度尺左端的情况。

3）测量电阻时直接将表棒跨接在被测电阻或电路的两端，不允许用手同时触及被测电阻两端，避免并联上人体电阻，影响测量结果。绝对不允许测量带电电路或元件，否则，会损坏仪表。

4）读数，万用表的面板上有×1、×10、×100、×1k、×10k 五个倍率档位，将示数盘的读数乘以所选倍率即为所测量电阻的阻值。

5）万用表使用完毕后，应将转换开关置于交流电压的最大量度档位。

2. 万用表测量电阻的训练

1）测量一卷导线的电阻并记录。

2）测量一只 40W 灯泡或荧光灯管的电阻并记录。

3）测量一只 20kΩ 左右的碳膜电阻。

4）测量一只带开关的电位器（可变电阻）的电阻，说明引脚间的相互关系并判断电位器质量。

如图 3-17 所示，慢慢转动电位器的转轴，用万用表合适的电阻档位测试电位器各引脚间的电阻并观察指针的变化，如平稳向一个方向偏转，表明滑动触点与电阻体接触良好。否则，说明接触不良。根据电阻值的变化关系即可判断各引脚间的关系。

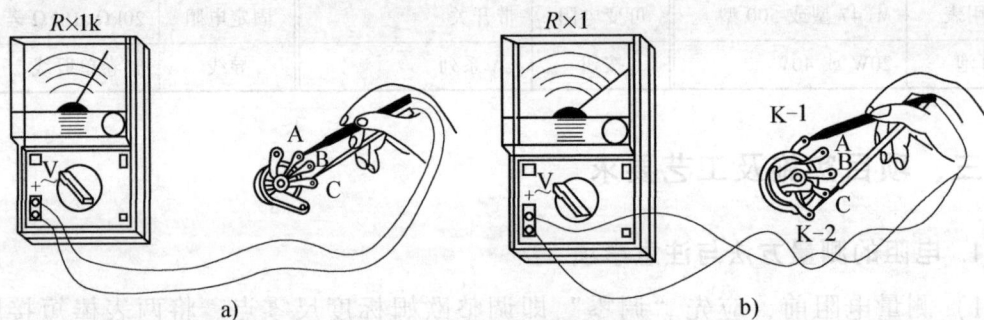

图 3-17　电位器的检测

四、相关知识

1. 电阻定律

导体的电阻由导体本身的材料、长度和横截面积所决定，也与温度有关系。公式为

$$R = \rho \frac{L}{S}$$

式中　R——导体电阻（Ω）；

　　　ρ——导体的电阻率（Ω·m）；

L——导体的长度（m）；

S——导体的横截面积（m²）。

电阻的国际单位是欧姆（Ω），常用单位有千欧（kΩ）、兆欧（MΩ），它们的关系为

$$1k\Omega = 1000\Omega$$

$$1M\Omega = 10^3 k\Omega = 10^6 \Omega$$

2. 万用表电阻档的测量电路

万用表的电阻档实质是一个多量程的欧姆表，电路如图 3-18 所示。图中，电源为干电池，其端电压为 U；电源与表头及固定电阻 R 串联，从表壳"+""−"的两个端钮间接入被测电阻 R_X。由串联电路的特点知，流过被测电阻的电流与流过表头的电流相等。因此，当电池电压 U 固定，电阻 R 不变时，表头指针偏转的大小（与流过表头电流的大小成比例）与被测电阻 R_X 的大小是一一对应的，即表头指针的偏转角反映了被测电阻的大小。如果表头的标度尺按电阻值刻度，就可以直接测量电阻的大小。

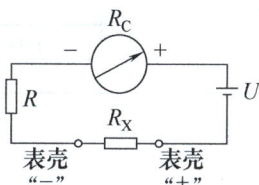

图 3-18　欧姆表测量电阻的原理电路图

$$I = \frac{U}{R_C + R + R_X}$$

由上式可以看出，流过表头的电流与被测电阻的关系不是线性关系，因此欧姆表标度尺的刻度是不均匀的。

实践中，干电池的端电压 U 不可能保持恒定不变，它会随着使用和存放时间的增加而下降，造成测量误差，明显标志是当 $R_X = 0$ 时即两表棒短接，表针不能指到欧姆"0"点。为此，实际的欧姆表都设有零欧姆调整器。图 3-19 所示为分压式零欧姆调整器电路，R_0 的作用是调节分流大小，R_0' 的作用是将调整分流的支路电流限制在一定的范围内。

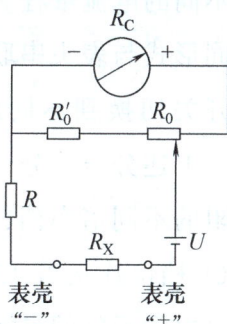

图 3-19　分压式零欧姆调整器

由图 3-18 可知，转换开关置于电阻档时，表壳"−"极（黑表棒）连接着内部干电池的"正"极，表壳"+"极（红表棒）连接着内部干电池的"负"极。了解这一点，对于后面测试电子元件的相关参数是很有必要的。

3. 万用表的测量电路

万用表具有测量交、直流电压，直流电流和电阻的功能。总电路图如图 3-20

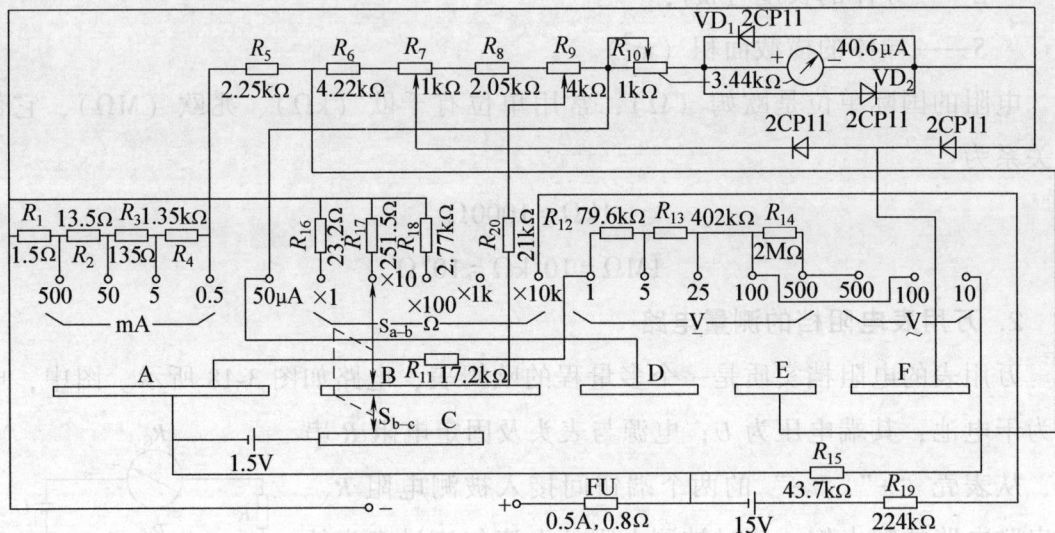

图 3-20　万用表电路总图示例

所示，图 3-21 是其简化电路图。从图中可以看出，电路
由若干个分流电阻连接而成，与表头并联，扩大表头测
量电流时的量程，转换开关切换到不同的分流电阻，获
得不同的电流量程。在电压测量区，若干只附加电阻以
不同形式与表头串联，扩大了万用表测电压的量程。转
换开关切换到不同的分压电阻，可获得不同的电压量
程。上述分压、分流电阻还通过一定形式的混联获得测
电阻的不同倍率档，用于测量不同阻值的电阻。电阻档
×10k 档位连接着 15V 的高电压（相对于 1.5V）电池，
测量电子元件的参数时应慎用。交流电通过整流器即晶
体二极管（参见第八单元项目 5）变换成直流电输入表
头测量。

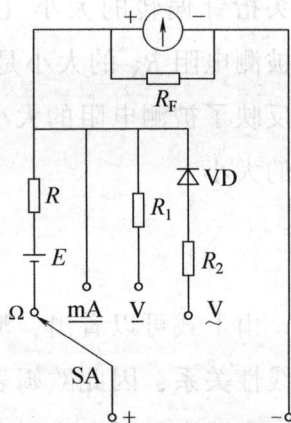

图 3-21　万用表测量
原理简化电路图

五、知识拓展

在线路安装或检修工作中，常常需要判明按钮、开关等触点的关系是常闭还
是常开，触点是否接触良好以及各触点间的相互关系等情况。常用的方法是在断
电的情况下用万用表的电阻档检测，如本项目中测量电阻的训练 4）就是一例。
按钮的常闭触点在自然状态下电阻应为 0，按下按钮，常闭触点断开，其电阻应
变为 ∞，常开触点闭合，其电阻应变为 0，否则，按钮有问题。

六、思考与练习

1）测量电阻前，应先_____即调整欧姆标度尺零点，每次更换倍率档时都应重新_____。选择档位时，应使指针尽可能地接近标度尺的_____。

2）测量电路或元件的电阻时，绝对不允许被测电路或元件_____。

3）表壳"－"极（黑表棒）连接着内部干电池的"正"极，表壳"＋"极（红表棒）连接着内部干电池的"负"极，对吗？

4）一段导线的电阻为8Ω，将其对折后作为一根导线使用，则其电阻为多少？安全载流量变为原来的多少倍？

项目4 数字万用表的认识与综合测试

一、学习目标

掌握数字万用表的使用方法与基尔霍夫定律在电路分析中的应用。

二、主要设备、材料及工具

主要使用的设备、材料及工具见表3-7。

表3-7 主要设备、材料及工具

名称	参数	名称	参数	名称	参数
万用表	DT-830 型	学生电源	可调直流电源两台	电阻	100Ω、400Ω 若干
导线	软线	接线端子	JX 系列		

三、项目实施及工艺要求

1. 数字式万用表的使用

数字式万用表除具备一般指针式万用表的测量功能外，还能测量交流电流等。它与指针式万用表比较，具有准确度高、测量种类较多、输入阻抗高、结果显示直观、测量速度快、耗电少和小型轻便等优点，因而被广泛使用。目前使用较多的数字式万用表有DT-830、DT-860、DT-890等型号。图3-22所示为DT-830型数字式万用表的面板结构。数字式万用表与指针式万用表的使用方法和注意事项基本相同，使用中主要注意测量项目与插口的选择。

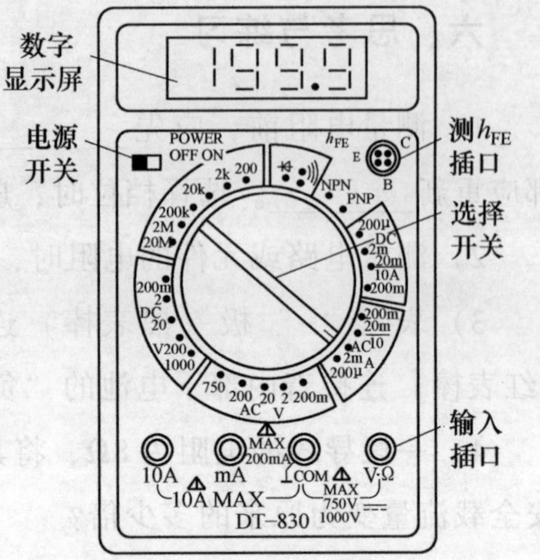

1）表棒位置的选择。黑表棒置于"COM"公共插口，红表棒根据被测量的不同分别插入对应的插口。"V·Ω"插口用于测量电压或电阻，"mA"插口用于测量 200μA～200mA 各档电流，"10A"插口专测 10 A 电流。符号"AC"表示交流量；"DC"表示直流量。

2）正确选择转换开关的位置。根据被测量的不同，将选择开关置于相应的测量项目和量程位置上，若测量量程选择偏小，显示器只显示"1"，则转换开关应置于更高量程档位。图 3-22 中"·))"位置是用作通路测试，若通路电阻小于 20Ω，则蜂鸣器发出响声。

3）测量电阻时，所测电阻值不能乘以倍率，直接按所选量程及单位读数。值得注意的是，无论是数字式万用表还是指针式万用表，在测量电阻时精确度都不高。

4）电源开关。置于"ON"时，电源接通，显示屏上有"1"或"0"或变化不定的数字显示，此时即可进行测量，使用完毕将开关置于"OFF"位，电源即被切断。

5）指针式万用表只在电阻档需用电池，数字式万用表必须有电池作为电源才能工作。

2. 数字式万用表综合使用训练

1）按图 3-23 所示接线。仪表连接点用接线端子连接，便于连接仪表。

2）检查无误后，分别按表 3-8 要求的电源电压数值通入直流电。

3）分别用数字万用表测量 1、2、3 位置处的电流，测量其中一个位置的电流时，将另两个位置用导线短接。

4）测量不同电源时 A、B 间的电压 U_{AB}，并填入表 3-8 中。

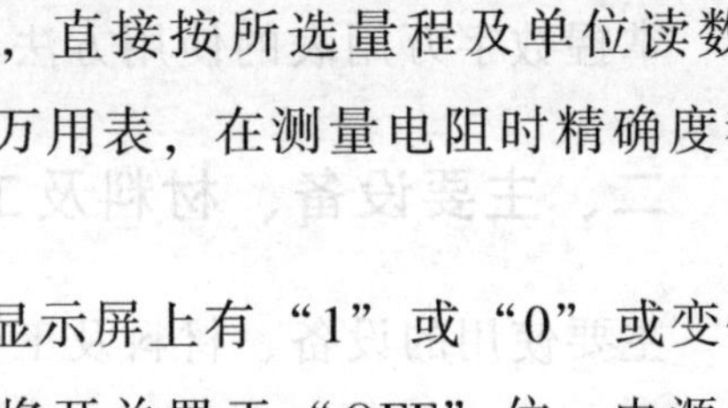

图 3-22　DT-830 型数字式万用表面板结构

图 3-23　实验电路图

5) 分析、总结电流、电压遵循的规律。

6) 用实验数据验证基尔霍夫定律，简要分析误差产生的原因。

表 3-8 测量数据表

E_1/V	E_2/V	I_1/mA	I_2/mA	I_3/mA	U_{AB}/V	电阻参数
18	9					$R_1:100\Omega$
9	12					$R_2:100\Omega$
10	6					$R_3:400\Omega$
规律总结						

四、相关知识

在实际工作中，有些电路往往不能用串、并联关系简化为无分支的简单电路，也无法用欧姆定律直接求解，这种电路称为复杂电路。

分析复杂电路主要依据电路的两条基本定律：欧姆定律和基尔霍夫定律。它们既适用于直流电路，也适用于交流电路。为了阐明定律的含义，先介绍有关电路的几个基本术语。

1. 基本名词术语

1）支路。电路中的每个分支叫支路。它由一个或几个相互串联的电路元件所构成。图 3-23 所示的电路中有 3 条支路，即：E_1、R_1 支路，R_3 支路和 E_2、R_2 支路。

2）节点。3 条或 3 条以上支路汇成的交点叫节点。图 3-23 所示有 2 个节点，即 A、B。

3）回路。电路中任一闭合路径叫回路。一个回路可能只含一条支路，也可能包含几条支路。图 3-23 所示电路中有 3 个回路。

2. 基尔霍夫第一定律

基尔霍夫第一定律又称节点电流定律，简称"KCL"。它指出：在任一瞬间，流进某一节点的电流之和恒等于流出该节点的电流之和，即

$$\sum I_{进} = \sum I_{出}$$

如图 3-23 所示电路，对于节点 A，有

$$I_1 + I_2 = I_3$$

可将上式改写成

$$I_1 + I_2 - I_3 = 0$$

即得

$$\sum I = 0$$

因此，对任一节点来说，流入（或流出）该节点电流的代数和恒等于零。

在分析未知电流时，可先任意假设支路电流的参考方向，列出节点电流方程。通常可将流进节点的电流取为正值，流出节点的电流取为负值，再根据计算值的正负来确定未知电流的实际方向。有些支路的电流计算值可能是负值，这说明假设的电流方向与实际方向相反。

基尔霍夫第一定律可以推广应用于任意一个假设的闭合面。如第九单元项目2的晶体管平面，则有

$$I_B + I_C = I_E$$

3. 基尔霍夫第二定律

基尔霍夫第二定律是关于电路中各元件电压之间关系的定律，也称为回路电压定律，简称"KVL"。其内容为：在任意瞬间，沿电路中任意一个回路，各段电路电压降的代数和恒等于零，即

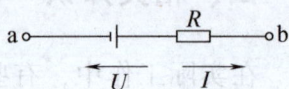

图 3-24　不闭合的电路

$$\sum U = 0$$

规定：凡电压降方向与假设回路方向一致取正，反之，取负。

如图 3-23 所示回路 1，有　　$U_{R_1} + U_{R_3} - U_1 = 0$

即　　　　　　　　$I_1 R_1 + I_3 R_3 - U_1 = 0$

基尔霍夫第二定律不仅可以用于闭合电路，而且还可以用于不闭合的电路，这便是第二定律的推广定律，其内容为：电路中某两点 ab 之间的电压等于从 a 点到 b 点所经路径上全部电压的代数和。

如图 3-24 所示，$U_{ab} = -U + IR$。

五、思考与练习

1）在图 3-23 中，电源 E_1 对电源 E_2 充电并对负载 R_3 供电。已知 $E_1 = 18V$，$R_1 = R_2 = 1\Omega$，$R_3 = 4\Omega$，当 E_2 充电达到 9V 时，求各支路电流。

2）在图 3-24 中，若电源电压为 10V，电流为 2A，电阻为 4Ω，求 U_{ab}。

3）小结万用表的使用方法。

项目 5　绝缘电阻表的选择与使用

一、学习目标

1）通过对绝缘电阻表的使用训练，熟练掌握各种设备、线路绝缘电阻的测

2）能根据电气设备的工作电压正确选用绝缘电阻表。

二、主要设备、材料及工具

主要使用的设备、材料及工具见表 3-9。

表 3-9　主要设备、材料及工具

名称	参数	名称	参数	名称	参数
绝缘电阻表	5050 型或 ZC11 型	导线	带鱼嘴夹的单股软线	电缆	YZ 型
电动机	交流、直流可调	电工工具	旋具、电工钳	绞线	RVS

三、相关知识

绝缘电阻表又称兆欧表，是专门用来测量绝缘电阻值的便携式仪表。在电气安装、检修和试验中得到广泛应用。常用的型号有 5050、ZC11、ZC25-1 等。

1. 绝缘电阻表的选用

测量额定电压在 500V 及以下的设备或线路的绝缘电阻时，可选用 500V 的绝缘电阻表；测量额定电压在 500V 以上的设备或线路的绝缘电阻时，应选用 1000~2500V 绝缘电阻表；测量瓷绝缘子时，应选用 2500~5000V 绝缘电阻表。一般测量低压电器设备绝缘电阻时可选用 0~200MΩ 量程的表，测量高压电器设备或电缆时可选用 0~2000MΩ 量程的表。

2. 使用注意事项

1）绝缘电阻表须水平放置于平稳牢固的地方，以免摇动手柄时因抖动和倾斜产生误差。

2）接线要正确，绝缘电阻表有三个接线桩，"E"（接地）、"L"（线路）和"G"（保护环或屏蔽端子），如图 3-25 所示。其中，L 接线桩接在被测物与大地绝缘的导体部分，E 接线桩接被测物的外壳或大地，G 接地桩接在被测物的屏蔽环上或不需要测量的部分。保护环的作用是消除仪表表面 L 和 E 接线桩间的漏电及被测绝缘物表面漏电的影响。

3）绝缘电阻表与被测物之间的连接线，应用单股线，不可用绞线。

4）测量线路间的绝缘电阻，应卸下所有用电器，如灯泡、电视、电动机等。

5）测量具有大电容设备的绝缘电阻，读数后不能立即停止摇动绝缘电阻表，

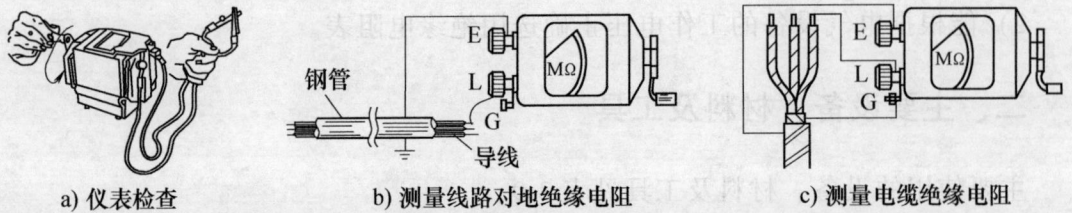

a) 仪表检查　　　　　b) 测量线路对地绝缘电阻　　　　c) 测量电缆绝缘电阻

图 3-25　线路对地绝缘电阻和电缆绝缘电阻的测量

否则已被充电的电容器会对绝缘电阻表放电，可能损坏仪表。应在读数后一方面降低转速，一方面拆去接地端线头。在绝缘电阻表停止转动和被测物放电以前，不能用手触及被测设备的导电部分，以防电击。

6）1kV 以下的低压线路的线路间、线路对地绝缘电阻应在 0.5MΩ 以上；低压类电动机绕组的绝缘电阻也应在 0.5MΩ 以上，如为 0，说明绕组绝缘已击穿，如低于 0.5MΩ 但不为 0，说明绕组受潮，应做烘干及浸绝缘漆处理。

四、项目实施及工艺要求

1. 绝缘电阻表使用前的检查

1）仪表使用前的检查。将绝缘电阻表水平放置，空摇绝缘电阻表，指针应该指到 ∞ 处，再慢慢摇动手柄，同时将 L 和 E 接线桩的连线瞬时短接，指针应迅速指零，如图 3-25a 所示。注意，此 L 和 E 接线桩的连线短接时间不得过长，否则会损坏绝缘电阻表。如果指针不能指零，说明仪表已损坏，不能正常使用。

2）被测电气设备和电路的检查。看其是否已全部切断电源，绝对不允许设备和线路带电时用绝缘电阻表去测量。对被测设备或线路中的电容应先放电再测量，以免危及人身安全、损坏仪表，同时注意清除测量处的污物，保证测量结果的准确性。

2. 绝缘电阻表的使用训练

测量时按要求接好线后，匀速摇动手柄，一般规定为 120r/min（允许有 20% 变化）。通常要摇动手柄 1min，待指针稳定后再读数。

1）测量线路对地（钢管）的绝缘电阻，如图 3-25b 所示。

2）测量电缆的绝缘电阻，如图 3-25c 所示。

3）测量照明线路线间的绝缘电阻测量，如图 3-26 所示。

4）测量电动机绕组间的绝缘电阻和绕组对地（外壳）的绝缘电阻，如

图 3-26　路线间的绝缘电阻测量

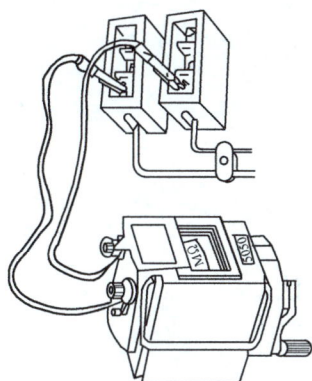

a) 拆开连片　　　b) 测量绕组间绝缘电阻

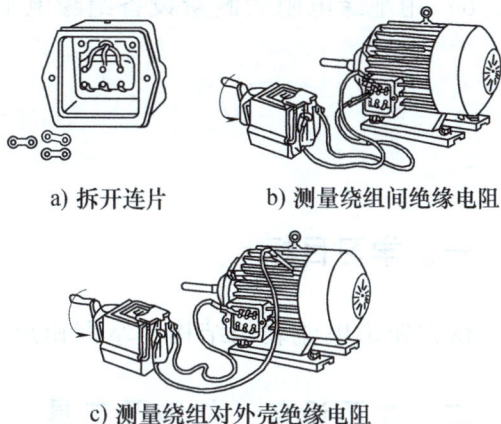

c) 测量绕组对外壳绝缘电阻

图 3-27　电动机绝缘电阻测量

图 3-27 所示。

5）测量两绞线间和常用电工工具的绝缘电阻。

五、使用绝缘电阻表查找故障点的技巧

在测量电动机绕组对地或绕组间（绕组间的连接须拆开）绝缘电阻时，常会遇到绕组外观整体来看是好的，但绝缘电阻却为 0，说明绕组在某处已击穿而且面积不大。如果将其放置在安静且光线较弱的地方测量，可以听到击穿点微弱的放电声，如果击穿点靠外，还可以看到较弱的放电现象（电动机应拆开）。这样可以较易找到击穿点，进行绝缘修复处理。如果指针摇摆不定，说明绝缘已被击穿，应做处理。

六、思考与练习

1）绝缘电阻表与被测物之间的连接线应采用_____导线。

2）绝缘电阻表使用前的检查方法是将 L、E 接线桩的输出线_____，空摇绝缘电阻表，其指针应_____，如瞬时短接，其指针应_____。

3）在测量电动机的绕组绝缘电阻时，绝缘电阻表的指针指在"0"处，说明_____。如是测量绕组间的绝缘电阻，应先将_____拆开。

4）测量电缆绝缘电阻时，L 接线桩接_____，E 接线桩接_____，G 接线桩接_____。

5）测量一般电器设备时，L 接线桩接_____，E 接线桩接_____，G 接线桩接_____。

6）用绝缘电阻表测量设备绝缘电阻时，其手柄的标准转速应为____ r/min。

项目 6 交流干线电流的测量

一、学习目标

认识钳形电流表的结构，掌握钳形电流表的使用方法。

二、主要设备、材料及工具

主要使用的设备、材料及工具见表 3-10。

表 3-10 主要设备、材料及工具

名称	参数	名称	参数	名称	参数
钳形电流表	T301 型	导线	若干	电动机	1~2kW
取暖器	2kW	电工工具	旋具、电工钳		

三、项目实施与工艺要求

在需要测量线路中的电流而又不能断开电路的场合，可使用钳形电流表测量其电流。钳形电流表是根据电流互感器的原理制成的，其结构如图 3-28 所示。

1. 钳形电流表的使用方法

测量前，将量程开关转到合适位置，手持胶杆柄，用食指钩紧铁心开关，打开铁心，将被测导线从铁心缺口引入到铁心中央，然后放松铁心开关，如图 3-29 所示。

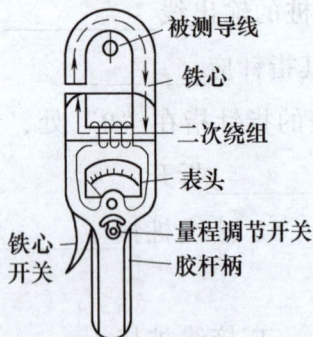

图 3-28 钳形电流表的结构

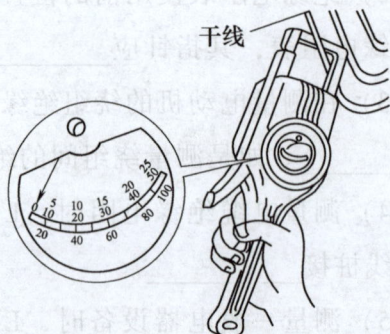

图 3-29 钳形电流表测量干线电流

2. 使用注意事项

1）不得用钳形电流表去测量高压线路的电流，被测线路的电压不能超过钳形电流表所规定的使用电压，以防绝缘击穿，人身触电。更不可测量裸导线的电流，以防触电。

2）每次测量只能置入一根导线，测量时应将被测导线置于钳口中央部位，以提高测量准确度。

3）当被测电流太小，即使用最小量程档测量时指针偏转角也较小，可将被测载流导线在铁心柱上缠绕几圈后再置于钳口中央测量，表的读数除以穿入钳口内导线的根数即得实测电流。测量结束后，应将量程调节开关扳到最大量程档位置，以便下次安全使用。

3. 操作训练

1）用钳形电流表测量 2kW 的单相取暖器的电流，分强弱档测量。

2）用钳形电流表测量三相异步电动机的三相空载电流，并比较是否平衡。

3）测量实验楼三相电源进线，比较三相电流是否平衡。

四、思考与练习

1）钳形电流表在测量过程中能更换档位吗？

2）1kW 左右的电动机不带负载运行时，其电流很小，如何用一般的钳形电流表测量它的电流？

项目 7 单相、三相电能表的安装

一、学习目标

认识单相、三相电能表，掌握其接线方法。

二、主要材料及工具

主要使用的材料及工具见表 3-11。

三、相关知识

电能表是累计计量负载在一定时间内所耗电能（电功）的仪表。按所测电源

表 3-11　主要设备、材料及工具

名称	参数	名称	参数	名称	参数
单相电能表	DD28 型	单相刀开关	HK 系列	三相断路器	DZ 系列
三相电能表	20A 直接式	电工工具	旋具、电工钳	其他	配电板、导线

相数的不同，分为单相电能表和三相电能表。单相电能表通常用于家庭用电计量，多为 DD 系列，按工作电流分为 2(4)A、4A、5A、10A 等规格，括号中的数值表示可通过的最大电流。选用时根据家庭的实际负载依据功率公式 $P = UI$ 计算出电流，选择相应规格的电能表。三相电能表用于三相负载。由电能（电功）公式 $W = Pt$ 知，电能表反映了负载所消耗功率 P 与做功时间 t 的累计。因此，电能表指示装置采用数字累进式的积算机构来代替一般电工仪表的指针指示装置。图 3-30a 是电能表的外形。

1. 结构与工件原理

单相电能表的内部结构如图 3-30b 所示，其主要部分是电压、电流元件各一个、一个铝盘和一套计数机构。电压元件的线圈匝数多、线径细，与被测电路的用电器并联，称为电压线圈。电流元件的线圈匝数少、线径粗，与被测电路的用电器串联，称为电流线圈。铝盘在电压、电流线圈产生的交变电磁场中因电磁感应产生感应电流，该感应电流又在磁场中受到磁场的作用产生电磁力，在此磁场力作用下旋转，带动计数机构在电度表的面板上显示出读数。电路中负载越大，电流越大，铝盘旋转越快，单位时间内读数越大。

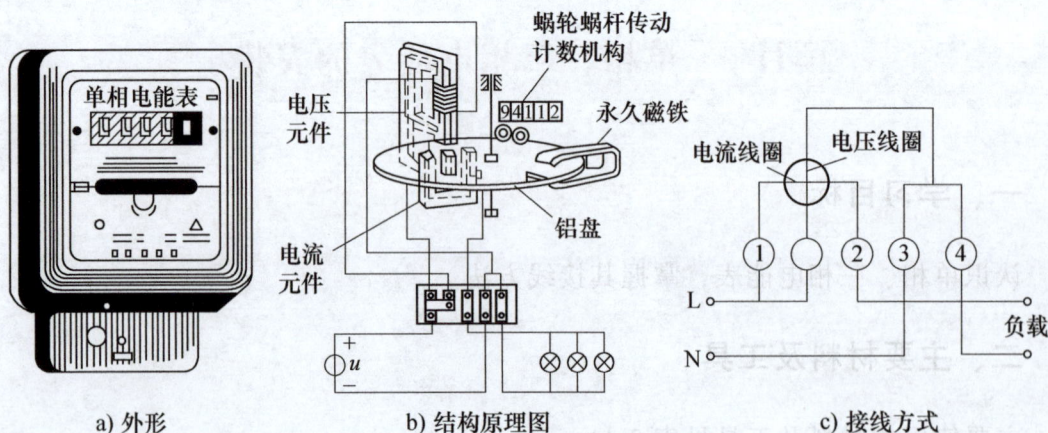

a) 外形　　　　b) 结构原理图　　　　c) 接线方式

图 3-30　单相电能表

随着科学技术的进步，电子式电能表正在广泛推广使用。它主要利用电子线路来实现电能的检测与计量。其测量准确度高，且自身能耗低，使用寿命长，较好地克服了机械式电能表计量误差大、电能表本身耗电量较高的缺点。目前，在此基础上又发展了卡式电能表和远程抄表系统，使电能的管理实现智能自动控制，大大提高了电力管理部门的工作效率。作为一种发展的趋势，电子式电能表现在正得到越来越广泛的应用。

2. 读数

电能表的计量单位是千瓦时（俗称度）。电能表面板上方的长方形窗口中显示了用电数，如图 3-31 所示。右起第一位数字为小数位，其余均为整数位。电能表装好后应记下原有的底数，作为计量用电的起点。第二次抄表数字与底数之差，即为两次抄表时间间隔内的用电数。电业部门抄表时，一般都以整数为准，余下的小数与下月一起累计。

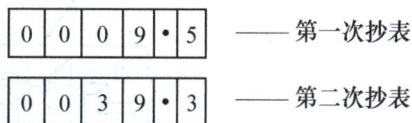

| 0 | 0 | 0 | 9 | · | 5 | —— 第一次抄表 |
| 0 | 0 | 3 | 9 | · | 3 | —— 第二次抄表 |

图 3-31　电能表读数

四、项目实施与工艺要求

1. 单相电能表的接线

单相电能表共有 4 个接线桩头，从左到右按 1、2、3、4 编号。接线方法一般按号码 1、3 接电源进线，2、4 接出线，如图 3-30c 所示接线原理图和图 3-32 所示安装接线图。

2. 三相电能表的接线

三相电能表主要用于动力配电线路中，其基本工作原理与单相电能表相似。随着大功率的家用电器如空调器、热水器、电磁炉等的普及，三相电能表也正在步入家庭。三相电能表有三相三线制和三相四线制电能表两种；按接线方式划分可分为直接式和间接式两种。常用直接式三相电能表的规格有 10A、20A、30A、50A、75A 和 100A 等多种，一般用于电流较小的电路如家庭供电线路；间接式三相电能表常用的规格是 5A，与电流互感器连接后，用于电流较大的电路如工矿企业、泵站等。

图 3-32　单相电能表的安装接线图

直接式三相四线制电能表的接线方法如图 3-33 所示，它共有 11 个接线桩头，从左至右按 1~11 编号，其中 1、4、7 是电源相线的进线桩头；3、6、9 是相线的出线桩头，分别与负载总开关的三个进线桩头相连接；10、11 是电源中性线的

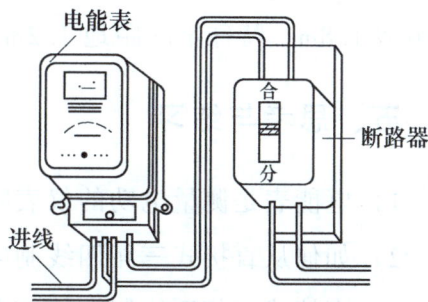

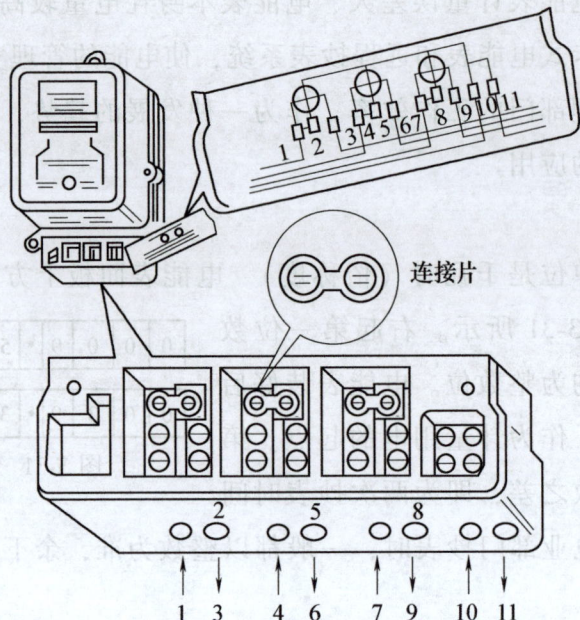

图 3-33　三相电能表接线图

进、出线桩头；2、5、8 三个接线桩头可空着，其连接片不可拆卸。

3. 工艺要求

1）电能表应装在进线侧，配线应横平竖直、简洁。

2）电能表应竖直安装，不要倾斜，以免影响电能表的准确度。明装表板底面距地 1.8m，特殊情况距地 1.2m，暗装表箱底面距地 1.4m。

五、思考与练习

1）电能表是测量电功的仪表吗？

2）如何从直接式三相四线制电能表的接线中获得 220V 的交流电？

3）直接式三相四线制电能表的读数就是用户的实际用电量吗？读数需要乘 3 吗？

阅读材料二

（一）电磁感应及应用

1820 年，丹麦科学家奥斯特发表了他的实验研究结果：电流的磁效应，即通电导体周围存在着磁场。之后，英国物理学家法拉第对电、磁关系历经十年的不懈研究，于1831年发现了"动磁生电"即电磁感应现象，揭示了电与磁的内在联系，为现代电工学奠定了基础。

"动磁生电"就是变动的磁场能在导体中产生电动势，这种现象称为电磁感应现象，由电磁感应产生的电动势（或电压）称为感应电动势（或感应电压），其闭合回路产生的电流称为感应电流。

1. 直导体切割磁感应线产生感应电动势

实验一如图3-34所示，在磁场中放置一直导体AB，并用导线与检流计相连。当导体AB在磁场中做切割磁感应线的运动时，检流计指针发生偏转。该实验表明，闭合电路的一部分导体在磁场中做切割磁感应线的运动时，回路中有感应电流产生。这就是电磁感应现象。

图 3-34　电磁感应实验一

电磁感应所产生的感应电流的方向用右手定则判定：伸开右手，让拇指与其余四指垂直且位于同一平面，使磁感线穿过手心，若拇指的指向为导体运动方向，则其余四指所指的方向即为感应电流的方向，如图3-35所示。

2. 线圈中磁场的变化产生感应电动势

实验二如图3-36所示，当条形磁铁插入和拔出线圈（用漆包线或纱包线绕制而成）时，检流计指针均发生偏转，这说明：闭合回路中磁场（或磁感应线总数）发生变化时，回路中有感应电动势和感应电流产生，其方向无法用判定实验一的方法来判定，可用判定感应电流方向的普遍规律——楞次定律来判断。

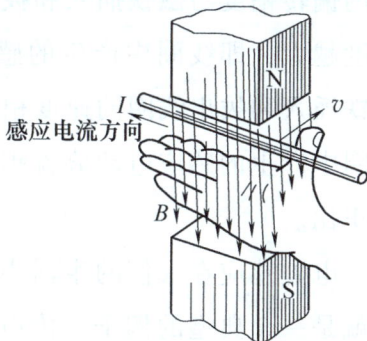

图 3-35　右手定则

楞次定律：在电磁感应中，感应电流所产生的磁场（感应磁场）总是阻碍原磁场（产生感应电流的磁场）的变化，即当原磁场增加时，感应电流产生磁场的方向与原磁场方向相反，以阻碍原磁场的增加；当原磁场减少时，感应电流产生磁场的方向与原磁场方向相同，以阻碍原磁场的减少。上述方向的判断可归纳为"增反减同"。

实际上，产生电磁感应的装置就是电源。在电源内部，感应电流与感应电动势的方向是一致的。所以，应用楞次定律判定感应电流和感应电动势的方向时，可按下述步骤进行：

1）确定原磁场的方向。

2）确定原磁场的变化趋势，看它是增加还是减少。

3）根据楞次定律，判断感应电流产生的磁场（感应磁场）方向。

4）应用右手螺旋定则判断感应电流的方向：拇指指向感应磁场方向，四指所指的方向即为感应电流的方向。

在图 3-36a 中，当磁铁拔出线圈时，线圈中的磁场减弱。根据楞次定律，感应电流的磁场要阻碍磁铁对线圈磁场的减弱，则线圈感应磁场的方向为上 S 下 N，再根据右手螺旋定则判断感应电流的方向是在螺线管上为顺时针方向，即感应电流由左端流进电流计。当磁铁插入线圈时，如图 3-36b 所示，用同样的方法可判断感应电流的方向是由右端流进电流计。

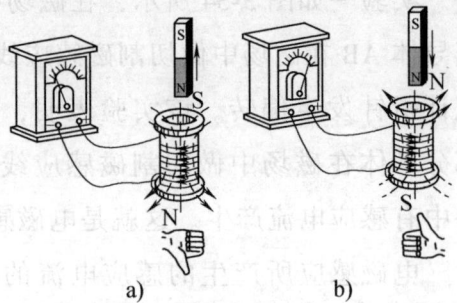

a)　　　　b)

图 3-36　电磁感应实验二

在实验二中我们还可以看出：检流计指针的偏转幅度与磁铁插入和拔出线圈的速度有关。速度越快，检流计指针的偏转幅度越大，即线圈中产生的感应电动势越高。如果改变线圈的匝数，我们发现：磁铁插入和拔出线圈的速度相同时，线圈匝数越多，检流计指针的偏转幅度越大，线圈中产生的感应电动势就越高，反之，就越低。也就是感应电动势与线圈匝数成正比。

电磁感应在人们的生活中被广泛地应用，动圈式传声器就是一个典型的例子。传声器是把声音信号转变为电信号的装置。图 3-37 是动圈式传声器的构造原理图，它是利用电磁感应原理制成的。当讲话的声波使金属膜片振动时，连接在膜片上的线圈（一般称为音圈）随着一起振动。音圈在永磁铁的磁场里振动（上下运动），音圈中就产生了感应电流（电信号），感应电流的大小和方向都随声波的变化而变化，它经扩音器放大后传给扬声器，从扬声器中就发出放大的声音。图 3-38 是声音放大系统图。

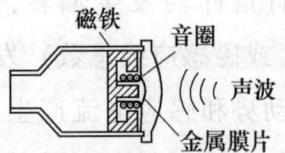

图 3-37　动圈式
传声器原理图

图 3-38　声音放大装置

3. 自感现象

在图 3-39a 所示的实验中，信号灯 HL1 与可

变电阻 R_p 串联，信号灯 HL2 与线圈 L 串联。
当开关 S 闭合时，HL1 立即正常发光，而 HL2
则由暗经过一短暂时间慢慢变亮至正常发光。
线圈 L 的匝数越多，该现象越明显。这是因为
在 HL2 支路中，当开关 S 闭合时，电流发生
着从无到有的突然变化，线圈中的磁场突然增
加，这个突变的磁场必在线圈中产生较高的感

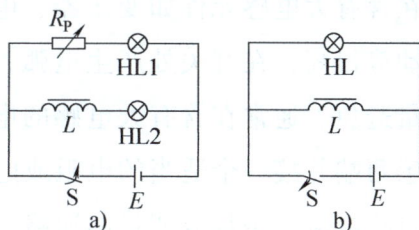

图 3-39 自感现象实验

应电动势。根据楞次定律可知，这个感应电动势必将阻碍电流的增加，正是由于
这种阻碍作用，使 HL2 比 HL1 亮得慢。

在图 3-39b 所示的实验中，信号灯 HL 与线圈 L 并联后接到电源上，电路正常
工作后断开开关 S 的瞬间，HL 并不立即熄灭，而是突然发出强光后才熄灭，这是
为什么呢？

当开关 S 分断的瞬间，线圈 L 中电流急剧减小趋向于 0，使其磁场也急剧减
小。磁场的变化在线圈中产生感应电动势，该感应电动势（可能会很高，如果线
圈的匝数较多甚至会大大超过电源电压）再加到 HL 的两端，所以 HL 不但不会立
即熄灭，而是突然亮一下至感应电动势的能量耗完再熄灭。

上述两个实验说明：通电线圈中电流的变化，使得线圈中磁场发生变化，它
必将在线圈自身产生感应电动势，这种现象称为自感现象，简称自感。由自感产
生的电动势，称为自感电动势，它总是要阻碍线圈中原电流的变化。

自感电动势的大小与电流变化的快慢（也称电流变化率）和线圈的相关参数
有关。电流变化越快，自感电动势越大；线圈匝数越多，自感电动势也越大，如
插有导磁材料例如铁心，其自感电动势更大。我们把描述线圈本身特性的物理量
称电感量，简称电感，用字母 L 表示。电感量 L 与线圈的匝数、几何形态、线圈
中的导磁材料等有关。电感量 L 的国际单位是亨利，简称亨，用符号 H 表示。在
工程实践中，常用的较小单位有毫亨（mH）、微亨（μH），其换算关系是

$$1\mathrm{H} = 10^3 \mathrm{mH}$$

$$1\mathrm{mH} = 10^3 \mathrm{\mu H}$$

线圈也常称电感或电感器，其字母符号也用 L 表示，图形符号为 ⌒⌒⌒。电感
L 既可表示线圈也可表示其物理量，要根据情况而定。

自感对人们的生产、生活来说，既有利又有弊。例如，荧光灯是利用镇流器
（电感）中的自感电动势来点亮灯管的，点亮灯管后再利用它来限制灯管的电流；

但在含有大电感元件如变压器、电动机的电路被切断的瞬间，因电感两端的自感电动势很高，在开关处产生电弧，容易烧坏开关，或者损坏设备的元器件，这要尽量避免。通常在含有大电感的电路中都有灭弧装置。最简单的办法是在开关或电感两端并接一个适当的电阻或电容，或先将电阻、电容串接后并接到电感两端，给自感电流一条释放能量的通路。

4. 互感现象

在图 3-40 所示实验中，当电阻的阻值发生变化时，检流计的指针会发生偏转。这是由于线圈 1 中的电流发生了变化，从而引起磁场的变化，该磁场的磁感应线穿过线圈 2，从而又影响线圈 2，使线圈 2 中产生了感应电动势和感应电流。如果线圈 1 中的电流不改变，则线圈 2 中不会产生感应电动势和感应电流。

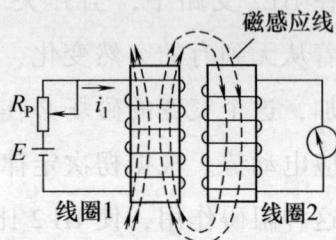

图 3-40　互感现象实验

我们把这种由一个线圈中的电流发生变化而在另一线圈中产生电磁感应的现象叫互感现象，简称互感。人们应用互感原理制成了各种变压器、电动机等。但在电子电路中，线圈产生的磁场也会相互干扰，因此，应注意其位置的布置。

5. 变压器

变压器广泛应用于电力系统和电子设备中，与人们的生活密切相关。它是应用互感原理制成电气设备的典型代表。

（1）结构　变压器由铁心和绕组两部分组成。若将图 3-40 中的两线圈用铁心连接起来，就构成了简易变压器，如图 3-41 所示。图 3-42 为单相变压器原理图。

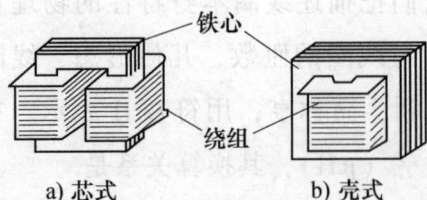

图 3-41　变压器的结构

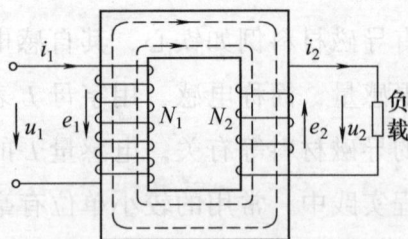

图 3-42　单相变压器的原理图

1）铁心。铁心构成电磁感应所需要的磁路。为了减小涡流损耗，铁心常用磁导率高而又相互绝缘的硅钢片相叠合而成。通信变压器的铁心用铝合金、铁氧体或其他磁性材料制成。

2）绕组。变压器的绕组用绝缘良好的漆包线、纱包线或丝包线绕成。变压器工作时与负载相互连接的绕组叫二次绕组，与电源连接的绕组叫一次绕组。漆包线等绝缘良好的导线在铁心上每绕一圈称一匝，绕组匝数一般用字母 N 或 n 表示。一次和二次绕组的匝数分别记为 N_1 和 N_2。其符号图如图 3-43 所示。图上的垂直线表示铁心。变压器一次和二次电压的有效值分别记为 U_1 和 U_2，一次和二次电流的有效值分别记为 I_1 和 I_2。

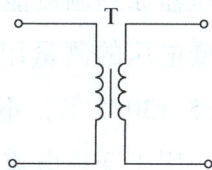

图 3-43　变压器的符号图

（2）工作原理

1）变压原理。当变压器一次侧接入交流电源时，在一次绕组中就有交流电通过，于是在铁心中产生的随交流电变化的磁感应线穿过一次、二次绕组，分别在一次、二次绕组中产生感应电动势（或电压），如图 3-42 所示，若忽略漏磁，则感应电动势（或电压）与绕组的匝数成正比，即

$$\frac{U_1}{U_2} = \frac{N_1}{N_2} = n$$

上式表明，变压器一次、二次

图 3-44　油浸式电力变压器

绕组的电压比等于它们的匝数比 n。当 $n>1$ 时，$N_1>N_2$，$U_1>U_2$，这种变压器是降压变压器，如家用电器的小型电源变压器、工矿企业的配电变压器等；反之，当 $n<1$ 时，为升压变压器，如发电厂对外的输出变压器。可见，只要选择一次、二次绕组的匝数比，就可以实现升压或降压的目的。图 3-44 为电力变压器。

2）变流原理。变压器在变压的过程中只起能量的传递作用，若不考虑变压器本身的损耗，则输出功率 P_2 应等于输入功率 P_1，则有下列关系：

$$U_1 I_1 = U_2 I_2$$

即有

$$\frac{U_1}{U_2} = \frac{I_2}{I_1} = \frac{N_1}{N_2} = n$$

上式表明：变压器的电压与匝数成正比，电流与匝数成反比。

（3）互感器　在电气工程测量中，经常需要测量高电压、大电流。人们应用

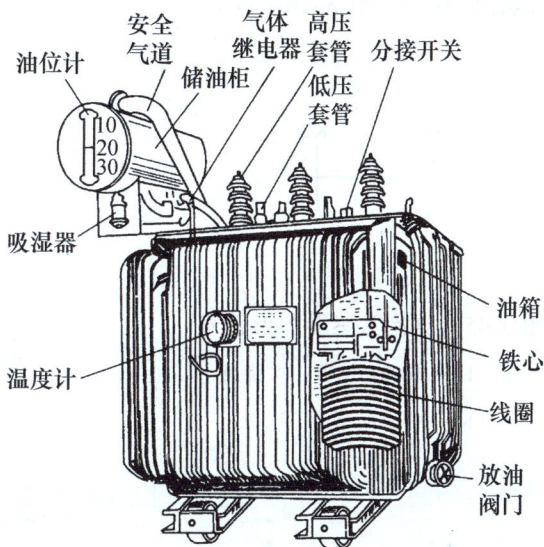

变压器原理制成能将较大的交流电流和较高的交流电压变换成相应的较小电流和较低电压的测量用互感器。测量用互感器的电压比是固定的，如 100/5、200/5、40/5、30/5 等，不同的型号，电压比不同。

用于变换电流的，称为电流互感器。钳形电流表就是应用电流互感器原理制成的。用于变换电压的，称为电压互感器，其实质就是一个降压变压器。互感器主要用于在配电室、控制室中监测线路中的电流和电压，其电路图符号和接线图分别如图 3-45~图 3-48 所示。

图 3-45　电流互感器图形符号

L1、L2—电流互感器一次绕组

K1、K2—电流互感器二次绕组

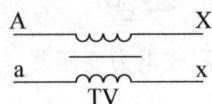

图 3-46　电流互感器接线图

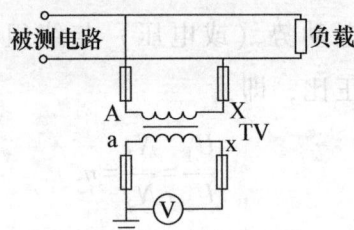

图 3-47　电压互感器电路图符号

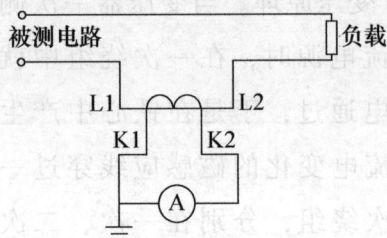

图 3-48　电压互感器接线图

（二）磁场对电流的作用与应用

1. 磁场对通电直导体的作用

通电直导体周围存在着磁场，它就成了一个磁体，把这个磁体放到另一个磁场中，它会受到磁场的作用，这个作用力就是电磁力。如图 3-49 所示，在蹄形磁铁两极间悬挂一直导体并使其与磁感应线垂直，当导体中通以电流时，导体就在磁场内受到电磁力的作用而运动。如果磁场越强，导体中的电流越大，导体在磁场中的有效长度越长，则导体受到的电磁力就越大。

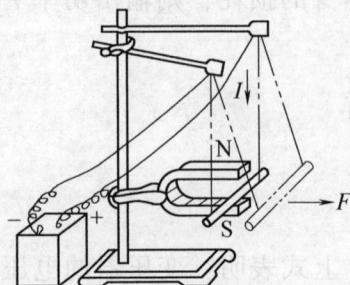

图 3-49　磁场对载流导体的作用

通电导体在磁场中受到电磁力的方向，可用左手定则来判断。如图 3-50 所示，平伸左手，拇指与其余四指垂直，手心正对磁场的方向，让磁感应线穿过手心，四指指向电流方向，则拇指的指向就是通电导体的受力方向。

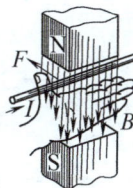

2. 磁电系仪表的测量机构

图 3-50　左手定则

磁电系仪表是利用通电线圈在磁场中受到电磁力的作用制成的，它广泛应用于直流电流和电压的测量。

1）结构。磁电系测量机构由固定的磁感应线通路系统（磁路）和可动线圈部分组成，如图 3-51 所示。

磁感应线通路系统由永久磁铁、固定在磁铁两极的极掌和处于两极掌之间的圆柱形铁心组成。圆柱形铁心固定在仪表支架上，使两个极掌与圆柱形铁心之间的空隙中形成均匀的辐射状磁场。

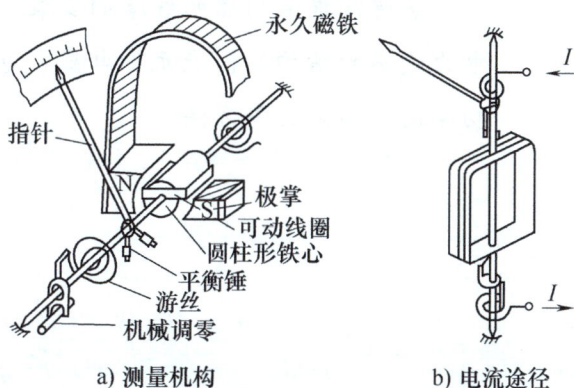

可动部分由绕在铝框架上的可动线圈、指针、平衡锤和游丝组成。可动线圈两端装有两个半

a) 测量机构　　b) 电流途径

图 3-51　磁电系测量机构的结构简图

轴支承在轴承上，而指针、平衡锤及游丝的一端固定安装在半轴上。当可动部分发生转动时，游丝变形产生与转动方向相反的反作用力矩。另外，游丝还具有把电流导入可动线圈的作用。

2）工作原理。测量时电流通过游丝导入可动线圈，它与气隙中磁场的相互作用产生电磁力，可动线圈在此电磁力构成的力矩的作用下发生偏转，这个力矩称为转动力矩。可动线圈的转动使游丝产生反作用力矩，当反作用力矩与转动力矩相等时，可动线圈将停留在某一位置上，指针也相应停留在某一位置上。只要把被测物理量与偏转角的大小按一定的比例刻在标尺上，就可根据指针在标尺上停止的位置读出被测物理量的数值。磁电系测量机构产生转动力矩的原理如图 3-52 所示。

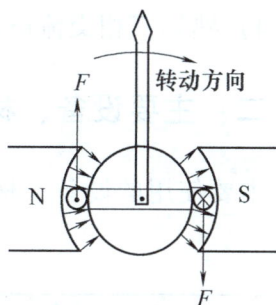

图 3-52　磁电系测量机构产生转动力矩的原理图

第四单元　交流电路

学习目标

　　熟练掌握常用照明线路的安装、检修方法和三相负载的连接；掌握电力线路的结构和储能元件电感、电容的特性；了解电能的输送和提高功率因数的意义与方法。

项目 1　电能的输送与电力线路

一、学习目标

1）了解电能的产生、输送与高、低压电力线路的构成。

2）明确交流电和直流电的区别。

3）熟知正弦交流电的基本参数和表示方法。

4）熟知三相交流电的基本参数与相互关系。

二、主要设备、材料及工具

主要使用的设备、材料及工具见表 4-1。

表 4-1　主要使用的设备、材料及工具

名　称	参数	名　称	参数
万用表	500 型	测电笔	低压旋具式测电笔
交流电压表	量程为 500V	三相交流电源	输出功率为 1kW
交流电流表	量程为 10A	连接导线	$1mm^2$ 绝缘铜线

三、相关知识

1. 电能的产生、输送与电力线路

1）电能的产生。电能是由其他形式的能量转化过来的。电能的产生形式是多样的，如干电池将化学能转化成电能；在太空中的卫星利用太阳能电池工作，而太阳能电池是将太阳能转化为电能的；水能发电机将水的机械能转化为电能；核能发电站将原子能转化为电能等。目前我国使用的电能产生形式主要有火力发电、水力发电、核能发电、风力发电、太阳能发电和潮汐发电等。尽管电能的产生形式有多种，但大多数电能都是由交流发电机将其他形式的能量转化过来的。交流电在国民经济、社会生活等各个领域是不可取代的，也是最经济的，因此我们要认识交流电的规律。

2）电能的输送与电力线路。实际上，由于多种因素，生产电能和使用电能的地方往往相隔较远。电能的输送一般要经过升压、输送、降压再到各个用户的过程，如图 4-1 所示。

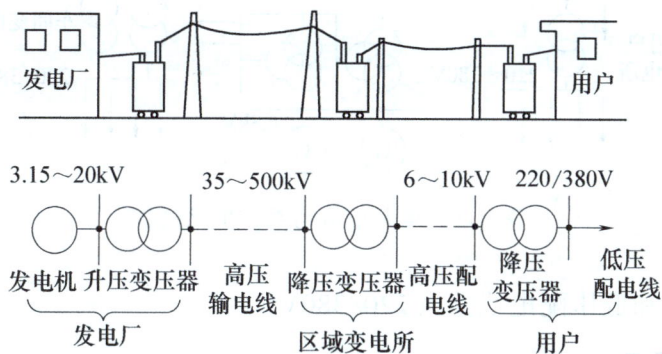

图 4-1 电能的输送

由各种电压的电力线路将一些发电厂、变电所和电力用户联系起来的一个发电、输电、变电、配电和用电的整体，称为电力系统。图 4-2 所示是某大型电力系统的系统图。电力系统中各级电压的电力线路及其联系的变电所，称为电力网或电网。电力线路是电力网的重要组成部分，其作用是输送和分配电能。电力线路分为输电线路和配电线路。设在发电厂升压变电所与区域变电所之间的线路以及区域变电所之间的线路，是专用于输送电能的，称为送电线路。从区域变电所到用电单位变电所或城市、乡镇供电的线路，是用于分配电能的，称为配电线路。配电线路根据电压的高低又可分为高压配电线路（35kV 以上）、中压配电线路

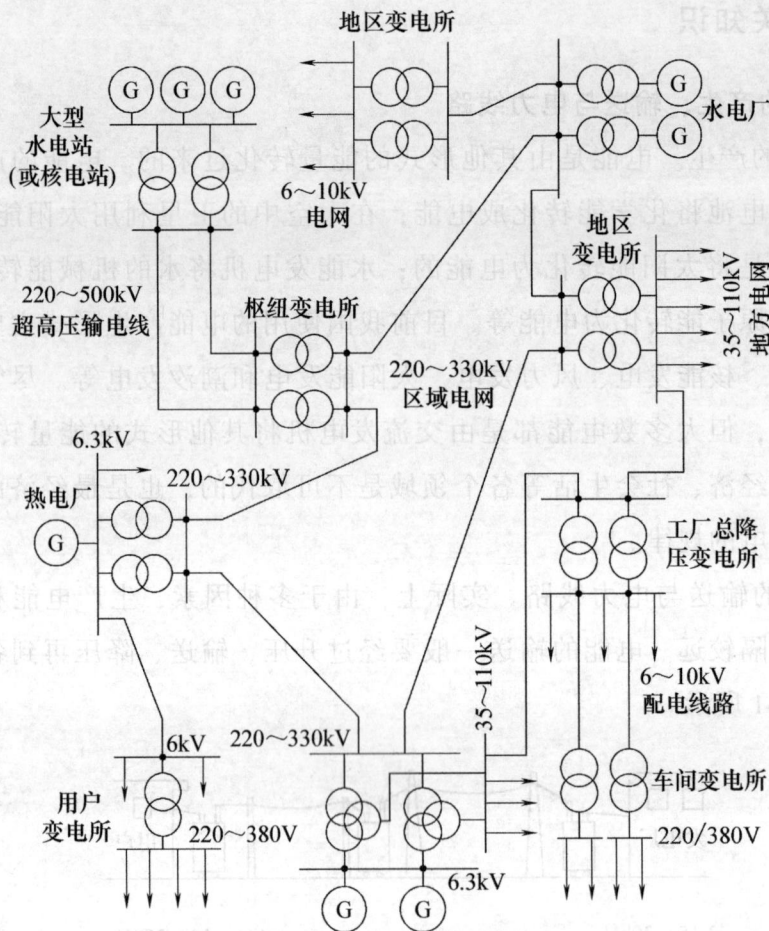

图 4-2 某大型电力系统的系统图

（6kV 或 10kV）和低压配电线路（220/380V）。

2. 正弦交流电

（1）交流电与直流电 交流电是大小和方向都随时间变化的一种电压或电流，而直流电的方向不随时间变化。直流电通常分为稳恒直流电和脉动直流电，稳恒直流电的大小和方向都不随时间变化，脉动直流电的方向不变但大小随时间变化。通常把脉动直流电看成是在稳恒直流电的基础上叠加交流成分而得到的。

随时间按正弦规律变化的交流电称为正弦交流电。我们通常所说的交流电就是指正弦交流电，包括正弦交流电流 i、正弦交流电压 u、正弦交流电动势 e。它们可用表达式表示为

$$i(t) = I_m \sin(\omega t + \varphi_i)$$

$$u(t) = U_m \sin(\omega t + \varphi_u)$$

$$e(t) = E_m \sin(\omega t + \varphi_e) \tag{4-1}$$

也可以用波形图直观地表示正弦交流电随时间的变化情况，例如正弦交流电压可用如图 4-3 所示的波形图表示。正弦交流电的波形是正弦曲线。

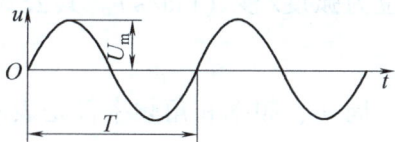

图 4-3　正弦交流电压的波形图

（2）正弦交流电的三要素　从式（4-1）可以看出，要完整地表达出一个正弦交流电需要给出三个量。

1）正弦交流电的大小。

瞬时值：正弦交流电在某一时刻的大小 $i(t)$、$u(t)$、$e(t)$ 称为瞬时值。因为瞬时值大小是随时间不断变化的，我们无法用瞬时值的大小来比较两个交流电的大小。

最大值：由式（4-1）可以看出，I_m、U_m、E_m 分别是 i、u、e 的最大值，称为正弦交流电的最大值，它们对应于波形图中的波峰（见图 4-3）。最大值可以用来表示交流电的相对大小关系。

有效值：电流通过导体时能够发热，这就是电流的热效应，这实际是电流做功将电能转化成内能所致。在衡量交流电流做功时，我们要引入有效值的概念。交流电的有效值等于与交流电热效应相等的直流电的数值。例如，将一个交流电流 i 和一个直流电流 I 通过两个完全相同的电阻 R，若在相同的时间内，这两个电阻上产生的热量相等，则这个交流电 i 的有效值就等于直流电 I 的大小。

电流、电压和电动势的有效值分别用符号 I、U、E 表示。

正弦交流电的有效值与最大值之间满足

$$I = \frac{I_m}{\sqrt{2}} \quad U = \frac{U_m}{\sqrt{2}} \quad E = \frac{E_m}{\sqrt{2}} \tag{4-2}$$

我们用一般交流仪表测得交流电的数值为交流电的有效值，如我们用交流电压表或万用表交流电压档测量交流电压的结果就是有效值。

2）正弦交流电的周期 T、频率 f 和角频率 ω。

周期：正弦交流电完整变化一周所用的时间称为周期，用符号 T 表示，单位为秒（s）。在波形图上，两个波峰或两个波谷之间的时间间隔即是一个周期，如图 4-3 所示。

频率：正弦交流电在 1s 内完整变化的周数称为频率，用符号 f 表示，单位为赫兹（Hz），简称赫。根据定义可以看出频率和周期互为倒数，即

$$f = 1/T \tag{4-3}$$

角频率：正弦交流电在 1s 内所经过的电角度，称为角频率，用符号 ω 表示，单位为弧度/秒（rad/s）。其公式为

$$\omega = 2\pi/T = 2\pi f \tag{4-4}$$

周期、频率和角频率都是表示交流电变化快慢的物理量。我国规定交流电的频率 $f = 50\text{Hz}$，这种交流电在 1s 内要变化 50 周。其周期 $T = 0.02\text{s}$，角频率 $\omega = 100\pi$。

3）正弦交流电的相位、初相位和相位差。

相位：在上述交流电的表达式中的 $\omega t + \varphi$ 称为相位，它表示交流电的变化步调。从表达式可以看出，当 $\omega t + \varphi = \pi/2$ 时，正弦交流电取正最大值；当 $\omega t + \varphi = 3\pi/2$ 时，正弦交流电取负最大值；当 $\omega t + \varphi = 0$ 或 π 时，正弦交流电等于 0。

初相位：$t = 0$ 时的相位为 φ，称为初相位，简称初相。由于在实际问题中角频率往往是固定且已知的，相位就由初相位 φ 决定。

相位差：两个正弦量之间的相位之差，称为相位差，用 $\Delta\varphi$ 表示。相位差可以用来反映两个正弦量变化步调的先后关系，一般我们只讨论同频率正弦量之间的相位差，这时相位之差就等于初相位之差。如有两个正弦量的相位分别为 $\omega t + \varphi_1$ 和 $\omega t + \varphi_2$，它们的相位差为 $\Delta\varphi = (\omega t + \varphi_1) - (\omega t + \varphi_2) = \varphi_1 - \varphi_2$。可见，同频率正弦量的相位差仅由其初相位之差决定。

两个正弦量之间的相位关系一般有同相、超前、滞后、正交、反相。

① 同相。$\Delta\varphi = \varphi_1 - \varphi_2 = 0$。两个正弦量的相位差为 0，说明它们的变化步调完全一致，即同时达到最大值或最小值，同时变为 0 且变化方向一致。这是一种特殊的相位关系。

② 超前。$\Delta\varphi = \varphi_1 - \varphi_2 > 0$。表示前一个正弦量总是先于后一个正弦量达到某个值。

③ 滞后。$\varphi = \varphi_1 - \varphi_2 < 0$。表示前一个正弦量总是晚于后一个正弦量达到某个值。

④ 正交。$\varphi = \varphi_1 - \varphi_2 = \pm\pi/2$。这是一种特殊的相位关系。

⑤ 反相。$\varphi = \varphi_1 - \varphi_2 = \pm\pi$。表示两个正弦量的变化步调完全相反。这也是一种特殊的相位关系。

我们把交流电的有效值（或最大值）、角频率（频率或周期）、初相位称为正弦交流电的三要素。知道了三要素，就可确定交流电。在实际问题中，频率往往是固定的，此时只需知道另外两个要素就可确定正弦交流电。

3. 正弦交流电的表示方法

1）解析式表示法。正弦交流电的电流、电压和电动势的瞬时值表达式（4-1）就是交流电的解析式。

在解析式中明确地反映了有效值（或最大值）、频率（或周期、角频率）和初相。反过来，如果知道了交流电的有效值（或最大值）、频率（或周期、角频率）和初相位，就可以写出它的解析式，可算出交流电任何瞬间的瞬时值。

例如，已知某正弦交流电压的最大值 $U_m = 310\text{V}$，频率 $f = 50\text{Hz}$，初相位 $\varphi_0 = -30°$，则它的解析式为

$$u = U_m \sin(\omega t + \varphi_0) = 310\sin(100\pi t - 30°)\text{V}$$

当 $t = 0.01\text{s}$ 时的电压瞬时值为

$$u = 310\sin(100\pi \times 0.01 - 30°)\text{V} = 310\sin150°\text{V} = 155\text{V}$$

2）波形图表示法。正弦交流电还可用波形图表示，正弦交流电的波形是正弦曲线，如图 4-3 所示。在正弦交流电的波形图中，横坐标表示时间 t 或角度 ωt，纵坐标表示随时间变化的电动势 e、电压 u 和电流 i 的瞬时值。我们可以根据波形图找到在任意时刻 t 时所对应交流电的数值。

在波形上还可以反映出最大值、周期和初相位等。最大值等于波峰处对应的纵坐标值；周期等于相邻的两个波峰或波谷在横轴方向坐标之差；初相位是正弦曲线的起点与原点之间的横坐标之差。如果正弦曲线的起点在坐标原点的左边，初相位就是正值；如果正弦曲线的起点在原点的右边，则初相位是负值。

*3）相量表示法。正弦交流电也可用旋转矢量表示。现以正弦电动势 $e = E_m \sin(\omega t + \varphi_0)$ 为例，在平面直角坐标系中，从原点作一矢量 E_m，使其长度等于正弦交流电动势的最大值 E_m，矢量与横轴 Ox 的夹角等于正弦交流电动势的初相位 φ_0，矢量以角速度 ω 逆时针方向旋转，如图 4-4a 所示。这样，旋转矢量在任一瞬间与横轴 Ox 的夹角就是正弦交流电动势的相位 $\omega t + \varphi_0$，旋转矢量在纵轴上的投影即为对应的正弦交流电动势的瞬时值。例如，当 $t = 0$ 时，旋转矢量在纵轴上的投影为 e_0，对应于图 4-4b 中电动势波形的 a 点；当 $t = t_1$ 时，矢量与横轴的夹角为 $\omega t_1 + \varphi_0$，此时矢量在纵轴上的投影为 e_1，对应于波形的 b 点；如果矢量继续旋转下去，就可得出电动势 e 的波形图。

由此可见，一个正弦量可以用一个以角速度 ω 沿逆时针方向旋转的旋转矢量表示。显然，对于这样的矢量不可能也没有必要把它的每一瞬间的位置都画出来，只要画出它的起始位置即可。因此，一个正弦量只要它的最大值和初相位确定后，

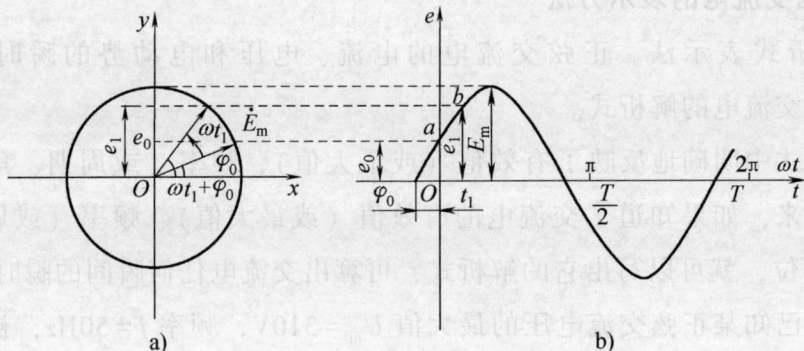

图 4-4　旋转矢量表示正弦量

表示它的矢量就可确定。必须指出，表示正弦交流电的矢量与一般的空间矢量（如力、速度等）是不同的，它只是正弦量的一种表示方法。为了与一般的空间矢量相区别，把表示正弦交流电的这一矢量称为相量，并用大写字母上加黑点的符号来表示，如 $\dot{I}$、$\dot{U}$ 和 $\dot{E}$ 分别表示电流相量、电压相量和电动势相量。

同频率的几个正弦量的相量，可以画在同一图上，这样的图叫相量图。例如，有三个同频率的正弦量为

$$e = 60\sin(\omega t + 60°) \text{ V}$$

$$u = 30\sin(\omega t + 30°) \text{ V}$$

$$i = 60\sin(\omega t - 30°) \text{ A}$$

它们的相量图，如图 4-5 所示。

4. 三相正弦交流电

1）三相交流电和单相交流电。三相交流电有三根相线，分别用 U、V、W 表示。在实际电力系统中，三根相线加上一根中性线（用 N 表示，如中性线接地，则称为零线）的供电线路称为三相四线制，没有中性线则构成三相三线制。在低压照明电路或照明动力混合电路中，往往采用三相四线制供电，电压等级规定为380/220V。在低压架空线路中，中性线总是置于内档，如图 4-6 所示；在大功率远距离传送电能或在三相负载平衡的情况下（如三相变压器），往往采用三相三线制，如图 4-7 所示。

在一般家庭中，采用的是一根相线、一根中性线传送交流电，称为单相交流电。在用电量大的工厂或办公大楼等动力、照明用电则采用三相交流电供电。实际上单相交流电是三相交流电中的一相。如在图 4-6 中，三根相线 U、V、W 中的任意一根相线和中性线 N 就可以向单相交流电用户供电。在低压照明电路中，

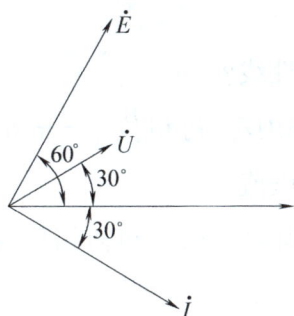

图 4-5   相量图

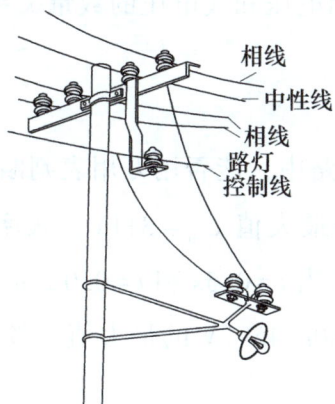

图 4-6   三相四线制

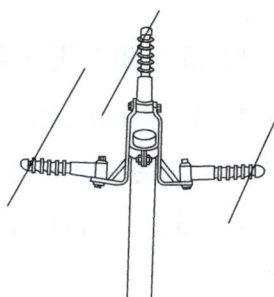

图 4-7   三相三线制

尽管从局部看个别用户是单相电,但从整体上看许多用户一起使用的是三相交流电。大功率的耗电设备都要用三相交流电,需要用三根相线同时供电。这些用电设备往往都是三相平衡的负载,如电动机、大功率烘箱等,此时中性线可以省掉,采用三相三线制供电。

2)相电压和线电压。在三相交流电路中,一根相线和中性线之间的电压称为相电压,用 $\dot{U}_\mathrm{P}$ 表示。在理想情况下,三相电压是平衡的,即三个相电压 $\dot{U}_\mathrm{U}$、$\dot{U}_\mathrm{V}$、$\dot{U}_\mathrm{W}$ 的大小相等、频率相同、相位两两相差 120°。由于三相电压是按照 $\dot{U}_\mathrm{U}$、$\dot{U}_\mathrm{V}$、$\dot{U}_\mathrm{W}$ 的顺序先后达到最大值的,我们把这个 U-V-W 的顺序称为三相交流电的相序。

两根相线之间的电压称为线电压,用 $\dot{U}_\mathrm{L}$ 表示。当三个相电压平衡时,三个线电压也是平衡的,即三个线电压 $\dot{U}_\mathrm{UV}$、$\dot{U}_\mathrm{VW}$、$\dot{U}_\mathrm{WU}$ 的大小相等、频率相同、相位两两相差 120°,如图 4-8 所示。此时,线电压和相电压之间有一个定量的关系,即

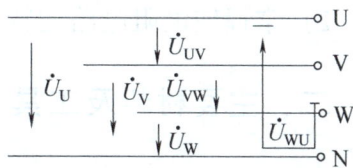

图 4-8   相电压与线电压图示

$$\dot{U}_\mathrm{L} = \sqrt{3}\,\dot{U}_\mathrm{P} = 1.732\dot{U}_\mathrm{P} \qquad (4\text{-}5)$$

同时,每个线电压要比对应的相电压超前 30°的相位。

由于三相四线制有中性线,所以它可以输出两种电压,即相电压和线电压;而三相三线制只能输出一种电压,即线电压。

四、项目实施及工艺要求

用测电笔判断三相四线制低压照明电路的中性线和相线,用万用表分别测量

各相电压和各线电压，验证相电压和线电压的数量关系。

五、思考与练习

1）在三相四线制交流电路中，能否用万用表判断出中性线？

2）已知正弦交流电压的最大值 $U_m = 311V$，频率 $f = 50Hz$，初相位 $\varphi = \pi/6$。求①该电压的瞬时表达式；②当 $t = 0.5s$ 和 $t = 0.02s$ 时的电压值。

3）指出 $u = 1410\sin(6280t+45°)V$ 的最大值、频率、周期、相位和初相位各是多少？

4）正弦电流 $i = 14.1\sin(\omega t - \pi/4)A$，试求 $f = 50Hz$、$t = 0$ 时的瞬时值，该正弦电流 i 能否和 3）题中的正弦电压 u 比较相位差？为什么？

5）某电动势 $E_m = 311V$，$\omega = 100\pi rad/s$，$\varphi = \pi/2$，试写出该电动势瞬时值表达式。该电动势能否和 4）题中的正弦电流 i 比较相位差？如能，哪个超前？它们的相位差是多少？

项目 2 照明线路的安装

一、学习目标

1）会安装简单的照明电路，了解接线规范；能正确理解电气设备上额定值的意义。

2）掌握纯电阻电路的特点和相关电路的简单计算。

二、主要材料及工具

主要使用的材料及工具如下：电源插头，刀开关，螺口灯头，卡口灯头，螺口灯泡，卡口灯泡，拉线开关 2 个，细熔丝 2 条，吊线盒 2 个，圆木 4 块，铝芯导线若干，瓷夹板若干，黑胶布，测电笔，尖嘴钳，螺钉旋具，花线若干，木螺钉若干，五合板或木板。

三、相关知识

1. 电气照明

电气照明按其用途不同分为生活照明、工作照明和事故照明三种。

电气照明的基本要求是：照度要达到照明标准；空间亮度得到合理的分布，以达到柔和的视觉环境；兼顾经济、美观、安全，便于施工及维修。

生活照明是指人们日常生活所需要的照明，属于一般照明。它对照度要求不高，可选用光通量较小的光源，但应能比较均匀地照亮周围环境。工作照明是指人们从事生产劳动、工作学习、科学研究和实验所需要的照明。它要求有足够的照度。在局部照明、光源与被照物距离较近等情况下，可用光通量不太大的光源；在公共场合，则要求有较大光通量的光源。事故照明是在可能因停电造成事故或较大损失的场所必须设置的照明装置，如医院急救室、手术室、矿井、地下室和公众密集场所等。事故照明的作用是，一旦正常的生活照明或工作照明出现故障，它能自动接通电源，代替原有照明。可见，事故照明是一种保护性照明，可靠性要求很高，决不允许在运行时出现故障。

最常用的灯具有白炽灯、荧光灯、高压汞灯、碘钨灯和霓虹灯。灯具安装方式应根据设计施工要求确定，通常采用的有悬吊式、吸顶式和壁挂式等几种，如图 4-9 所示。室内照明灯具的最低悬挂高度一般不低于 2.5m，普通灯开关和普通插座距地面的高度不应低于 1.3m，如因特殊需要，欲将插座降低时，其高度不能低于 150mm，并采用安全插座。

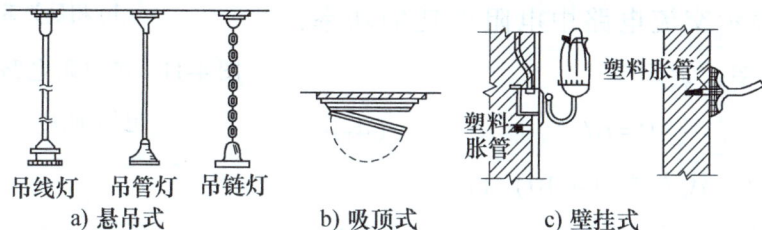

图 4-9 灯具安装方式

2. 纯电阻交流电路

白炽灯可视为纯电阻元件。在交流电路中，电阻是耗能元件。我们常常把仅含有电阻的交流电路称为纯电阻电路，如图 4-10 所示。在此图中，电流的方向和电压的极性只具有参考意义，并不是实际方向。

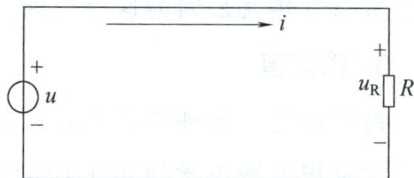

图 4-10 纯电阻交流电路

在纯电阻交流电路中，加在电阻两端的电压 u 是随着时间按正弦规律变化的，通过其中的电流 i 也是随着时间按正弦规律变化的，并且电流和电压的相位相同。

电流的瞬时值与电压的瞬时值之间满足欧姆定律，即

$$i = \frac{u}{R} \qquad (4\text{-}6)$$

同时它们的有效值和最大值也分别满足欧姆定律，即

$$I = \frac{U}{R} \qquad (4\text{-}7)$$

$$I_\mathrm{m} = \frac{U_\mathrm{m}}{R} \qquad (4\text{-}8)$$

在纯电阻电路中，电流与电压之间的关系可以用波形图和相量图分别表示，如图 4-11 所示。尽管电阻两端的电压 u 和通过其中的电流 i 是变化的，有时为正、有时为负，但它们的乘积 ui 却始终为正值，这个乘积就是电阻消耗的瞬时功率 p，即

$$p = ui \qquad (4\text{-}9)$$

在纯电阻电路中瞬时功率始终为正值，就说明电阻在交流电路中始终是消耗电功率的，是纯耗能元件。在实际应用中，我们常常用平均功率 P 来表示交流电路中电阻消耗的功率，也称为有功功率，表示为

$$P = UI \qquad (4\text{-}10)$$

将式（4-7）代入式（4-10）得

$$P = I^2 R = U^2 / R \qquad (4\text{-}11)$$

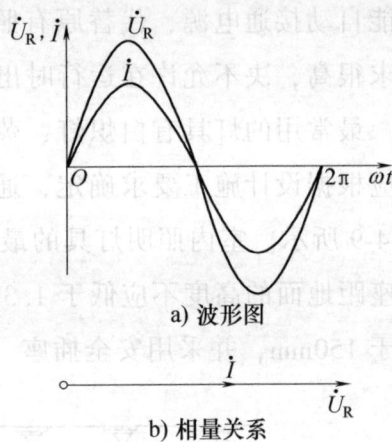

a) 波形图

b) 相量关系

图 4-11　纯电阻电路中电流与
电压的关系图

式（4-11）说明电阻消耗电能都转化成为内能散发了。白炽灯、电炉等用电器之所以发热就是因为这个原因。

3. 额定值

根据规定，各种电器都有一定的额定电压、额定电流和额定功率，统称额定值。它是指电器正常使用工作的参数。如某盏灯的额定值为 40W/220V，说明该灯的额定电压为 220V，在此电压下工作时消耗的电功率为 40W，根据电功率的公式 $P = UI$ 可计算此时通过的电流为 $I = P/U = 40\text{W}/220\text{V} = 0.182\text{A}$，即为该灯的额定电流。根据额定值还可以计算出电器在正常工作时的电阻。如上述灯泡的电阻可计算如下

$$R = U/I = P/I^2 = U^2/P = 1210\Omega$$

电器实际工作时的电压、电流和功率不一定等于额定值，可能偏大或偏小，但工作在额定值情况下是最合理、最经济的。对于用电器，当实际电压低于额定值时，一般情况下通过它的实际电流也低于额定值，消耗的电功率也低于额定值。这时可能达不到我们的使用要求，但这种情形是经常发生的。而当实际电压高于额定值时，通过它的实际电流也高于额定值，消耗的电功率也高于额定值。这时可能对用电器造成严重损坏，带来破坏性影响。

四、项目实施及工艺要求

1. 白炽灯安装要求

1）灯具应安装牢固，导线连接紧固可靠且不可受力。普通悬吊式灯具，其质量在 1kg 以下可用软导线吊装，大于 1kg 的灯具应用吊链，超过 3kg 时应固定在预埋吊钩或螺栓上。

2）照明灯具使用螺口灯泡时，相线应接顶心，开关应接在相线上。若选用花线，花线应接相线，无花单色线应接中性线，且灯具的导线不应有接头。

3）各式灯具装在易燃结构部位或暗装在木质吊顶内时，在灯具周围应做好防火隔热处理。灯泡功率在 100W 以上及防潮封闭型灯具，应使用瓷质灯座。

2. 简单照明线路的安装

（1）按图 4-12 所示安装电路　画出电路原理图和器件连线示意图。

（2）用万用表电阻档检测各器件　测试灯泡电阻值、开关通断状态以及灯座各触点接触情况是否良好等，将结果记录下来。

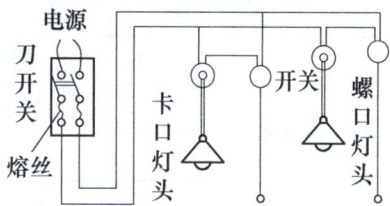

图 4-12　简单照明线路

（3）各器件定位画线　根据各器件的位置将其安置在实训板（架）上，注意器件位置要方便布线和连线，摆放整齐美观，操作安全、方便。同时标出需打孔件器件的具体孔位。

（4）固定各器件

（5）敷设导线并连接各器件　注意剖削绝缘层时，不要损伤线芯且长度应适中，不能使裸线外露，导线连接处应用绝缘胶带处理。导线应横平竖直，连接时导线头要顺时针弯成羊眼圈固定在电器的连接线柱、孔上。布线时还应遵循左中性线右相线的原则，开关及螺口灯座顶心应接在电源相线上。其主要器件安装步骤如下：

1）安装灯座（头）。接到灯头的电源线穿过灯头盖后打灯头结（扣），再将端头分别固定在灯座（头）的两个接线柱上，然后旋上灯座盖。

2）安装开关并接线。开关要串联在相线上。

3）检查各器件及连线安装完成无误后，将各器件紧固，并用线夹固定电源线。在紧固过程中，要注意力度的掌握，不要损坏器件或导线。

4）用万用表电阻档对电路进行静态检测。将电路整体再检查一遍，有无接错、漏接，用万用表电阻档结合电路原理图、连线图检验有无非正常短路或开路，相线、中性线有无颠倒。

5）经初步检查无误后装上灯泡，通过测电笔、万用表交流电压档测试各电压是否正常，开关能否控制灯泡，并将检测结果记录下来，发现问题及时检修使之工作正常。

6）将连接线路及记录的检测数据、结果交给老师进行检查。

五、白炽灯照明电路常见故障排除方法

白炽灯照明线路常见故障的原因和排除方法见表4-2。

表4-2　白炽灯照明线路常见故障的原因和排除方法

故障现象		产生故障的可能原因	排除方法
灯泡不发光	1	灯丝断了	更换灯泡
	2	灯座或开关触点接触不良	修复触点或更换器件
	3	熔丝烧毁	更换熔丝
	4	电源开路	查找出开路点并修复线路
灯泡发光强烈		灯丝局部短路（搭线）	更换灯泡
灯泡忽亮忽暗或时亮时灭	1	灯座或开关触点、线路接点接触不良（松动，表面氧化）	修复故障点（紧固连接点；清除氧化层后重连导接）
	2	电源电压波动	电网变压器增容
不断烧熔丝	1	灯座或接线盒连接处两线头互碰短路	重新连接线头
	2	负载过重	减轻负载或增大线路容量

六、思考与练习

1）检查照明电路时，用测电笔去接触灯头上的两个铜柱，氖泡都发光，把

4 CHAPTER

开关拉动一下后灯亮了，你想一想，这是什么原因？

2）灯泡忽亮忽暗或有时熄灭，这是什么原因？

3）电气照明的基本要求是什么？

4）某盏白炽灯上表示的额定值是 220V/40W，计算其在正常工作时的电阻值。如果实际电压为 190V，则该灯泡的实际功率是多大？

项目3　双联开关两地控制照明灯线路的安装

一、学习目标

1）通过电路安装学习，理解双联开关控制白炽灯的电路工作原理，提高配线工艺水平，为将来的工作奠定基础。

2）培养学生相互合作、探究、创新的能力。

二、主要材料及工具

主要使用的材料及工具：双联开关 2 个、白炽灯 1 个及其他辅助器材每人 1 套，万用表，常用电工工具等。

三、项目实施及工艺要求

1. 双联开关结构的分析

1）如图 4-13 所示，观察、比较双联开关与单联开关的结构（单联开关只有 2 个接线桩，而双联开关有 3 个接线桩，图中粗黑线为可动连片）。

2）用万用表电阻档测试、研讨双联开关 3 个接线桩之间的接触关系。

图 4-13　双联开关结构

3）双联开关结构小结：双联开关有 3 个接线桩头，其中桩头 1 为静触点即连片接点，它就像一个活动的桥梁一样，无论怎样按动开关，桩头 1 总跟桩头 2、3 中的一个保持接触，从而达到控制电路通或断的目的。

2. 主要安装、检测步骤

1）根据图 4-14 所示的电路原理图，检验元器件质量和数量。

2）设计元器件布置图，固定器材。

3）按原理图布线。

4）用万用表检测接线的正确性，防止直通短路现象的发生。

5）通电检测。

3. 工艺要求

1）元器件布置合理，安装牢固可靠。

2）按原理图接线，走线合理，接点正确、规范，无露铜、反圈、压绝缘层等现象。

4. 注意事项

双联开关内的接线不要接错，以免发生短路事故的发生。

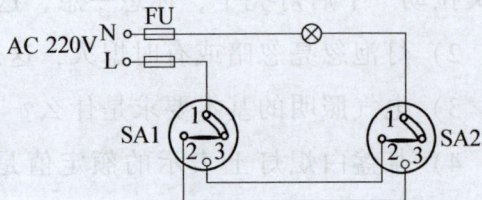

图 4-14　双联开关控制原理图

四、相关知识

用一只单联开关控制一盏灯，总是只能在一个地方对它进行控制。如果这盏灯是楼道口或卧室的，开灯和关灯就很不方便。采用双联开关能很好地解决这个问题。双联开关控制一盏灯就是在两地都能完成对同一盏灯的控制。原理如图 4-14 所示，当双联开关 SA1 拨动时，SA1 的连片与桩头 3 相连，电路与 SA2 桩头 2 接通，灯泡亮。同理，如图 4-14 所示状态，双联开关 SA2 拨动，SA2 的连片与桩头 3 相连，电路与 SA1 桩头 2 接通，灯泡亮。此时任意拨动一个开关，电路都将断开，灯泡熄灭。

五、思考与练习

双联开关在家庭的什么地方使用得较多？两层楼的楼梯装双联开关较方便，三层或更多层的楼房可行吗？为什么？

项目 4　荧光灯电路安装

一、学习目标

1）掌握荧光灯的工作原理。

2）了解纯电感电路的特点，能计算简单的 RL 串联电路的基本参数。

3）掌握有功功率、无功功率、总功率三者的关系和功率因数的概念，会进行简单的计算。

二、主要材料及工具

主要使用的材料及工具如下：常用电工工具 1 套，交流电流表、万用表各 1 只，手电钻 1 台；木制实训板 1 块，灯架（双线木槽板）1 只，20W 电感镇流器、20W 荧光灯管、2.1μF 电容器、开关各 1 只，管座 1 副，辉光启动器及座 1 套，塑料绝缘导线、线夹、螺钉、绝缘胶布若干。

三、相关知识

1. 纯电感电路

仅由交流电源和电感 L 构成的电路称为纯电感电路，如图 4-15 所示。

（1）电感对交流电的阻碍作用　交流电通过电感线圈时，电流时刻都在改变，电感线圈中必然产生自感电动势，阻碍电流的变化，这样就形成了电感线圈对交流电流的阻碍作用。

电感对交流电的阻碍作用称为感抗，用字母 X_L 表示，它的单位也是 Ω（欧）。

感抗的大小与哪些因素有关呢？感抗是由自感现象引起的，线圈的自感系数 L 越大，自感作用就越大，感抗就越大；交流电的频率 f 越高，电流的变化率越大，自感作用也越大，感抗也就越大。实验与理论研究证明，线圈的感抗 X_L 跟它的自感系数 L 和交流电的频率 f 有如下的关系：

$$X_L = \omega L = 2\pi f L \tag{4-12}$$

式中　X_L——感抗（Ω）；

　　　　f——交流电频率（Hz）；

　　　　L——自感系数（H）。

式（4-12）表明感抗与自感系数 L 和通过电流的频率 f 成正比。例如，自感系数是 1H 的线圈，对于直流电，$f = 0$，$X_L = 0$。对于 50Hz 的交流电，$X_L \approx 2 \times 3.14 \times 50\Omega = 314\Omega$；对于 500kHz 的交流电，$X_L = 3.14M\Omega$。所以，电感线圈在电路中有"通直流、阻交流，通低频、阻高频"的特性。

在电子技术中，将线圈绕在闭合的铁心上，匝数为几千甚至几万，自感系数可达几十亨，这种线圈对低频交流电有很大的阻碍作用，称为低频扼流圈，用以"通直流、阻交流"。将线圈绕在圆柱形的铁氧体磁心上，有的甚至是空心的，匝数为几百，自感系数为几毫亨，这种线圈对低频交流电的阻碍作用较小，对高频交流电的阻碍作用很大，称为高频扼流圈，用以"通低频、阻高频"。

（2）纯电感电路电流与电压的关系　一般线圈的电阻比较小，可以忽略不计，认为只有电感，这是一种理想化的电路模型。

通过示波器观察纯电感电路的电流及通过电感两端的电压的波形如图 4-16a 所示，可见通过纯电感电路的电流比电压滞后 90°角。纯电感电路的电流与电压的相位关系如图 4-16b 所示。

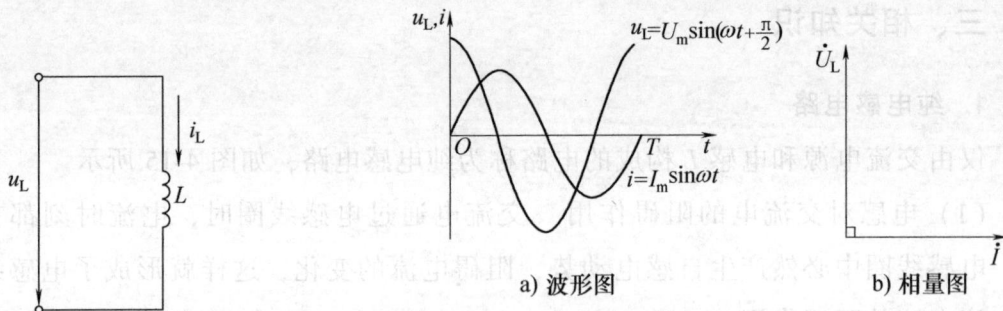

图 4-15　纯电感电路　　　图 4-16　纯电感电路中电流与电压的相位关系

理论分析和实践均表明：纯电感是不消耗电能的。在交流电路中，电感不断地和交流电源进行能量交换，当电流增大时，电感线圈吸收电能转化为磁场能存储起来，当电流减小时，电感线圈将存储的磁场能通过电磁感应作用转化为电能。在电子技术中，常利用电感的这一特性制作开关电源。

在纯电感电路中，由于电流与电压有相位差，因此其瞬时值不满足欧姆定律，即

$$i \neq \frac{u}{X_L} \text{或} \ i \neq \frac{u}{2\pi f L}$$

但它们的有效值和最大值分别满足欧姆定律：

$$I = \frac{U}{X_L} \tag{4-13}$$

$$I_m = \frac{U_m}{X_L} \tag{4-14}$$

2. RL 串联电路

图 4-17a 所示为电阻 R 与电感 L 的串联电路。

（1）RL 串联电路电压间的关系　在 RL 串联电路中，由于纯电阻电路中电压

与电流同相，纯电感电路中电压的相位超前电流$\dfrac{\pi}{2}$，又因为串联电路中电流处处相同，所以 RL 串联电路各电压间相位不相同，总电流与总电压的相位也不相同。以正弦电流为参考正弦量，有

$$i = I_m \sin\omega t$$

则电阻两端的电压为

$$u_R = U_{Rm}\sin\omega t$$

电感两端的电压为

$$u_L = U_{Lm}\sin\left(\omega t + \frac{\pi}{2}\right)$$

电路的总电压 u 为

$$u = u_R + u_L$$

与之对应的电压有效值矢量关系为

$$\dot{U} = \dot{U}_R + \dot{U}_L \tag{4-15}$$

作出上式的矢量图如图 4-17b 所示。$\dot{U}$、$\dot{U}_R$ 和 $\dot{U}_L$ 可构成直角三角形，叫作电压三角形，如图 4-17c 所示，可以得到电压间的数量关系为

$$U = \sqrt{U_R^2 + U_L^2} \tag{4-16}$$

式中　　U_R——电阻 R 两端电压有效值；

　　　　U_L——电感线圈 L 两端电压有效值；

　　　　U——电路中总电压有效值。

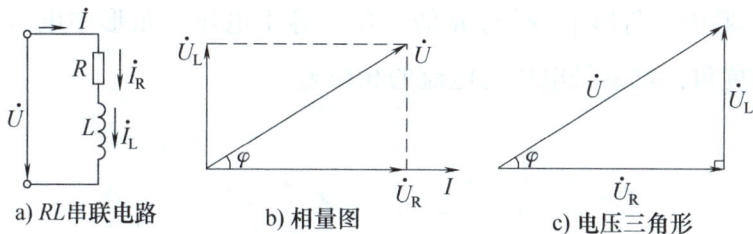

a) RL串联电路　　　b) 相量图　　　c) 电压三角形

图 4-17　RL 串联电路与相量图

总电压的相位超前电流 φ 角，满足

$$\tan\varphi = \frac{U_L}{U_R} \tag{4-17}$$

从电压三角形中，还可以得到总电压与各部分电压之间的关系

$$U_R = U\cos\varphi \qquad U_L = U\sin\varphi \tag{4-18}$$

（2）RL 串联电路中电压与电流的相位关系　在纯电阻电路中电压与电流同相，在纯电感电路中电压超前于电流 90°。而串联电路中电流处处相等。因此可以电流作为参考，作出 RL 串联电路的相量图，如图 4-17b 所示。

根据矢量运算法则，$\dot{U} = \dot{U}_R + \dot{U}_L$，从图 4-17b 中可知，总电压 U 的相位总是超前于总电流 I φ 角。

（3）RL 串联电路的阻抗　在电阻、电感串联电路中，电阻两端的电压 $U_R = RI$，电感两端的电压 U_L，将它们代入式（4-16），得

$$U = \sqrt{U_R^2 + U_L^2} = \sqrt{(RI)^2 + (X_L I)^2} = I\sqrt{R^2 + X_L^2}$$

整理后得

$$I = \frac{U}{\sqrt{R^2 + X_L^2}} = \frac{U}{|Z|} \tag{4-19}$$

式中　U——电路总电压的有效值（V）；

$\quad I$——电路总电流的有效值（A）；

$\quad |Z|$——电路的阻抗（Ω），且有

$$|Z| = \sqrt{R^2 + X_L^2} \tag{4-20}$$

$|Z|$ 称为阻抗，它表示电阻和电感串联电路对交流电的总阻碍作用。阻抗的大小取决于电路参数（R、L）和电源频率 f。

将图 4-17c 所示的电压三角形的三边同时除以电流，就得到电阻 R、感抗 X_L 和阻抗 $|Z|$ 组成的三角形——阻抗三角形，如图 4-18 所示。阻抗三角形和电压三角形是相似三角形，阻抗三角形中 $|Z|$ 与 R 的夹角，等于电压三角形中电压与电流的夹角 φ。φ 叫作阻抗角，也就是电压与电流的相位差。

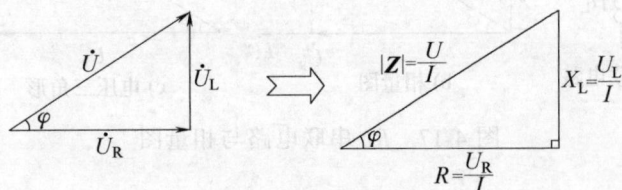

图 4-18　阻抗三角形

$$\tan\varphi = \frac{X_L}{R} \tag{4-21}$$

φ 的大小只与电路参数 R、L 和电源频率有关，与电压的大小无关。

由阻抗三角形还可以得到电阻、感抗与阻抗的关系式

$$R = |\mathbf{Z}|\cos\varphi, X_L = |\mathbf{Z}|\sin\varphi \qquad (4\text{-}22)$$

（4）*RL* 串联电路的功率　将图 4-17c 所示电压三角形的三边同乘以 I，就可得到如图 4-19 所示的功率三角形。

1）有功功率。电路中只有电阻消耗了功率，即有功功率，它等于电阻两端电压 U_R 与电路中电流 I 的乘积，即

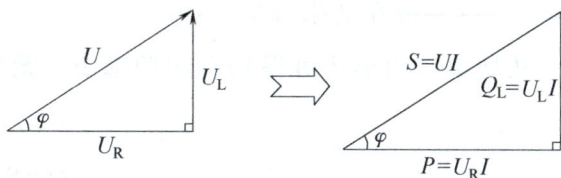

图 4-19　功率三角形

$$P = U_R I = RI^2 = \frac{U_R^2}{R} \qquad (4\text{-}23)$$

U_R 和总电压 U 间的关系为 $U_R = U\cos\varphi$，因此有

$$P = UI\cos\varphi \qquad (4\text{-}24)$$

式（4-24）说明在 *RL* 串联电路中，有功功率的大小不仅取决于电压 U 和电流 I 的乘积，还取决于阻抗角的余弦（$\cos\varphi$）的大小。当电源供给同样大小的电压和电流时，$\cos\varphi$ 大，有功功率大；$\cos\varphi$ 小，有功功率小。

功率因数：我们把式（4-24）中的 $\cos\varphi$ 称为交流电路的功率因数。在交流电路中，电流做功的功率不仅与电压和电流有关，而且还和功率因数有关。这和直流电路中的功率是相区别的。根据电压三角形、阻抗三角形和功率三角形易得功率因数的大小为

$$\cos\varphi = \frac{U_R}{U} = \frac{R}{X_L} \qquad (4\text{-}25)$$

2）无功功率。电路中的电感不消耗能量，它与电源之间不停地进行能量交换，描述这个交换能量大小的物理量即为感性无功功率，用 Q 表示。

$$Q = U_L I = X_L I^2 = \frac{U_L^2}{X_L} \qquad (4\text{-}26)$$

为与有功功率相区别，无功功率的单位用乏尔（var）表示，简称乏。

U_L 和总电压 U 间的关系为 $U_L = U\sin\varphi$，因此有

$$Q = UI\sin\varphi \qquad (4\text{-}27)$$

式（4-27）说明，*RL* 串联电路中，无功功率的大小取决于 U、I 和 $\sin\varphi$。

3）视在功率。视在功率即总功率，用 S 表示，它等于总电压 U 与电流 I 的乘

积，即

$$S = UI \tag{4-28}$$

式中　U——总电压的有效值（V）；

　　　I——电流有效值（A）；

　　　S——视在功率（V·A）。

从功率三角形还可得到有功功率 P、无功功率 Q 和视在功率 S 间的关系，即

$$P = S\cos\varphi$$

$$Q = S\sin\varphi$$

$$S = \sqrt{P^2 + Q^2} \tag{4-29}$$

交流电源的额定视在功率 $S_N = U_N I_N$ 代表电源的容量。

例 4-1　将电感为 255mH、电阻为 60Ω 的线圈接到 $u = 220\sqrt{2}\sin314t\mathrm{V}$ 的电源上。求①线圈的感抗；②电路中电流的有效值；③电路中的有功功率 P、无功功率 Q 和视在功率 S。

解：由电压解析式 $u = 220\sqrt{2}\sin314t\mathrm{V}$，可得

$$U_m = 220\sqrt{2}\,\mathrm{V} \qquad \omega = 314\mathrm{rad/s}$$

① 线圈的感抗为

$$X_L = \omega L = 314 \times 255 \times 10^{-3}\Omega \approx 80\Omega$$

由阻抗三角形，求得电路的阻抗为

$$|\boldsymbol{Z}| = \sqrt{R^2 + X_L^2} = 100\Omega$$

② 电压的有效值为

$$U = \frac{U_m}{\sqrt{2}} = 220\mathrm{V}$$

则电路中的电流有效值为

$$I = \frac{U}{|\boldsymbol{Z}|} = \frac{220}{100}\mathrm{A} = 2.2\mathrm{A}$$

③ 电路中的有功功率为

$$P = RI^2 = 60 \times 2.2^2\mathrm{W} = 290.4\mathrm{W}$$

电路中的无功功率为

$$Q = X_L I^2 = 80 \times 2.2^2\mathrm{var} = 387.2\mathrm{var}$$

电源提供的视在功率为

$$S = UI = 220 \times 2.2\mathrm{V \cdot A} = 484\mathrm{V \cdot A}$$

3. 荧光灯电路

（1）荧光灯的组成　荧光灯俗称日光灯，它是日常生活中应用最普遍的一种照明灯具。它寿命较长，一般为白炽灯的 2~3 倍。发光效率也比白炽灯高得多，但电路较复杂，价格较高，功率因数低（0.5 左右），故障率高于白炽灯，且安装维修比白炽灯难度大。

荧光灯主要由灯管、镇流器和辉光启动器等部分组成。

1）灯管。灯管是电路的发光体，其组成如图 4-20 所示。

2）镇流器。镇流器分为电感镇流器和电子镇流器两类。

电感镇流器是具有铁心的电

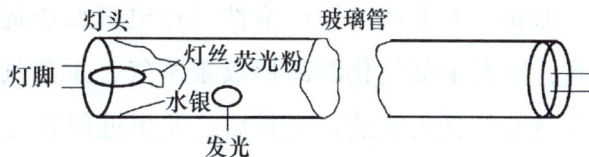

图 4-20　荧光灯灯管构造

感线圈。其作用为：启动时产生瞬时高压点燃灯管；工作时限制灯管电流。外形如图 4-21 所示。选用镇流器时，其标称功率必须与灯管的标称功率相等。随着电子技术的快速发展，荧光灯已广泛使用电子镇流器并基本取代了电感式镇流器。现在又在大力推广节能 LED 荧光灯，它的电路更简单，没有镇流器，故障少，类同白炽灯电路。

3）辉光启动器，简称启动器，它是启动灯管发光的器件。其组成如图 4-22 所示。其中电容主要用来吸收干扰电子设备的杂波。若电容被击穿，去掉后仍可使灯管正常发光，但失去吸收干扰杂波的性能。

图 4-21　荧光灯镇流器

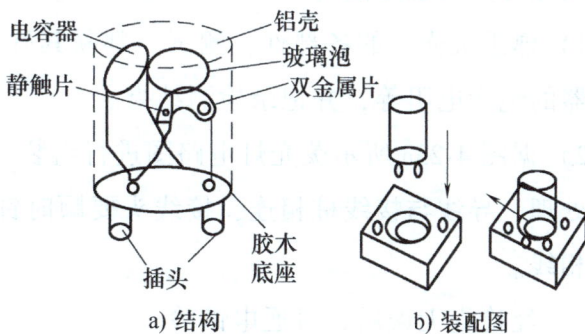

a) 结构　　　　b) 装配图

图 4-22　辉光启动器

4）灯座。灯管的支持物及导线的连接座。通过导线连接使荧光灯形成完整的电路。灯座有开启式和插入弹簧式两种。

5）灯架。灯架用来装置荧光灯电路的各零部件，现主要是金属支架。

在灯具的选用上主要注意灯具外形、颜色与环境的搭配。

（2）荧光灯电路及工作原理 荧光灯电路如图 4-23 所示。当荧光灯接通电源后，电源电压经过镇流器、灯管的灯丝加在辉光启动器的 U 形动、静触片之间，引起辉光放电。放电时产生的热量使双金属 U 形动触片膨胀并向外伸张与静触片接触，接通电路，使灯丝预热并发射电子。与此同时，由于 U 形动触片与静触片接触，片间电压变为零而停止辉光放电，使 U 形动触片冷却复原而脱离静触片。在动触片脱离断开瞬间，镇流器两端会产生一个比电源电压高得多的感应电动势，它叠加在电源上使灯管内惰性气体电离而引起弧光放电。弧光放电使灯管内温度升高，液态汞就气化游离形成汞蒸气，汞蒸气弧光放电产生不可见的紫外线。紫外线激发灯管内壁的荧光粉后，发出近似日光色的灯光。

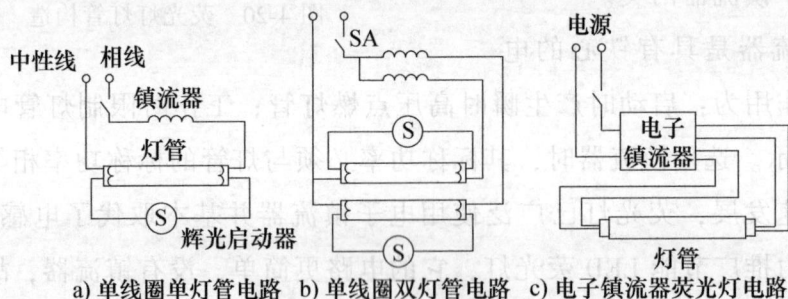

a) 单线圈单灯管电路 b) 单线圈双灯管电路 c) 电子镇流器荧光灯电路

图 4-23 常见荧光灯电路

四、项目实施及工艺要求

荧光灯的安装方法与步骤。

1）熟悉荧光灯的各部件，测试、判断其好坏，如镇流器、灯管的灯丝电阻，电容器的绝缘电阻等，并记录检测结果。

2）据图 4-23a 所示荧光灯电路图进行组装、接线。注意：导线接头处应进行绝缘处理，导线与接线桩相连，接线头要顺时针弯成羊眼圈后再固定。开关应接电源相线。

3）经检查无误后，可通电试验。

4）通电成功后用吊链将荧光灯固定在配线架上。

5）总结线路连接方法。

五、思考与练习

1）电感器的感抗与频率成____（正、反）比关系，与电感量成____（正、反）

比关系。

2）电感中的电压与电流在数量上对于有效值____（是、不）满足欧姆定律关系。

3）电感中的电压与电流在相位上相差____（90°、-90°）。

4）为什么电感不消耗电能？

5）电感器中的电流是怎样形成的？

项目5　认识电容器与功率因数的提高

一、学习目标

1）了解电容器的结构、性能参数和充放电过程。

2）掌握纯电容电路的特点和有功功率的测量方法。

3）了解提高功率因数的意义和方法。

二、主要设备、材料及工具

主要使用的设备、材料及工具如下：单相调压器、交流电压表、交流电流表、低功率因数功率表、5Ω 或 10Ω 电阻、负载阻抗元件、可变电容箱、单刀双掷开关。

三、相关知识

1. 电容器结构与特性

电容器是一种能储存电荷的容器。它有两块金属导体，称为极板；电容两块极板各有一根导线引出，称为电极；在极板之间有绝缘介质。根据电容器所用绝缘介质种类，可分为云母电容器、瓷介质电容器、纸介质电容器和电解电容器等。在电路中电容器的符号如图 4-24 所示，其文字符号用 C 表示。电容器的外形结构参阅第八单元项目 1。

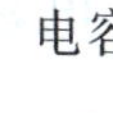

$\dashv\vdash C$

图 4-24　电容的符号

2. 电容器的参数

（1）电容量　电容量是表示电容储存电荷能力大小的物理量，也用 C 表示，其大小可由

$$C = \frac{Q}{U} \qquad\qquad (4\text{-}30)$$

来计算。在国际单位制中，其单位为法拉（F）。如果给一个电容器两端加上 1V 的电压时电容器中储存的电荷是 1C，则这个电容器的电容量就是 1F，即 1F = 1C/1V。

在实际应用中，电容量的常用单位有微法（μF）和皮法（pF）。它们的单位换算关系如下：

$$1F = 10^6 \mu F = 10^{12} pF \qquad\qquad (4\text{-}31)$$

根据电容量是否变化，还可将电容器分为固定电容器和可变电容器。

（2）额定电压　它表示允许加在电容器两端长期工作的最高电压。实际应用中，加在电容两端的电压不能超过额定电压，否则会导致电容器介质被击穿而损坏电容器。在交流电路中应保证峰值电压不得超过电容器的额定电压。

此外表示电容器性能的还有如绝缘电阻、使用寿命、使用温度、电容损耗等参数。

3. 电容器充放电

（1）电容器充电　在图 4-25 所示的电路中，C 是一个电容量较大的未充电的电容器。当开关 S 拨向"1"时，电源向电容器充电，可观察到电流表中电流开始时较大，然后逐渐减小，最后变为 0。观察电压表，可看到电容器两端电压 U_C 由 0 逐渐上升，最后等于电源电动势，即 $U_C = E$。

电容器充电时，电流为什么会由大变小，最后变成为 0 呢？在开关 S 刚闭合的一瞬间，电容器的极板和电源之间存在着较大的电压，开始充电时电流就较大。随着电容器极板上电荷的聚集，两者之间的电压逐渐减小，电流也就越来越小。当两者之间不存在电压时，电流为零，即充电结束。随着电容器极板上电荷的聚集，U_C 逐渐上升至 $U_C = E$。

充电结束后，若将电源切断，电容器仍能保持充电电压。

（2）电容器放电　在图 4-26 所示电路中，把开关 S 从"1"拨向"2"，电容器极板上正、负电荷不断中和，形成电流，这就是电容器放电。这时，观察电流表中电流开始较大，然后电流逐渐减小，最后变为 0。从电压表上看到电容器两端的电压 U_C 在逐渐下降，最后电压表的指针回到 0，说明电容器放电过程结束，电容器极板上也就没有电荷存在。

从上述电容器充放电过程可以看出，电容器充放电形成的电流并非电荷直接通过电容器中的绝缘介质。电容器充电结束后电路中电流为 0，说明电容器具有"隔直流"的作用。

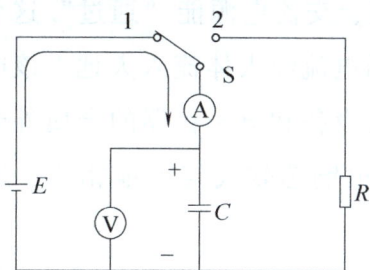

图 4-25　电容器充电

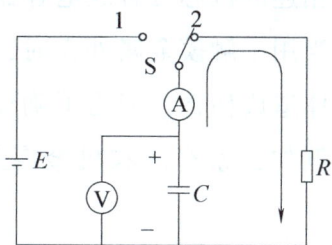

图 4-26　电容器放电

当电容器接到交流电源两端时，交流电压的瞬时值在不断变化。当电压升高时，电容器充电，形成充电电流；当电压降低时，电容器放电，形成放电电流。电容器交替进行充放电，电路中就有了电流，表现为交流电"通过"了电容器。

（3）电容器对交流电的阻碍作用。在图 4-27 所示实验电路中，开关 S_2 闭合时，电容器被短接，灯泡变得更亮。这表明电容器对交流电有阻碍作用。改变交流电的频率，频率升高，灯泡变亮，说明阻碍作用变小；频率降低，灯泡变暗，说明阻碍作用变大。

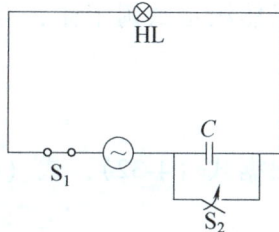

图 4-27　电容器接入交流电路

电容器对交流电的阻碍作用称为容抗，用字母 X_C 表示，它的单位是 Ω（欧）。实验与理论研究证明，容抗 X_C 跟电容器的电容量 C 和交流电的频率 f 有如下的关系：

$$X_C = 1/\omega C = 1/(2\pi fC) \tag{4-32}$$

式中　X_C——容抗（Ω）；

　　f——交流电频率（Hz）；

　　C——电容量（F）。

从式（4-32）可以看：电容器的容抗跟它的容量 C 和交流电路的频率 f 成反比。

电容器的特点：直流电不能通过电容器；交流电可以"通过"电容器，但不同频率的交流电受到的阻碍作用是不一样的，交流电的频率 f 越高，电容对其阻碍作用就越小。所以电容器在电路中的特点可以归纳为"隔直流、通交流、阻低频、通高频"。

日常工作或生活中，有时用手触摸经绝缘处理完好的交流电气设备的金属外壳时会感到"麻手"，用测电笔测试时氖管也会发光。但这不是漏电。金属外壳和与电源相连的机芯可看成电容器的两个极板，交流电源能"通过"这个等效的电容器。当用手触摸金属外壳时，可能有较弱电流经人体流入大地。该电流一般不会对人体造成伤害，但为了确保安全，电气设备和电子仪器的金属外壳都应可靠接地。例如，家庭洗衣机金属外壳就有一根铜芯软线与大地相连，进行可靠接地。

4. 纯电容电路

仅含电容的交流电路，称为纯电容电路，如图 4-28 所示。纯电容电路是一种理想化的电路模型。在纯电容电路中，电流与电压的瞬时值不满足欧姆定律，但有效值仍然满足欧姆定律，有

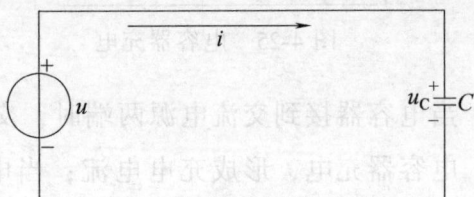

图 4-28 纯电容交流电路

$$I = \frac{U}{X_C} \tag{4-33}$$

根据式（4-32），式（4-33）可变换为

$$I = \omega C U = 2\pi f C U \tag{4-34}$$

通过示波器观察纯电容电路的电流及其两端电压的波形如图 4-29a 所示，可见通过纯电容电路的电流超前电容两端的电压 90°角。纯电容电路的电流与电压的相位关系如图 4-29b 所示。

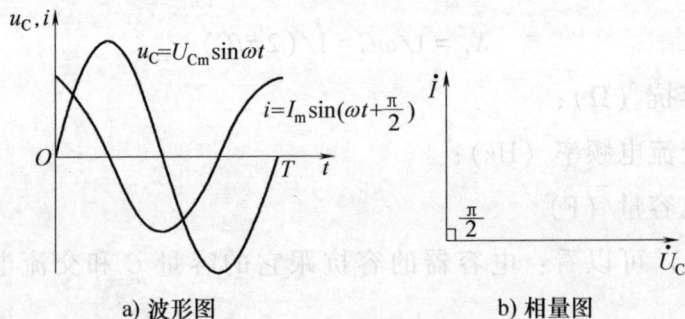

a) 波形图   b) 相量图

图 4-29 纯电容电路中电流与电压的相位关系

理论分析和实践均表明：纯电容交流电路是不消耗电能的。但电容可以储存电能使其两端有一定的电压，也可以将所储存的电能释放出去，当电荷释放完以后，其两端电压又变为零。在纯电容交流电路中，电容反复地和交流电源进行能

量交换。

5. 负载电功率的测量

负载电功率测量包括有功功率测量和无功功率测量，通常采用电动系功率表。它主要由固定的电流线圈、可转动的电压线圈及测量机构组成。电流线圈与负载串联，反映负载的电流；电压线圈与负载并联，反映负载的电压。因此，电动系功率表反映电压、电流的有效值以及电压与电流之间相位差余弦的乘积，是一种测量正弦交流电路功率的常用仪表。功率表分为低功率因数功率表和高功率因数功率表。功率表的使用方法如下：

（1）量程选择　功率表的电压量程和电流量程根据被测负载的电压和电流来确定，必须大于被测电路的电压和电流值。否则，可能造成电压线圈和电流线圈被烧坏。

（2）连接方法　如图 4-30 所示，功率表测量功率时，需使用 4 个接线柱，即 2 个电压线圈接线柱和 2 个电流线圈接线柱，功率表接线时，必须遵守"发电机端"规则，即功率表标有"＊"号的电流端钮必须接到电源的一端，而另一电流端钮接负载端，将电流线圈串接在电路中；功率表标有"＊"号的电压端钮，可

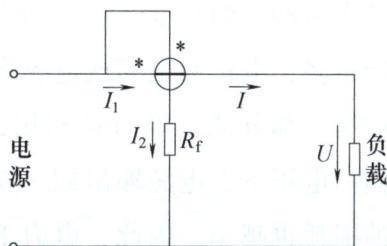

图 4-30　功率表接线方法

以接到电流端钮的任何一端，而另一电压端钮则跨接在负载的另一端。通常情况下，电压线圈和电流线圈的带有 ＊ 号的端钮应短接在一起，否则功率表除反偏外，还有可能损坏。

（3）功率表的读数　功率表与其他仪表不同，功率表的表盘上并不标明瓦特数，而只标明分格数，所以从表盘上并不能直接读出所测的功率值，而需经过计算得到。当选用不同的电压、电流量程时，功率表的量程也不同，每分格所代表的瓦特数是不相同的。测量时应根据量程和总的格数计算出每分格代表的功率为 c，再由功率表指针偏转后指示格数 α，即可求出被测功率

$$P = c\alpha$$

式中　$c = \dfrac{电压量程 \times 电流量程}{表盘满偏刻度} = \dfrac{U_N I_N}{\alpha_m}$，单位是 W/格。

（4）使用注意事项

1）功率表在使用过程中应水平放置。

2）仪表指针如不在零位时，可利用表盖上零位调整器调整。

3）测量时，如遇仪表指针反向偏转，应改变仪表面板上的"＋""－"换向开关极性，切忌互换电压接线，以免使仪表产生误差。

4）功率表与其他指示仪表不同，指针偏转大小只表明功率值，并不显示仪表本身是否过载，有时表针虽未达到满度，只要 U 或 I 之一超过该表的量程就会损坏仪表。故在使用功率表时，通常需接入电压表和电流表进行监控。

5）功率表所测功率值包括了其本身电流线圈的功率损耗，所以在进行准确测量时，应从测得的功率中减去电流线圈消耗的功率，才是所求负载消耗的功率。

6. 提高功率因数的意义和方法

（1）提高功率因数的意义　通过前文可知，功率因数 $\cos\varphi = U_R/U = P/S$，也就是说，功率因数是电路中的有功功率与视在功率（总功率）的比值，它表示电源功率被利用的程度。电路功率因数越大，表明电源发出的电能转换为热能或机械能越多，电源与电感或电容之间相互交换的能量（无功功率）就越少，由于交换的这一部分能量没有被利用，因此，功率因数越大，说明电源的利用率越高。在同一电压下，电源输出同一功率，功率因数越高，输电线路中电流越小，线路中的损耗也越小。因此，电力工程上尽可能使功率因数接近于 1。下面举例说明。

例 4-2　某发电机的额定电压为 220V，额定容量为 440kV·A。如用该发电机向额定工作电压为 220V，功率为 4.4kW，功率因数 $\cos\varphi = 0.5$ 的用电器供电，问能供多少个用电器？如把功率因数提高到 0.9，又能供多少个用电器？

解： 发电机在额定功率情况下工作时的额定电流为

$$I_e = \frac{S}{P} = \frac{440\times10^3}{220}A = 2000A$$

当 $\cos\varphi = 0.5$ 时，每个用电器的电流为

$$I_1 = \frac{P}{U\cos\varphi} = \frac{4.4\times10^3}{220\times0.5}A = 40A$$

因此，发电机能供给的用电器个数为 $I_e/I_1 = 50$ 个。

当 $\cos\varphi = 0.9$ 时，每个用电器的电流为

$$I_2 = \frac{P}{U\cos\varphi} = \frac{4.4\times10^3}{220\times0.9}A \approx 22.2A$$

则发电机能供给的用电器个数为 $I_e/I_2 = 90$ 个。

例 4-2 说明，提高功率因数可提高发电供电设备的利用率，同样容量的发电

供电设备可对用户提供更多的有功功率。

例 4-3　某供电设备采用 22kV 的高压给负载输送 $4.4 \times 10^4 \mathrm{kW}$ 的电能，如输电线路的总电阻为 10Ω，试计算负载的功率因数 $\cos\varphi$ 由 0.5 提高到 0.9 时，输电线上每小时少损失多少电能。

解：当功率因数 $\cos\varphi = 0.5$ 时，线路中的电流为

$$I_1 = \frac{P}{U\cos\varphi} = \frac{4.4 \times 10^7}{22 \times 10^3 \times 0.5}\mathrm{A} = 4 \times 10^3\,\mathrm{A}$$

当功率因数 $\cos\varphi = 0.9$ 时，线路中的电流为

$$I_2 = \frac{P}{U\cos\varphi} = \frac{4.4 \times 10^7}{22 \times 10^3 \times 0.9}\mathrm{A} \approx 2.2 \times 10^3\,\mathrm{A}$$

所以，每小时少损失的电能为

$$\Delta W = (I_1^2 - I_2^2)Rt = 1.12 \times 10^4\,\mathrm{kW \cdot h}$$

例 4-3 说明，提高功率因数可减少输电线路中的损耗。

（2）提高功率因数的基本方法　工程实践中的负载多是电感性负载，如电动机、变压器和荧光灯等。提高功率因数的基本方法是在电感性负载两端并联一只电容量适当的电容器，如图 4-31 所示。这样电感性负载所需的无功功率大部分由电容器供给，大大减少了电感性负载与电源之间的能量交换，使得电源的发出的电能（容量）能得到充分的利用。

电感性负载两端并联电容器后的矢量分析如图 4-32 所示

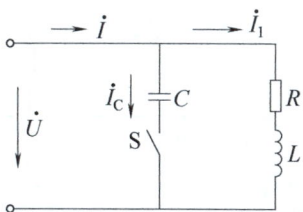

图 4-31　提高功率因数的方法　　　图 4-32　提高功率因数的矢量分析

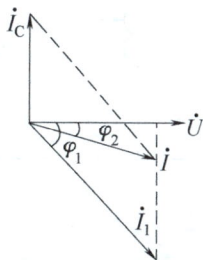

并联电容器前，电源供给负载的电流为 $\dot{I}_1$，$\dot{I}_1$ 滞后端电压 $\dot{U}$ 电角度为 φ_1，并联电容器后，负载中的电流仍为 $\dot{I}_1$，电源供给的电流 $\dot{I}$ 应为 $\dot{I}_1$ 与 $\dot{I}_\mathrm{C}$ 的矢量和，由图 4-32 可知，电流 $\dot{I}$ 比 $\dot{I}_1$ 小，其滞后 $\dot{U}$ 的电角度为 φ_2，比 φ_1 小，则 $\cos\varphi_2 > \cos\varphi_1$，功率因数提高了。

注意，电感性负载并联电容器后，电路的有功功率保持不变，负载的工作状态不受任何影响，因为电容器不消耗电能。

在电力工程中，并不要求将功率因数提高到 1，否则电路会处于谐振状态，负载会产生高电压，给用电器和电网带来不利情况。需要指出的是，提高功率因数是指提高整个电路的功率因数，而不是指提高某个电感性负载的功率因数。

四、项目实施及工艺要求

1. 练习用单相功率表测量电功率

选择某个单相用电器（如电风扇、电炉、电吹风、洗衣机等），根据单相功率表的使用方法正确接线，根据所测电器的额定值选择单相功率表量程，根据所选量程和指针偏转的格数计算功率的大小。

2. 提高功率因数的实验

在输电线路不太长，电压不高时，线路的容抗、感抗可忽略。线路电阻用 R_0 表示，提高功率因数的实验如图 4-33 所示，用调压器调整供电电压，保证负载电压 U_2 不变，改变电容器的容量大小，测量并记录线路电流 I，电压 U_1、U_2 及负载 P 的值，计算线路电阻 R_0 的功率损耗 ΔP 及不同电容量时的功率因数 $\cos\varphi$，填入表 4-3。其中

$$\cos\varphi = P/IU_2$$

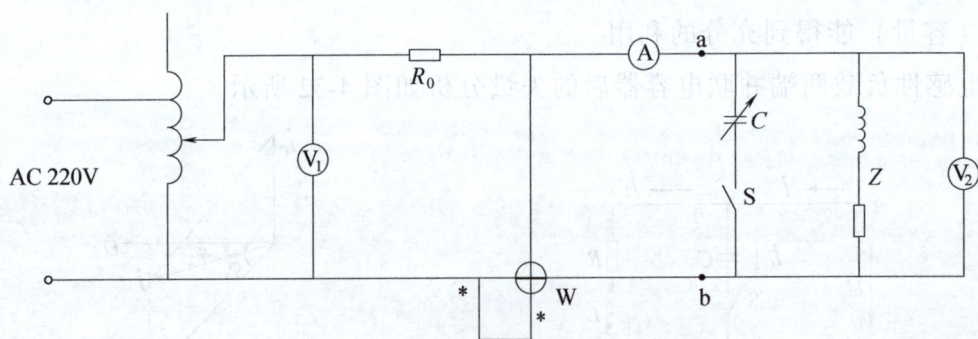

图 4-33　提高功率因数实验

表 4-3　功率因数提高实验记录表格

序号	电容量/μF	测量数据				计算值		
		I/A	U_1/V	U_2/V	P/W	ΔU/V	ΔP/W	$\cos\varphi$
1								
2								
3								
4								

五、思考与练习

1）有人说，"在用功率表测量电功率时，仪表是否过载仅由所测量的功率是否超过量程决定"，对吗？

2）通过实验总结提高功率因数的实际意义。

3）在电感性负载两端并联电容器可以提高功率因数，电容量越大越好吗？

4）若荧光灯电路在正常电压下不能点亮，如何用一只交流电压表尽快地查出故障部位？试写出简捷的查找步骤。

5）研究负载端并联电容与负载端功率因数的关系时，若负载端电压保持不变，线路上只有一只电流表，如何从负载电流的变化判断功率因数的增减？什么情况下 $\cos\varphi = 1$？

6）在 20Ω 电阻上加上有效值为 $50V$ 的交流电压，则流过电阻的电流 $I = $ _____。

7）在纯电阻电路中，流过电阻的电流与加在该电阻上的电压数量上有什么关系？

8）一个额定值为 $220V/500W$ 的电炉丝，接到 $u = 220\sqrt{2}\sin\left(\omega t + \dfrac{\pi}{2}\right)$ V 的电源上，则流过电炉丝的电流的解析式 $i(t) = $ _____ **A**。

项目 6 室内暗线安装

一、学习目标

1）了解线管配线的一般知识。

2）掌握 PVC 塑料管暗线安装方法。

二、主要材料及工具

主要使用的材料及工具如下：PVC 管（直径 15mm），PVC 弯头套接头，三色铜导线 BVV（截面积 $1.5mm^2$、$2.5mm^2$、$4mm^2$ 若干），各种开关、灯具等。电工工具一套。

三、相关知识

1. 室内布线方式和要求

室内配线的主要方式有塑料护套线配线、线管配线、线槽配线和桥架配线等。

近年来，PVC塑料管暗装配线在室内配线中应用越来越广泛。室内配线的基本要求：使用安全可靠、布线合理美观、成本低。

2. 线管配线的技术要求及管路选择

把绝缘导线穿在管内的配线称为线管配线。线管配线有耐潮、耐腐、导线不易遭受机械损伤等优点。线管配线有明敷和暗敷两种，适用于电压为1kV以下的线路；低压线路管内采用的绝缘导线其绝缘电压不得低于500V。明敷是把线管敷设于墙壁、桁架以及其他明露处。暗敷是把线管埋设在墙内、楼板内等看不见的地方。线管配线一般要求横平竖直、管路短、弯头少。

（1）线管配线的技术要求

1）同一电路的各相导线及工作中性线应穿于同一管内。

2）不同电压及不同电路的线路一般不应穿于同一管内，但下列情况可以除外：

① 一台电机的所有电路（包括控制电路）。

② 同一设备或同一流水作业设备的电力线路和无防干扰要求的控制电路。

③ 无防干扰要求的各种用电设备的信号电路、测量电路和控制电路。

④ 照明灯的供电电路。

⑤ 电压相同的同类照明支路，可共管敷设，但不宜超过10根。

⑥ 电压为65V及以下的电路。

3）互为备用的线路不得共管。控制线与动力线共管时，当线路较长或弯头较多时，控制线截面积应不小于动力线截面积的10%。

4）金属管配线和硬塑料管配线的管路较长或有弯时，应适当加装接线盒，使两个接线点之间的距离符合以下要求：对无弯的管路，不超过45m；两个接线点之间有一个弯时，不超过30m；两个接线点之间有两个弯时，不超过20m；两个接线点之间有三个弯时，不超过12m。

5）钢管的连接应符合下列要求：

① 丝扣连接，管端套螺纹长度不应小于管接头长度的1/2；管接头两端应焊跨接地线。

② 薄壁钢管的连接必须用丝扣连接。

6）硬塑料管的连接处应用胶合剂黏接，接口必须牢固、密封，并应符合下列要求：

① 采用插入法连接时插入深度为管内径的1.2~1.5倍。

② 采用套接法连接时套管长度为连接管内径的 2.5~3 倍，连接管对口处应在套管中心。

7）线管与设备连接时，应将钢管敷设到设备内；如不能直接进入时，应符合下列要求：

① 在干燥房间内时，可在钢管出口处加保护软管引入设备，管口应包扎严密。

② 在室外或潮湿房间内时，可在管口处装设防水弯头，由防水弯头引出的导线应套绝缘保护软管，弯成防水弧度后再引入设备。

③ 管口距地面高度一般不宜低于 200mm。

8）穿管导线的总面积（含绝缘层和保护层），一般不超过管内截面积的 40%。

9）线管转弯时，应采用弯曲线管的方法，不宜采用成品弯头（月亮弯），以免造成管口连接处过多。其原因有二：一是使用成品弯头会增加管子的接头，而接头越多越易引起故障；二是线管转弯处有曲率半径的规定，成品弯头的曲率半径一般不符合要求。

10）在混凝土内敷设的线管，必须使用壁厚为 3mm 的电线管，当电线管的外径超过混凝土厚度的 1/3 时，不准将电线管埋在混凝土内，以免影响混凝土的强度。

（2）线管选择

1）线管类型选择。在潮湿和有腐蚀气体的场所内明敷或埋地一般采用管壁较厚的白铁管（又称水煤气钢管）；在干燥场所内明敷或暗敷一般采用管壁较薄的电线管；在腐蚀性较大的场所内明敷或暗敷一般采用硬塑料管；在防爆场所内明敷或暗敷应根据防爆规程选材。

2）管径的选择。一般要求穿管导线的总截面积（包括绝缘层）不应超过线管内径截面积的 40%。

3）线管选择注意事项。

① 所选钢管不能有折扁、裂纹、砂眼，管内应无毛刺、铁屑，此外不应有严重的锈蚀。

② 所选的硬塑料管应选用热塑料管，它的优点是在常温下坚硬，有较大的机械强度，受热软化后又便于加工。

③ 对管壁厚度的要求是：明敷时不得小于 2mm；暗敷时不得小于 3mm。

3. PVC 塑料管暗线安装方法

1）PVC 塑料管暗线安装步骤：①选择线管；②管材加工；③敷设管路；

④清管穿线。

2）PVC管暗线安装注意事项：

① 进户线宜选用不小于 $4mm^2$ 的绝缘铜线，照明线用 $1.5mm^2$ 的绝缘铜线，大功率设备的电线应用不小于 $2.5mm^2$ 的绝缘铜线，总电源开关采用剩余电流断路器，剩余电流动作电流不大于 30mA。

② 线管布置要求：照明线和插座线要分开控制，厨房电器和空调器等大功率用电器，一定要用专线。在施工中布线线路一定要上下竖直，左右平直。电线一定套 PVC 线管及配件，遇到不能破坏的剪力墙或承重墙等，其线路一定要套防蜡管绝缘材料。

③ 相线进开关，中性线进灯头，插座接线应符合"左中性线右相线，接地在上"的规定。

④ 供电导线不得与电话线、闭路电视线、通信线同管安装。电话线、电视线等信号线不能跟供电线平行敷设。

⑤ 导线与燃气管间距离 ≥100mm，电气开关接头与燃气管间距 ≥150mm。

⑥ 开槽布线后，要拿腻子粉填好。

四、项目实施及工艺要求

以某室内装修中的电气安装为例学习 PVC 管暗线安装。图 4-34 是某室内电气安装图，按本图设计进行 PVC 暗线的安装。

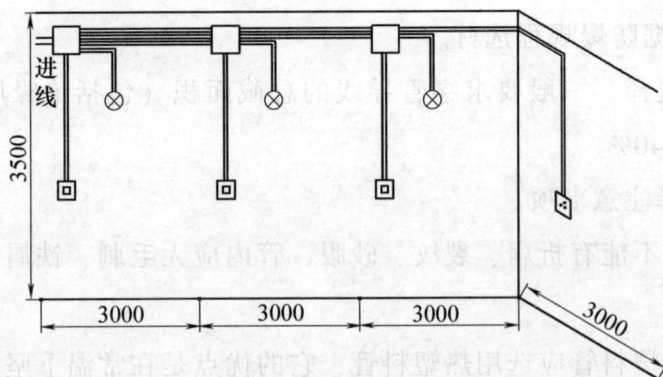

图 4-34　室内暗线安装图

说明：

1. 所有灯具均为吊灯，离地高度为 2.3m。

2. 开关、插座下缘离地高度为 1.22m。

1. 根据设计要求选择线管和开关电器

根据电路图，确定各电器的安装位置，画线、定位标记。根据各电器的功率确定总进线和各支线的负荷，选择导线和开关电器。

2. 凿线管槽

用凿槽工具按照画线、标出的位置凿槽，要防止损坏已安装的其他设施，同时要预留以后安装的各种管线的安装空间。

3. 管材加工

1）根据线路的长短和走线情况加工管材，裁剪管材后，要将尖利的棱角磨钝，防止损伤导线的绝缘层。

2）硬塑料管的折弯加工。硬塑料管的折弯可采用弹簧弯管器直接折弯和灌砂加热煨弯两种方法。

① 弹簧弯管器直接折弯。将型号合适的弹簧弯管器插入需要折弯的 PVC 管材内，两手握住管材两端用力慢慢折弯到需要的角度后抽出弹簧即可。折弯过程中不要用力太猛，否则易折裂 PVC 管。该方法适用于 $\phi25mm$ 及其以下的 PVC 塑料管电工排线管。PPR 管不适用此方法。图 4-35 所示是使用弹簧弯管器直接折弯 PVC 管。

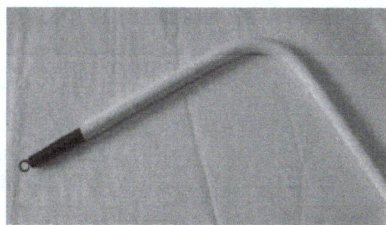

a) 弹簧弯管器　　　　　　　　　　　b) 弹簧弯管器的使用

图 4-35　使用弹簧弯管器直接折弯 PVC 管

② 灌砂加热煨弯。灌砂加热煨弯法适用于 $\phi25mm$ 及以上的塑料管。对于这类内径较大的管子，如果直接加热，很容易使其弯曲部分变瘪。为此，煨弯前先用木塞将管子一端的管口封好，然后将干砂灌入管内，镦实后将另一端管口堵好，最后将管子加热到适当温度后放在模具上弯制成形，如图 4-36 所示。

3）硬塑料管的连接。

① 直接插入连接法。适用于 $\phi50mm$ 以下的硬塑料管连接。连接前先将两根

管子的管口倒角，即将连接处的外管倒内角，内管倒外角，如图 4-37a 所示，然后将内、外管各自插接部位的接触面用汽油、苯或二氯乙烯等溶剂洗净。待溶剂挥发完后，将外管插接段（长度为 1.2~1.5 倍的管子直径）放在电炉或喷灯上加热至 145℃ 左右呈柔软状态后，将内管插入部分涂一层胶合剂（过氯乙烯胶），迅速插入外管，并调到两管轴心一致时迅速用湿布冷却，使管子恢复到原来的硬度，如图 4-37b 所示。

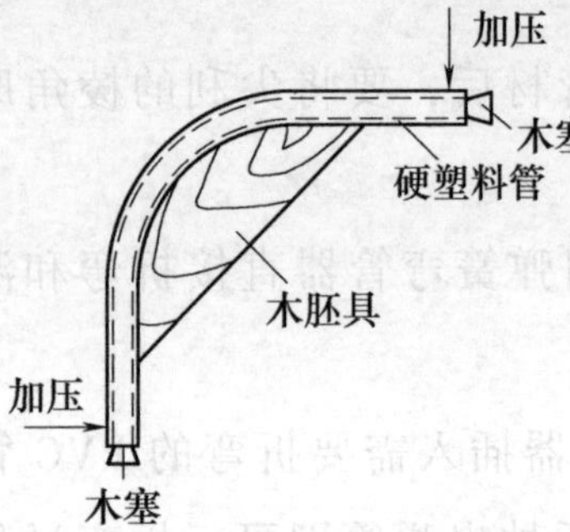

图 4-36 硬塑料管的加热煨弯法

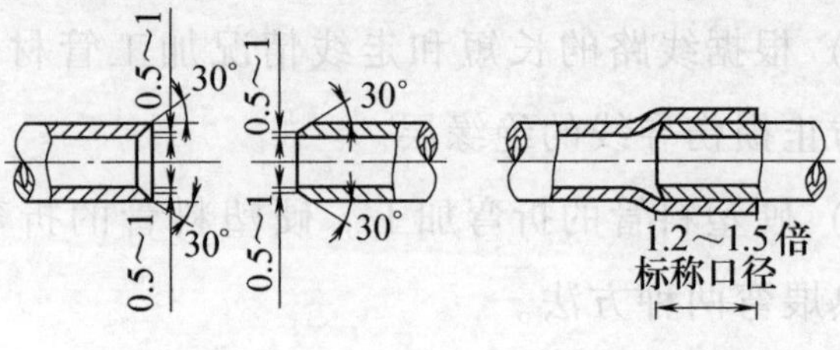

a) 硬塑料管的管口倒角   b) 硬塑料管的直接插入

图 4-37 硬塑料管的直接插入连接法

② 模具胀管连接法。适用于 φ60mm 及以上的硬塑料管连接。先按照直接插入连接法的要求将外管加热至 145℃ 呈柔软状态时，插入已加热的金属成型模具进行扩口；然后用水冷却至 50℃ 左右，取下模具，在外管和内管两端的接触面涂上过氯乙烯胶；再次加热，待塑料管软化后进行插接，到位后用水冷却，使外管收缩并箍紧内管，此时便完成连接，如图 4-38a 所示。

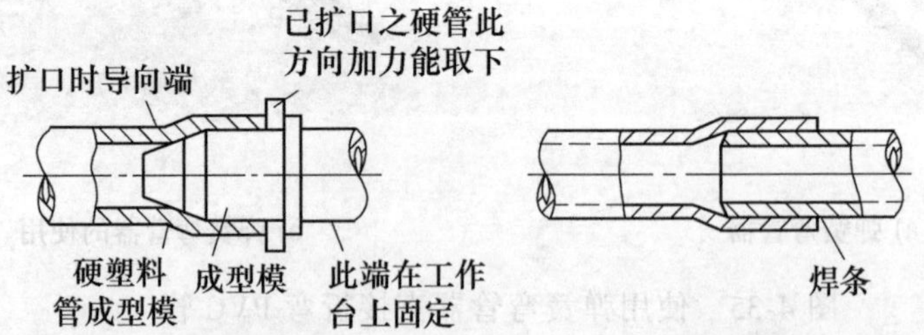

a) 胀口插接   b) 接口焊接

图 4-38 硬塑料管的模具插接

硬塑料管在完成上述插接工序后，如果条件具备，用相应的塑料焊条在接口处圆周上焊接一圈，使接头成为一个整体，则机械强度和防潮性能会更好。焊接完工的塑料管接头如图 4-38b 所示。

③ 套管连接法。两根硬塑料管的连接，可在接头部分加套管完成。套管长度

为它自身内径的 2.5~3 倍。连接前先将同径的硬塑料管加热扩大成套管，然后把需要连接的两管插接段内、外倒角，并用汽油或酒精擦干净，待汽油或酒精挥发后，涂上胶合剂，迅速插入套管中。插接前，仍需先将管口在套管中部对齐，并处于同一轴线上，如图 4-39 所示。

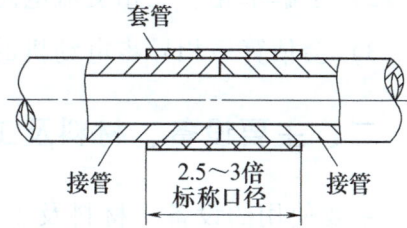

图 4-39　套管连接法

4. 穿线

根据各线路的长度裁剪导线，导线长度应稍留一点余量。穿线前必须去掉管口的倒角、毛刺，以免穿线时割伤导线。然后向管内穿入 ϕ1.2~1.6mm 的引线钢丝，用它将导线拉入管内。穿入钢丝时，要将钢丝头部弯成圆钩头，避免壁上凸凹部分及管子弯头部分挂住钢丝。穿线时应在管口套上橡胶或塑料护圈，避免管口内侧割伤导线绝缘层。穿线需两人在管子两端配合进行，一人在管子的一端慢慢拉引线钢丝，另一人用钢丝将导线束绑好慢慢送入管内。

5. 工艺要求

1）PVC 管内壁应光滑、无毛刺、无漏洞，接线应紧密。

2）PVC 管与管连接处以及管与接线盒的连接处应固定好。

3）PVC 管弯曲处其弯曲半径不得小于管直径的 6 倍，预埋敷设在混凝土内的弯曲半径不得小于 PVC 管直径的 10 倍，PVC 管弯曲处的角度不得小于 90°。当 PVC 管线穿过建筑物的伸缩缝时，应做补偿处理。

4）管内导线不得有接头和扭拧情况，以便于检修和换线施工。

5）敷设在混凝土内的 PVC 管，其直径不得超过混凝土板厚的 1/3。

五、思考与练习

1）如何查找室内暗线的线路故障？

2）查找有关资料，总结室内暗线安装中如何合理安装水、电、气、通信等多种线路。

项目 7　三相负载的连接

一、学习目标

1）理解负载的Y联结和△联结，知道线电压、相电压及其关系。

2）了解单相、三相交流电路功率的计算方法。

3）会估算三相异步电动机的额定电流。

二、主要设备、材料及工具

主要使用的设备、材料及工具如下：三相电源、三相调压器、白炽灯（6个以上）、万用表和交流电流表等。

三、相关知识

1. 三相负载的联结形式

1）负载的星形联结。负载如何连接，应视其额定电压而定。图 4-40a 是三相四线制电路，其线电压为 380V，相电压为 220V。通常单相负载的额定电压是220V，因此，要接在相线和中性线之间。因为电灯负载是大量使用的，不能集中在一相电路中，应把它们平均地分配在各相电路之中，使各相负载尽量平衡。总体来看，这些灯泡的接法就是星形联结。

图 4-40b 是三相负载进行星形联结时的电路原理图。可以看出：在星形联结中，三相负载各有一端分别接三根相线，它们的另一端接在一起，构成三相负载的公共端 N′。有中性线连接电源公共点 N 和负载公共点 N′就构成三相四线制，无中性线就构成三相三线制。

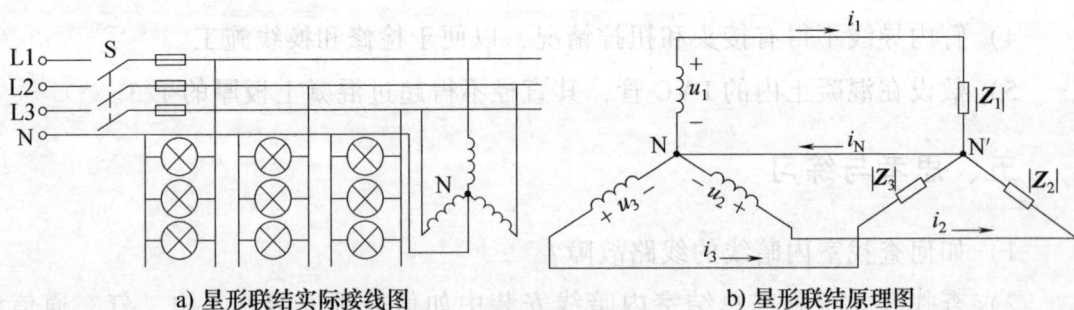

a) 星形联结实际接线图　　　　　　　　b) 星形联结原理图

图 4-40　三相负载的星形联结

在图 4-40b 中，若略去输电线上的电压降，则各相负载的相电压就等于电源的相电压。因此，电源的线电压为负载相电压的 $\sqrt{3}$ 倍，即

$$U_L = \sqrt{3}\, U_{YP} \tag{4-35}$$

式中，U_{YP} 表示负载星形联结时的相电压。

三相电路中，流过每根相线的电流叫线电流，即 I_1、I_2、I_3，一般用 I_{YL} 表示，其方向规定为电源流向负载；而流过每相负载的电流叫相电流，一般以 I_{YP} 表示，其方向与相电压方向一致；流过中性线的电流叫中性线电流，以 I_N 表示，其方向规定为由负载中性点 N′ 流向电源中性点 N，参见图 4-40b。显然，在星形联结中，线电流等于相电流，即

$$I_{YL} = I_{YP} \tag{4-36}$$

我们把阻抗大小相等且性质相同的三相负载称为三相对称负载，即三对称负载要满足两个条件：

① 三相负载阻抗大小相等：$|\mathbf{Z}_1| = |\mathbf{Z}_2| = |\mathbf{Z}_3| = |\mathbf{Z}_P|$。

② 三相负载性质相同即阻抗角相等：$\varphi_1 = \varphi_2 = \varphi_3 = \varphi$。

对于三相对称负载，因相电压对称，所以负载相电流也对称，即

$$I_1 = I_2 = I_3 = I_{YP} = U_{YP} / |\mathbf{Z}_P| \tag{4-37}$$

所以有

$$\dot{I}_N = \dot{I}_1 + \dot{I}_2 + \dot{I}_3 = 0 \tag{4-38}$$

式（4-38）说明：三相对称负载进行星形联结时，中性线电流为零，参见图 4-41。由于中性线上没有电流流过，故可省去中性线，此时并不影响三相电路的工作，各相负载的相电压仍为对称的电源相电压，这样三相四线制就变成了三相三线制。

当三相负载不对称时，各相电流的大小就不相等，相位差也不一定是 120°，因此，中性线电流就不为零，此时中性线绝不可断开。因为当有中性线存在时，它能使进行星形联结的各相负载，即使在不对称的情况下，也均加上对称的电源相电压，从而保证了各相负载能正常工作；如果中性线断开，各相负载的电压就不再等于电源的相电压，某些负载的相电压可能低于其额定电压，某些负载的相电

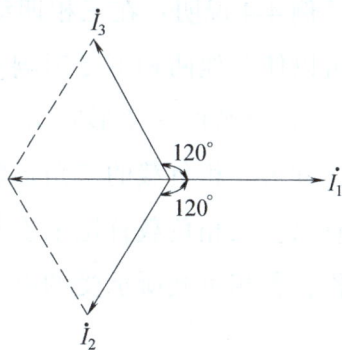

图 4-41　三相对称负载星形
联结的中线电流

压可能高于其额定电压，使负载不能正常工作，甚至会造成严重事故。所以，在三相四线制中，规定中性线不准安装熔丝和开关，有时中性线还采用钢芯导线来加强其机械强度，以免断开。另一方面，在连接三相负载时，应尽量使其平衡，以减小中性线电流。

例 4-4　假设如图 4-40b 所示的负载为星形联结的对称三相电路，电源线电压

为 380V，每相负载的电阻为 8Ω，电感抗为 6Ω，求：

a）在正常情况下，各相负载的相电压和相电流。

b）第三相负载断路时，其余两相负载的相电压和相电流。

解： a）因为负载进行星形联结且三相对称，故各相电压为

$$U = \frac{U_L}{\sqrt{3}} = \frac{380}{\sqrt{3}} \text{V} = 220 \text{V}$$

各相阻抗大小为

$$|Z| = \sqrt{R^2 + X_L^2} = \sqrt{8^2 + 6^2} \, \Omega = 10\Omega$$

各项电流为

$$I = \frac{U}{|Z|} = \frac{220}{10} \text{A} = 22\text{A}$$

由于负载是感性的，故各相电流滞后于对应的相电压

$$\varphi = \arctan \frac{X_L}{R} = 36.9°$$

b）当第三相负载短路时，其他两相负载仍然接电源的相电压不变，所以其他两相的相电流和相电压和 a）中一样。

例 4-4 说明：在三相四线制电路中，当其中某一相发生故障时，因为有中性线可以使其他两相不受影响。

2）负载的三角形联结。将三相负载分别接在三相电源的两根相线之间的接法，称为三相负载的三角形联结。由图 4-42 所示的三相负载三角形联结原理图可以看出：三相负载首尾依次相连，构成一个封闭的三角形。这时，不论负载是否对称，各相负载所承受的电压为对称的电源线电压，即

$$U_{\triangle P} = U_L \tag{4-39}$$

当负载三相对称时，三个相电流也是对称的。线电流和相电流的相量图如图 4-43 所示。根据相量图可以看出，对称三相负载三角形联结时，线电流的有效值为相电流有效值的 $\sqrt{3}$ 倍，而且各线电流在相位上比各相应的相电流滞后 30°，即

$$I_{\triangle L} = \sqrt{3} I_{\triangle P}$$

例 4-5 大功率三相电动机起动时，由于起动电流较大而采用减压起动，其方法之一是起动时将三相绕组接成星形，而在正常运行时改接为三角形。试求当绕组进行星形联结和进行三角形联结时相电流的比值及线电流的比值。

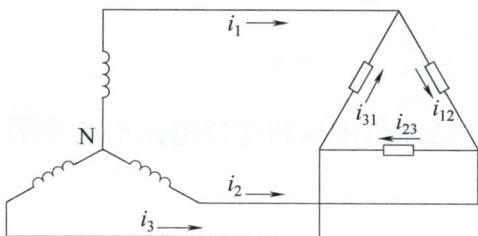

图 4-42　三相负载三角形联结原理图

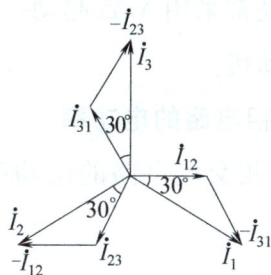

图 4-43　三相对称负载三角形
联结的线电流和相电流

解： 三相电动机三相绕组为三相对称负载，设各相绕组阻抗为$|\mathbf{Z}|$。

a）当三相绕组连接成三角形时，各相绕组上承受的电压为电源线电压U_{L}，各相电流是三相对称电流，其大小为

$$I_{\triangle \mathrm{P}} = \frac{U_{\mathrm{L}}}{|\mathbf{Z}|}$$

三角形联结时，线电流为

$$I_{\triangle \mathrm{L}} = \sqrt{3}\,I_{\triangle \mathrm{P}} = \sqrt{3}\,\frac{U_{\mathrm{L}}}{|\mathbf{Z}|}$$

b）当三相绕组连接成星形时，各相绕组上承受的电压等于电源相电压U_{P}，各相电流是三相对称电流，其大小为

$$I_{\mathrm{YP}} = \frac{U_{\mathrm{P}}}{|\mathbf{Z}|}$$

星形联结时，线电流为

$$I_{\mathrm{YL}} = I_{\mathrm{YP}} = \frac{U_{\mathrm{P}}}{|\mathbf{Z}|}$$

c）根据上述结果可求出两种联结形式相电流的比值为

$$\frac{I_{\triangle \mathrm{P}}}{I_{\mathrm{YP}}} = \frac{U_{\mathrm{L}}}{|\mathbf{Z}|}\bigg/\frac{U_{\mathrm{P}}}{|\mathbf{Z}|} = \sqrt{3}$$

两种联结方式线电流的比值为

$$\frac{I_{\triangle \mathrm{L}}}{I_{\mathrm{YL}}} = \sqrt{3}\,\frac{U_{\mathrm{L}}}{|\mathbf{Z}|}\bigg/\frac{U_{\mathrm{P}}}{|\mathbf{Z}|} = \sqrt{3}\times\sqrt{3} = 3$$

结论：大功率的三相电动机（往往为三角形联结）在起动时由于起动电流很

大，所以经常采用 Y-△ 起动。这样在起动时的电流得到大大的降低，有利于保护电源和电动机。

2. 三相电路的电功率

1）单相交流电路的电功率。式（4-24）已经给出单相交流电路电功率的计算公式

$$P = UI\cos\varphi$$

2）三相交流电路电功率的计算。三相交流电路的电功率等于其中各相电功率之和，即

$$P = U_1 I_1\cos\varphi_1 + U_2 I_2\cos\varphi_2 + U_3 I_3\cos\varphi_3 \tag{4-40}$$

若三相负载对称，则各相功率相等。有 $U_1 I_1\cos\varphi_1 = U_2 I_2\cos\varphi_2 = U_3 I_3\cos\varphi_3 = UI\cos\varphi$，故

$$P = 3UI\cos\varphi \tag{4-41}$$

式（4-41）中，U、I 分别为相电压和相电流。可以证明，不论是星形联结还是三角形联结都有

$$P = \sqrt{3}\, U_L I_L\cos\varphi \tag{4-42}$$

式（4-42）说明：三相对称负载的功率等于电源线电压、负载线电流、三相对称电路的功率因数乘积的 $\sqrt{3}$ 倍。

3）电动机的额定电流估算。电动机的额定功率设为 P_N，实践中常用 kW 作为单位。如功率因数 $\cos\varphi = 0.9$，效率 $\eta = 90\%$，电动机的额定电流为 I_N，由式（4-42）得出

$$P_N = \sqrt{3}\,\eta U_N I_N\cos\varphi$$

则

$$I_N = \frac{P_N\times 10^3}{\sqrt{3}\times 0.9\times 0.9\times 380} \approx 2P_N$$

P_N 的单位为 kW，其他的为国际单位制。这是一个典型的经验公式，实践中电动机额定电流的估算经常用到它。

四、项目实施及工艺要求

1）测量三相负载进行星形联结和进行三角形联结时的相电压与线电压、相电流与线电流，并验证它们之间的相互关系。

2）将若干个白炽灯接成星形联结负载，分别在三相对称和不对称时，验证

中性线有无作用。

五、思考与练习

1）三相四线制电路中，中性线为什么不能装开关和控制电器？

2）三相交流负载每相额定电压为220V，若三相电源线电压为380V，负载应如何连接？若线电压为220V呢？

3）三相电动机在运行时，测得线电压为380V，线电流为20A，试估算该电动机消耗的电功率。可先了解电动机功率因数的范围，再估算。根据电动机的额定功率，我们也可以通过这种方法估算电流。

4）在例4-5中，如果电源线电压为380V，各相绕组阻抗大小为3Ω。求三相绕组进行星形联结和进行三角形联结时相电流及线电流，并验证例题中的结论。

项目8　电气施工识图与安装

一、学习目标

1）学会认识各种电气施工图符号和标识。

2）掌握正确识读电气施工图的方法。

3）通过学习电气施工图，能够根据车间动力的布置情况画出电气线路。

二、相关知识

识读电气施工图必须掌握一定的电气识图基本知识。

1. 电气工程图的分类

电气工程主要包括电气概略图（系统图）、电气平面图、设备布置图、安装接线图、电气原理图和详图等。在进行识图时，要将几种图结合起来，有必要时还应参考设备材料表和负载统计表等表格。

2. 电气图图面的基本知识

1）幅面及格式。电气图样幅面一般分为五种，分别用A0、A1、A2、A3及A4表示，幅面格式如图4-44所示。标题栏一般在图样的右下角，其内容主要包括图名，图号，工程名称，设计单位，设计、制图及描图者，审核及批准者，以及比例、单位、日期等。在图样的左上角图框线外的会签表，标记各相关专业的设计人员会审认可的签名及日期。

选用幅面时，应在图面布局紧凑、清晰、匀称、使用方便的前提下，按照表述对象的规模、复杂程度及要求，尽量选用较小的幅面。

2）比例。图样的比例就是图上所画的尺寸与实物尺寸之比。比例标准在标题栏内或图标名称横线下面。

3）图幅分区。图幅分区目的是将图样相互垂直的两边各自加以等分，以利于人们确定图上的内容，补充、更改以及确定组成部分的位置，如图 4-45 所示。

图 4-44　电气图样幅面格式

B—图幅宽度　L—图幅长度

c—边宽　a—装订侧宽度

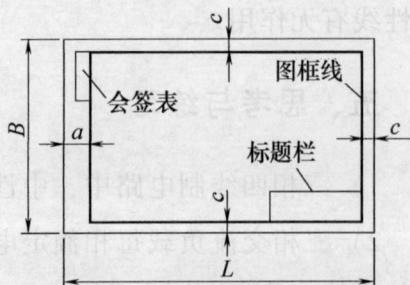

图 4-45　图幅分区示例

4）线型。在电气施工图上常用各种不同的线型表示不同的含义。粗实线表示主电路线（一次线路）；细实线表示一般线路（如二次线路）、可见导线；虚线表示辅助线、屏蔽线、机械连接线、不可见线、计划扩展线以及事故照明线；点画线表示电气线路中的分界线、结构围框线、功能围框线、分组围框线以及控制、信号线等；双点画线表示电气线路中辅助围框及 36V 以下线路；波浪线表示移动式用电设备的软电缆或软导线。

5）方位。电气平面图一般按上北下南左西右东表示建筑物设备的位置和朝向，或用风玫瑰图上的指北针注明方向。

6）安装标高。安装电气设备或敷线时，必须先确定安装位置距地坪高度和敷设标高，标高符号见表 4-4。

7）符号。在绘制各种电气施工图时，统一采用国家标准电气图形符号和文字符号，以区别和代表某种电气设备和电气元件。符号参见表4-4~表4-6。

表4-4　电气工程图中常用的图形符号和技术要求

图形符号	名称	技术要求
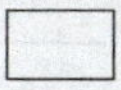	屏台箱柜一般符号	配电室及进线用开关柜
	多种电源配电箱盘	画于墙外为明装(墙内为暗装)，除注明外，下边距地
	电力配电箱(盘)	1.2m 或 1.4m
	交流电动机	做出线口，防水弯头距机座上 0.2m，附接地螺钉
	按钮盒	圈或点的数目表是按钮数，除注明外均为明装，距地
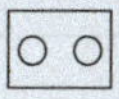	立柱按钮盒	1.4m，按钮组合排见设计图
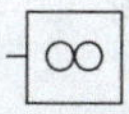	风扇的一般符号	只做出线盒及吊钩
	电铃	除注明外，距顶 0.3m
	明装单相二极插座	250V/10A，距地 0.3m，居民住宅及儿童活动场所应采用安全插座；普通插座距地面 1.8m
	照明配电箱(盘)	画于墙外的为明装(墙内为暗装)，下边距地 2.0m 或 1.4m，明装电能表板底距地 1.8m
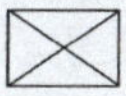	事故配电(盘)	画于墙外的为明装(墙内为暗装)，除注明外，下边距地
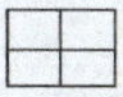	组合开关箱	1.2m 或 1.4m
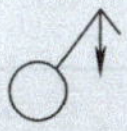	拉线开关	250V/3A
	拉线双控开关(单极三线)	250V/3A
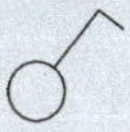	明装单极开关	跷板式开关，250V/6A
	暗装单极开关(单极二线)	跷板式开关，250V/6A
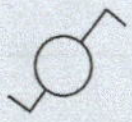	明装双控开关(单极三线)	跷板式开关，250V/6A
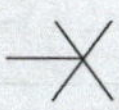	顶棚灯座(裸灯座)	容量和安装方式见设计图
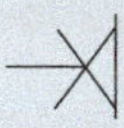	墙上灯座(裸灯座)	

（续）

图形符号	名称	技 术 要 求
	明装单相三极插座	
	明装三相四极插座	380V/15A、25A，距地 0.3m
	暗装单相二极插座	50V/10A，距地 0.3m，居民住宅及儿童活动场所应采用安全插座，如采用普通插座时，应距地面 1.8m
	暗装单相三极插座（带接地）	
	暗装三相四极插座（带接地）	380V/15A、25A 距地 0.3m，容量选择见设计图
	暗装调光开关	距地 1.4m
	交流配电线路	铝(铜)芯线时，为 2 根 2.5mm²(1.5mm²)
	交流配电线路	铝(铜)芯线时为 3 根 2.5mm²(1.5mm²)
	交流配电线路	铝(铜)芯线时为 4 根 2.5mm²(1.5mm²)
	交流配电线路	铝(铜)芯线时为 5 根 2.5mm²(1.5mm²)
	单管荧光灯	
	双管荧光灯	规格、容量、型号、数量按工程设计图要求
	防爆荧光灯	
	投光灯	规格容量见设计图
	1. 开关一般符号 2. 多极开关	单极表示（短线表示极数）
	多极开关	多线表示

（续）

图形符号	名称	技 术 要 求
✑	隔离开关	
✒	熔断器式隔离开关	除注明外,均为 RC3 型熔断器式隔离开关
✒	断路器	
▬	熔断器	除注明外,均为 RC1A 型瓷插式熔断器
Ⓐ Ⓥ	指示式电流表、电压表	
+0.00 ▽	安装或敷设高度表示符号	自室内该处地面标起
▼+0.00	安装或敷设高度表示符号	自室外该处地面标起
◤◢	壁笼交换箱	
⊥	室内电话分线盒	
——F ——V	1. 电话线路 2. 电视线路	
⑩⓪	设计照度表示符号	表示 100lx

表 4-5　电气图样中常用辅助文字符号

名称	文字符号	名称	文字符号	名　　称	文字符号
交流	AC	红	RD	信号	S
直流	DC	绿	GN	反馈	FB
同步	SYN	控制	C	紧急	EM
异步	ASY	顺时针	CW	接地	E
自动	A,AUT	逆时针	CCW	中性线	N
手动	M,MAN	正,向前	FW	保护	P
停止	STP	向后	BW	保护接地	PE
制动	B,BRK	时间	T	保护接地与中性线共用	PEN
断开	OFF	温度	T	不接地保护	PU
闭合	ON	速度	V	闭锁	IA
黑	BK	高	H	输入	IN
蓝	BU	低	L	输出	OUT
白	WH	增	INC	辅助	AUX
黄	YE	减	DEC		

表 4-6 电气设备常用的文字符号见表

设备、装置和元器件种类		基本文字符号		设备、装置和元器件种类		基本文字符号	
		单字母符号	双字母符号			单字母符号	双字母符号
组件部件	电桥	A	AB	变压器	电流互感器	T	TA
	晶体管放大器		AD		控制电路		TC
	集成电路放大器		AJ		电源用变压器		
	放大器				电力变压器		TM
	磁放大器		AM		电压互感器		TV
非电量到电量变换器或电量到非电量变换器	送话器	B		电感器	感应线圈	L	
	扬声器				陷波器		
	压力变换器		BP		电抗		
	位置变换器		BQ	电动机	电动机	M	
	温度变换器		BT		同步电动机		MS
	速度变换器		BV	测量设备、实验设备	指示器件	P	
电容器	电容器	C			电流表		PA
其他元器件	发热器件	E	EH		电能表		PJ
	照明灯		EL		记录仪器		PS
	空气调节器		EV		电压表		PV
保护	避雷器	F		电力电路的开关器件	断路器	Q	QF
	熔断器		FU		主令控制器		QM
	限压保护器		FV		保护开关		
发电机、电源	同步发电机	G	GS		隔离开关		QS
	异步发电机		GA	电阻器	电阻器	R	
	蓄电池		GB		变阻器		
信号器件	声响指示器	H	HA		电位器		RP
	光指示器		HL	控制、记忆、信号电路的开关器件选择器	控制开关	S	SA
	指示灯		HL		选择开关		SA
继电器、接触器	过电流继电器	K	KOC		按钮		SB
	信号继电器		KS		压力开关		SL
	时间继电器		KT		温度开关		ST
	接触器		KM		温度传感器		ST

3. 电气工程图识图的一般方法

1）识图时首先要看图样的有关说明，图样说明包括图样目录、技术说明、器材明细表和施工说明书等。看懂这些内容有助于了解图样的大体情况、工程的整体轮廓、设计内容和施工要求等。

2）识读电气原理图时要先看主电路，其识读顺序一般由下向上，即先看主电路的用电设备；再看主电路中的控制元器件；然后看其他元器件；最后看电源。要弄清用电设备的电源供给情况、电源要经过哪些元器件到达负载、这些元器件的作用是什么等问题。

3）识读辅助电路图一般由上向下或从左往右，要分四步进行。

首先看清电源的种类及辅助电路的电源取向；再由辅助电路研究主电路的动作情况；然后分析电气元器件之间的关系；最后看清其他电气设备及元器件的作用和线路走向。

4）识读安装接线图也要先看主电路，由电源开始顺次往下看，直至终端负载。主要弄清用电设备通过哪些电气元器件来获得电源；而识读辅电路时要按每条小回路去看，弄清辅助电路如何控制主电路的动作。

5）在识读照明电路的图样时，要先了解照明原理图与安装图所表示的基本情况；再看供电系统，即弄清电源的形式、外设导线的规格及敷设方式；然后看用电设备，要弄清图中各种照明灯具、开关和插座的数量、形式和安装方式；最后看照明配线。

三、项目实施及工艺要求

1. 照明平面图的识读

（1）照明线路的表示方法　在电气平面图上，通常采用图形和文字符号相结合的方法表示出照明线路的走向、导线的型号、规格、根数、长度、线路配线方式和线路用途等。线路文字符号的标注方法参见表 4-7 ~ 表 4-9。图 4-46 所示为照明线路在平面图上的表示方法示例。

图中线路符号 WL1-BLV-3×6+1×2.5-K-WE 的含义是：第 1 号照明分支线（WL1）；导线型号是铝芯塑料绝缘线（BLV），共有 4 根导线，其中 3 根相线为 6mm²，一根中性线为 2.5mm²；配线方式为瓷绝缘子配线（K），敷设部位为沿墙明敷（WE）。

图 4-46　照明线路在平面图上的表示方法

（2）照明器具的表示方法　照明器具采用图形符号和文字标注相结合的方法表示。文字标注的内容通常包括电光源种类、灯具类型、安装方式、灯具数量和额定功率等。

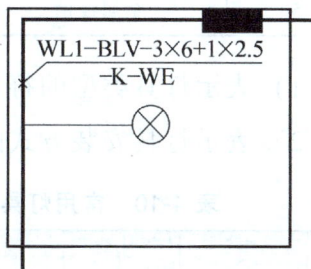

表 4-7　线路特征和功能的文字符号

序号	名　称	文字符号	备注	序号	名　称	文字符号	备注
1	控制线路	WC		6	电话线路	WF	
2	直流线路	WD		7	广播线路	WB	或 WS
3	照明线路	WL		8	电视线路	WV	或 TV
4	电力线路	WP		9	插座线路	WX	
5	应急照明线路	WE	或 WEL				

表 4-8　线路敷设部位的文字符号

序号	名称	文字符号	序号	名称	文字符号
1	暗敷	C	10	暗敷设墙内	WC
2	明敷	E	11	暗敷设柱内	CLC
3	沿钢索敷设	SR	12	暗敷设顶棚内	CC
4	沿屋架敷设	BE	13	暗敷设地面内	FC
5	沿柱敷设	CLE	14	暗敷设梁内	BC
6	沿墙面敷设	WE	15	吊顶内敷设，	
7	沿顶棚面敷设	CE		穿金属管	SCE
8	电缆桥架敷设	CT	16	金属线槽敷设	MR
9	电缆沟敷设	TC	17	塑料线槽敷设	PR

表 4-9　线路敷设材料的文字符号

序号	名称	文字符号	序号	名称	文字符号
1	焊接钢管	SC	6	电线管	MT
2	镀锌钢管	RC	7	塑料硬管	PC
3	金属软管	CP	8	阻燃塑料硬管	FPC
4	钢索	M	9	塑料线槽	PR
5	金属线槽	MR	10	桥架	CT

1）表示灯具类型的符号。常用灯具类型的符号见表 4-10。

2）表示灯具安装方式的符号。安装方式的符号见表 4-11。

表 4-10　常用灯具类型符号

序号	灯具名称	符号	序号	灯具名称	符号
1	普通吊灯	P	8	工厂一般灯具	G
2	壁灯	B	9	荧光灯具	Y
3	花灯	H	10	隔爆灯	B
4	吸顶灯	D	11	水晶底罩灯	J
5	柱灯	Z	12	防水防尘灯	F
6	卤钨探照灯	L	13	搪瓷伞罩灯	S
7	投光灯	T	14	无磨砂玻璃罩万能型灯	W

表 4-11　灯具安装方式文字符号

序号	名称	符号	备注
1	链吊式	CS	
2	管吊式	DS	
3	线吊式	S	
4	吸顶式	C	不标注高度
5	嵌入式	R	
6	壁装式	W	
7	柱上式	CL	

3）灯具标注的一般格式。灯具标注的一般格式如下：

$$a-b \frac{c \times d}{e} f$$

式中　a——某场所同类型照明灯具的数量；

　　　b——灯具类型代号，见表4-10；

　　　c——照明灯具内安装灯泡或灯管的数量；

　　　d——每个灯泡或灯管的功率（W）；

　　　e——安装高度（m）；

　　　f——安装方式代号，见表4-11。

　　例如：$6\text{-}S\dfrac{1 \times 100}{2.5}CS$ 表示该场所安装了6盏同类型的灯具，灯具的类型是搪瓷伞罩（铁盘罩）灯（S），每个灯具内装一个100W的白炽灯，安装高度为2.5m，采用链吊式（CS）方法安装。

　　（3）照明平面图识图示例　图4-47是某办公楼第六层电气照明平面图；图4-48是其供电概略图和有关的说明；表4-12为负载统计表。

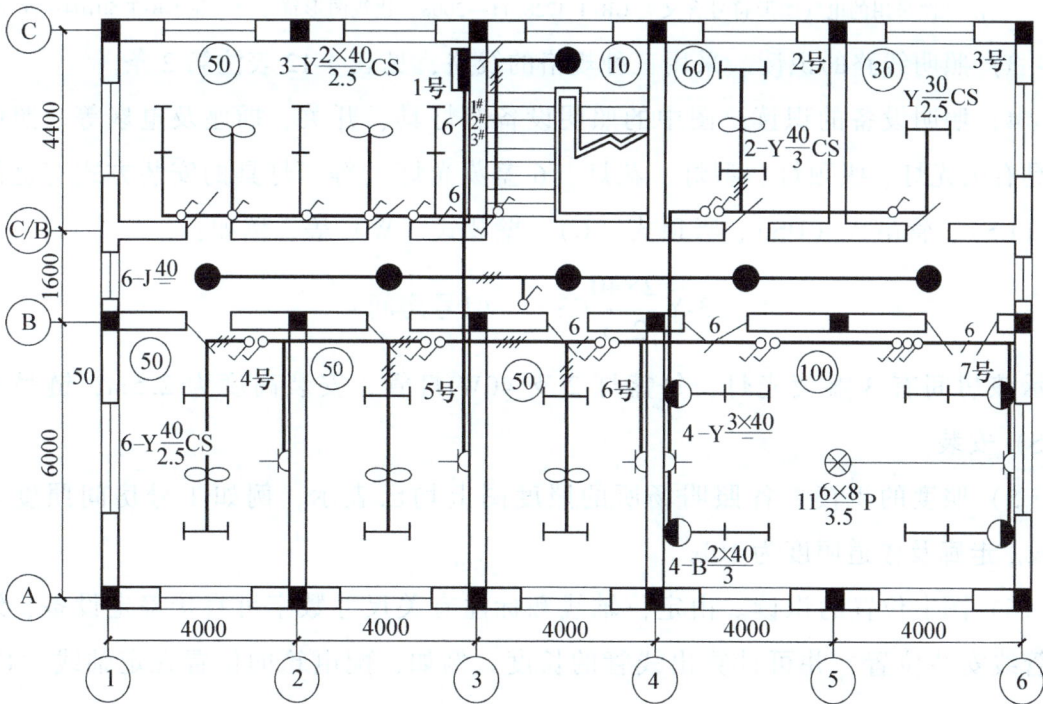

图4-47　某办公楼第六层电气照明平面图

　　1）非电信息的识读。图中用细实线简略地绘制出了建筑物墙体、门窗、楼梯、承重梁柱的平面结构。用定位轴线1～6和A、B、B/C、C和尺寸线表示了各部分的尺寸关系。在表 4-12 的表注中交代了楼层结构，从而提供了照明线路和设备安装时需要考虑的有关土建资料。

2）电源的识读。由概略图可知，该楼层电源引自第 5 层，单相 220V，经照明配电箱 XM1-16，分成三路分干线，送至各场所。

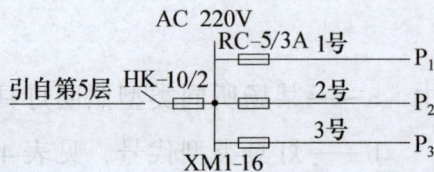

图 4-48　某办公楼第六层供电概略图

表 4-12　负载统计表

线路编号	供电场所	负载统计			
		灯具/个	电扇/个	插座/个	计算负载/kW
1 号	1 号房间、走廊、楼道	9	2		0.41
2 号	4、5、6 号房间	6	3	3	0.42
3 号	2、3、7 号房间	12	1	2	0.47

注：1. 该层层高 4m，净高 3.88m，楼面为预制混凝土板，抹 80mm 水泥浆。
　　2. 导线及配线方式：电源引自第 5 层，总线 PG-BLX-2 X10-DG25-QA；分干线（1~3），MFG-BLV-2×6-VG20-QA；各支线 BLVV-2×2.5-RVG15-QA。
　　3. 配电箱为 XM1-16，并按系统图接线。
　　4. 本图采用的电气图形符号含义见 GB/T 4728.11—2008，建筑图形符号含义见 GB/T 50104—2010。

3）照明线路的识读。采用三种规格的线路，见表 4-12 表注第 2 条。

4）照明设备的识读。图中的照明设备有灯具、开关、插座及电扇等。照明灯具有荧光灯、吸顶灯、型灯、花灯（6 盏荧光灯）等。灯具的安装方式有链吊式（CS）、管吊式（DS）、吸顶式（C）、壁装式（W）等，例如：

$$3\text{-Y}\ \frac{2\times40}{2.5}\text{CS}\qquad（1号房间）$$

表示该房间有 3 盏荧光灯，每盏灯 2 支 40W 灯管，安装高度为 2.5m，链吊式（CS）安装。

5）照度的识读。各照明场所的照度图上均已表示，例如 1 号房间照度为 50lx，走廊及楼道照度为 10lx。

6）图上位置的识读。由定位轴线和标注有关尺寸数字可直接确定设备、线路管线安装位置，并可计算出线管的长度。例如，配电箱的位置在定轴线 "C""3" 交点（+C3）附近。

2. 动力工程图的识读

用来表示电动机等类动力设备、配电箱的安装位置和供电线路敷设路径、方法的平面图，称为电力平面图。

（1）电力线路的表示方法　在电力平面图上，通常采用图线和文字符号相结合的方法表示出线路的走向、导线的型号、规格、根数、长度，线路配线方式、线路用途等。线路文字符号的标注方法参见表 4-8 和表 4-9。图 4-49 为电力线路在平面图上的表示方法示例。

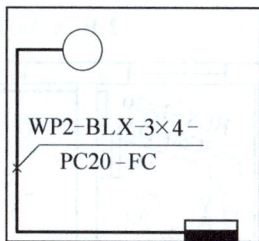

WP2-BLX-3×4-PC20-FC

图 4-49　电力线路在平面图上的表示方法

图中线路符号 WP2-BLX-3×4-PC20-FC 的含义是：第 2 号动力分干线（WP2），铝芯橡胶绝缘线（BLX），3 根导线，截面积均为 $4mm^2$，穿直径（外径）为 20mm 的硬塑料管（PC），沿地暗敷（FC）。

（2）电力平面图的一般特点　电力平面图与电气照明平面图属于同一类图形，因此，两者具有许多共同特点。

1）电力平面图表示的主要内容。

① 电力设备（主要是电动机）的安装位置、安装标高。

② 电力设备的型号、规格。

③ 电力设备电源供电线路的敷设路径、敷设方法、导线根数、导线规格、穿线管类型及规格。

④ 电力配电箱安装位置、配电箱类型、配电箱电气主接线。

2）电力平面图与电力系统图（概略图）的配合。电力平面图要与电力系统图相配合，才能清楚地表示某建筑物内电力设备及其线路的配置情况。电力系统图有两种类型，一种是比较抽象的电气系统图，它只概略地表示出整个建筑物供电系统的基本组成、各分配电箱的相互关系及其主要特征；另一种是比较具体的配电电气系统图，它主要表示某一分配电箱的配电情况，这种系统图通常采用表图的形式。

3）电力平面图与照明平面图的比较。

① 电力设备一般比照明灯具等要少。

② 电力设备一般布置在地面或楼面上，而照明灯具等需要采用立体布置。

③ 电力线路一般采用三相三线供电，而照明线路的导线根数一般很多。

④ 电力线路采用穿管配线的方式较多，而照明线路的配线方式要多一些。

（3）电力平面图识图示例　图 4-50 所示是某车间电力平面图；图 4-51 为该车间的电力干线配置图；表 4-13 为该车间电力干线配置情况。

1）非电信息的识读。这一平面图是在建筑平面图上绘制出来的。该车间主

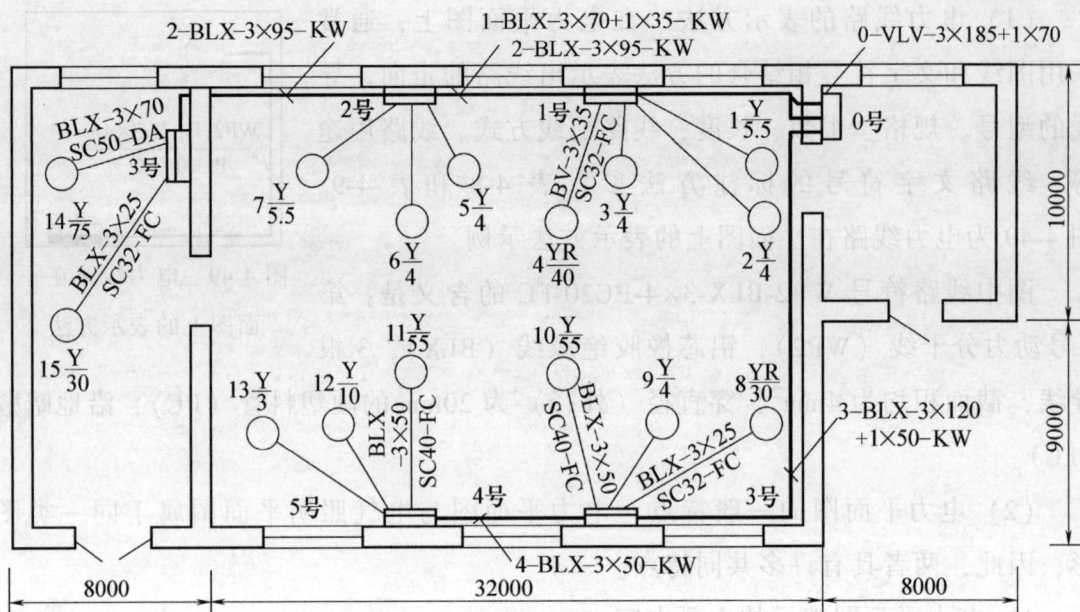

图 4-50 某车间电力平面图

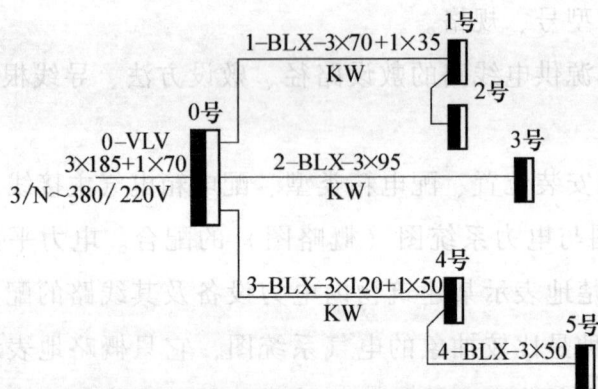

图 4-51 某车间电力干线配置图

要由 3 个房间组成，车间采用尺寸数字定位（没有画出定位轴线）。这 3 个房间的建筑面积分别为：$8m \times 19m = 152m^2$；$32m \times 19m = 608m^2$；$10m \times 8m = 80m^2$。

2）配电干线的识读。配电干线是指外电源至总电力配电箱（0 号）、总配电箱至各分电力配电箱（1~5 号）的配电线路。图中有 5 根干线，即 0、1、2、3 和 4 号线。

图中比较详细地描述了这些配电线路的布置，如线缆的布置、走向、型号、规格、长度（由建筑物尺寸数字确定）、敷设方式等。例如，由总电力配电箱（0 号）至 4 号配电箱的线缆是 3 号线，在图中标注为 3-BLX-3×120+1×50-KW。它所表示的意义是导线型号为 BLX（铝芯橡胶绝缘线）；三根相线截面积均为

120mm^2，一根中性线截面积为50mm^2；沿墙采用瓷绝缘子敷设（KW）；其长度约为40m。

电力配电箱：这个车间一共布置了6个电力配电箱。0号配电箱为总配电箱，布置在右侧配电间内，采用电缆进线，3条回出线分别至1号和2号、3号、4号和5号电力配电箱。

1号配电箱，布置在主车间，4条回出线。

2号配电箱，布置在主车间，3条回出线。

3号配电箱，布置在辅助车间，2条回出线。

4号配电箱，布置在主车间，3条回出线。

表4-13　某车间电力干线配置情况

线缆编号	线缆型号及规格	连 接 点		长度/m	敷设方式
		I	II		
0	VLV-3×185+1×70	42号杆	0号配电箱	150	电缆沟
1	BLX-3×70+1×35	0号配电箱	1、2配电箱	18	KW
2	BLX-3×95	0号配电箱	3号配电箱	25	KW
3	BLX-3×120+1×50	0号配电箱	4号配电箱	40	KW
4	BLX-3×50	4号配电箱	5号配电箱	50	KW

5号配电箱，布置在主车间，3条回出线。

3）电力设备的识读。图中所描述的电力设备主要是电动机。各种电动机按序编号为1~15，共15台电动机。图中分别表示了各电动机的位置、电动机的型号、规格等。

电动机的型号、规格等标注在图上。例如：

$$3\frac{Y}{4}$$

式中　3——电动机编号为3号；

　　　Y——电动机型号是三相笼型异步电动机；

　　　4——电动机功率为4kW。

4）配电支线的识读。由各电力配电箱至各电动机的连接线，称为配电支线，图中详细描述了这15条配电支线的位置、导线型号、规格、敷设方式和穿线管规格等。

例如：电动机$10\frac{Y}{55}$是由4号配电箱经过BLX-3×50-SC40-FC进行供电的，

说明这台电动机配电支线采用 BLX 型导线（铝芯橡胶绝缘线），3 根相线截面积均为 50mm^2，穿入管径为 40mm 的钢管（SC40），沿地板暗敷（FC）。

在图 4-50 中各电动机配线除标注外，其余均为 BLX-3×2.5-SC15-FC。即各小容量电动机，均采用 BLX 型导线，3 根相线截面积均为 2.5mm^2，穿入管径为 15mm 的钢管，沿地板暗敷。

3. 画出某机加工车间的电力平面图、车间电力干线配置图

参观某机加工车间，通过观察车间的动力设备布置和配电箱布置情况，画出电力平面图、车间电力干线配置图或表格。图 4-52 为导线的一般表示方法及示例。

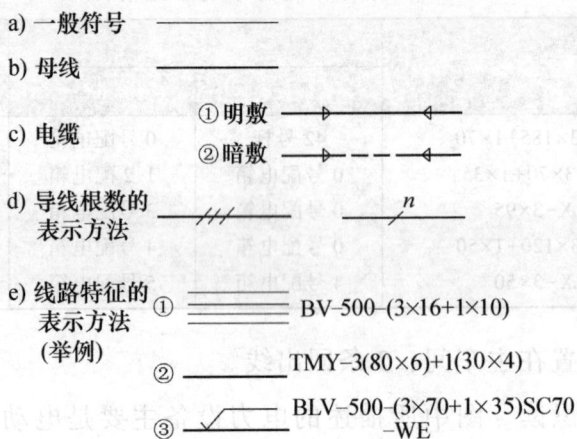

图 4-52　导线的一般表示方法及示例

四、思考与练习

1）常用的图线有哪几种？分别应用于什么场合？

2）说出下列文字符号的代表含义：TM、TA、TV、QF、QS、SA、SB、KA、KT、KS、KM、FU。

3）说出下列文字符号的含义：DC、AC、ON、OFF、E、PU、PE、PEN、L、N。

4）说明电气照明工程图中符号 H$\dfrac{6\times8}{2.5}$P、3-Y$\dfrac{2\times40}{2.5}$CS 表示的意义。

5）说明动力工程图中符号 8$\dfrac{YR}{55}$、15$\dfrac{Y}{5.5}$ 表示的意义。

阅读材料三 住宅电气设计的变化

20世纪初，住宅电气几乎是千篇一律地设计成一个刀开关加上一组熔断器控制一户的电源进线，室内用护套线敷设。随着人们生活水平的提高，现代大功率家用电器如空调器、取暖器、电火锅、微波炉等大量进入家庭，以往的这种设计已远远不能满足人们的生活需要。人们对住宅电气设施提出了较高的要求：用电方便，安全灵活，体现以人为本。因此，现代住宅电气设计有了较大的变化。

（1）电源采用模数化小型配电箱控制　控制箱装有高分断小型断路器（如DZ47系列），具有过载、短路保护及隔离作用。它体积小，结构新颖，负载电流大，分断能力强，性能优良可靠，能保证住户的用电需求与安全。

（2）采用多分支供电与控制　采用这种方式保障了部分电路有故障时，住户仍能正常用电。电气系统图如图4-53所示。

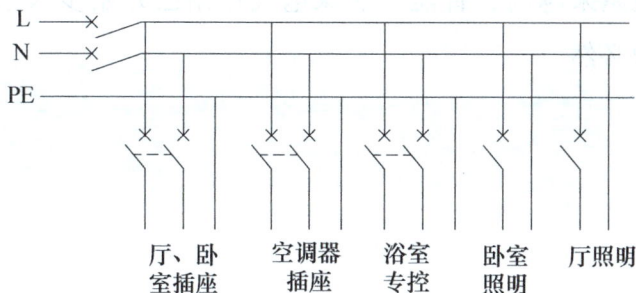

图4-53　居室电气系统图

1）照明与插座电路分开。大功率电器如空调器、火锅（餐厅、厨房）等的插座采用独立支路供电。其优点是：如果插座电路的电气设备发生故障，仅此电路的电源中断，不会影响照明电路的正常工作。还有利于对故障电路进行检修，尤其是故障发生在晚上更体现出其优越性；反之，若晚上照明分支电路出现了故障，可利用插座分支电路的电源，接上台灯等对照明线路进行检修或用作临时照明。

2）照明分成2~3个分支电路。这样一旦某一分支电路的照明出现故障，也不会影响到其他房间的照明，就不会使整个家庭处于黑暗中或处处用临时电源。

（3）安全保护措施周全

1）各室、厅均设计安装有具有保护接地的三极插座，以供外壳为金属的电器和移动电器使用。插座在选型上均选择带有保护板的插座，尤其是低装插座更是如此，以避免小孩把金属导电体塞进插座内造成电击。

2）浴室电路采用漏电保护、接地保护与室外控制。漏电保护同时加装接地保护的好处是：当其中的任一种保护措施出现故障时，另一种保护仍能起到保护作用。室外控制从用电环境上保障了用电的安全与电器防腐蚀，同时浴室采用安全防护灯具。注意：剩余电流断路器的输出中性线不能碰地，否则，剩余电流断路器无法正常工作（无法合闸）。

（4）卧室、厅灯采用双联开关控制 这样方便用户进门开灯与就寝熄灯，体现以人为本。具体安装接线参阅本单元项目3。

（5）线路采用暗敷设 信息线、供电线路均采用PVC塑管暗敷设，改变了以往用护套线敷设时间稍长护套老化发黄发霉的弊病，美化了居室。

住宅电气设计首要考虑的是：人身安全、电气线路与设备的保护以及在出现故障时仍能进行局部供电，保障家庭的正常用电。随着生活水平的提高，人们对生活质量的要求也越来越高，智能型居家电气控制已开始步入家庭，个性化住宅电气设计也将成为必然。

第五单元　交流电动机

项目1　三相笼型异步电动机

一、学习目标

掌握三相笼型异步电动机的结构、拆装方法、接线盒与电动机出线端的连接（Y联结、△联结）和工作原理。

二、主要设备、材料及工具

三相笼型异步电动机一台、拉具一套、活动扳手或套筒扳手若干把、锤子一把、紫铜棒一根、钢铜套一个、油盘一只、毛刷一把、煤油、钠基润滑脂、方木块等。每组一套。

三、项目实施与工艺要求

1. 熟悉结构与部件名称

结合图5-1所示的三相笼型异步电动机结构图和教师已拆开解体的电动机，认真观察电动机的结构，熟悉各部件的名称。

电动机主要由定子、转子和附件组成。

2. 拆卸三相异步电动机

（1）准备工作

1）准备好拆卸场地及拆卸电动机的专用工具，如图5-2所示。

电动机的铭牌

三相异步电动机			
型号Y2-132S-4		功率5.5kW	电流11.7A
频率50Hz	电压380V	接法△	转速1440r/min
防护等级IP54	重量68kg	工作制SI	绝缘等级F
×× 电机厂			

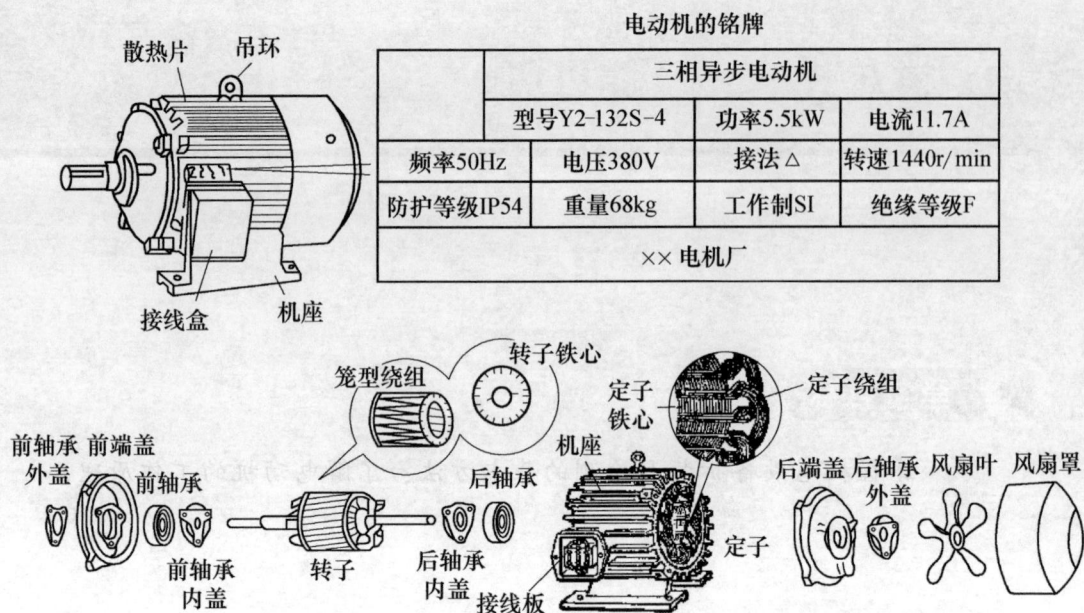

图 5-1　三相笼型异步电动机的结构

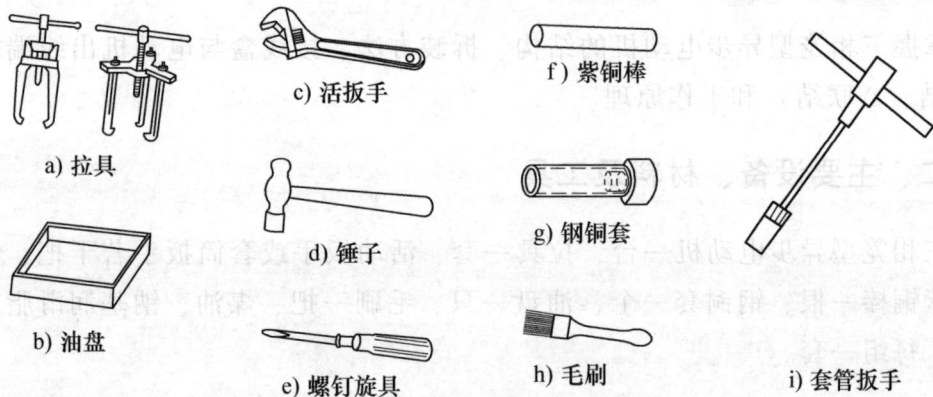

图 5-2　拆卸电动机的专用工具

2）做好记录或标记。在线头、端盖等处做好标记；记录好联轴器与端盖之间的距离。

（2）电动机的拆卸步骤与方法

1）切断电源，拆卸电动机与电源的连接线，并对电源线头做好绝缘处理。

2）卸下传动带，卸下地脚螺栓，将各螺母、垫片等小零件用一个小盒装好，以免丢失。

3）卸下带轮或联轴器。

① 用粉笔标好带轮的正反面，以免安装时装反。

② 在带轮（或联轴器）的轴伸端做好标记，如图 5-3 和图 5-4 所示。

③ 松下带轮或联轴器上的压紧螺钉或销子。

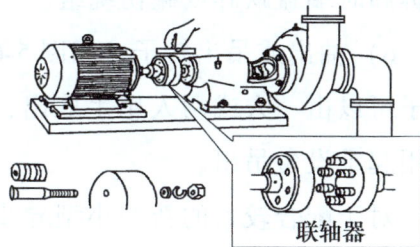

图 5-3 联轴器的拆卸

④ 在螺钉孔内或轴销外注入煤油或柴油，以利于带轮拆卸。

⑤ 按图 5-4 所示的方法装好拉具，拉具螺杆的中心线要对准电动机轴的中心线，转动丝杠，掌握好力度，把带轮或联轴器慢慢拉出，切忌硬拆。对带轮或联轴器安装较紧的电动机，按此法拉出有困难时，可用喷灯等急火在带轮外侧轴套四周加热（掌握好温度，以防变形），使其膨胀就可拉出。在拆卸过程中，严禁用锤子直接敲出带轮或联轴器，避免造成带轮或联轴器碎裂，使轴变形、端盖受损。

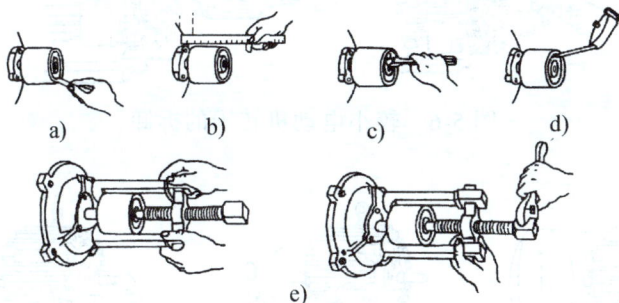

图 5-4 带轮的拆卸

4）拆卸风扇罩和风扇叶。把风扇罩的螺栓松脱，取下风扇罩，再将转子轴尾端风扇上的定位销或螺栓拆下或松开，慢慢将扇叶拉下。小型电动机的风扇安装在后轴承上，更换时可随转子一起抽出，即不必拆卸下风扇。若风扇是塑料制成的，可用热水加热，使塑料风扇膨胀后旋下。

5）拆卸轴承盖和端盖。

① 在端盖与机座体之间打好记号（前后端盖的记号应有区别），便于装配时复位。

② 松开端盖上的紧固螺栓，用一个大小适宜的旋凿插入螺钉孔的根部，将端盖按对角线一先一后地向外扳撬或用紫铜棒均匀敲打端盖上有脐的部位，把端盖取下，如图 5-5 所示。大型电动机因端盖较重，应先把端盖用起重设备吊住，以

免拆卸时端盖跌碎或碰伤绕组。

6）抽出或吊出转子。如图5-6所示，较小电动机的转子可以由一人或两人用手取出，较大型电动机的转子须用起重设备吊出。

对于配合较紧的新的小型异步电动机，为了防止损坏电动机表面的油漆和端盖，可按图5-7所示的拆卸步骤进行。对于较大的电动机，因其转子太重，该方法不可采用。

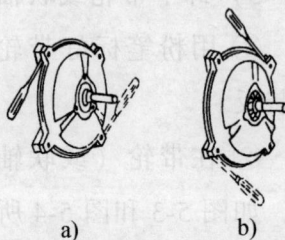

图5-5 端盖的拆卸

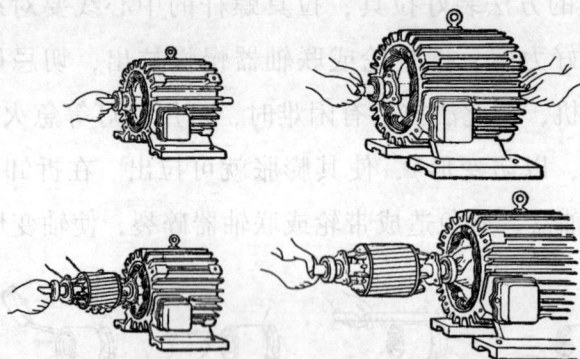

图5-6 较小电动机转子的拆卸

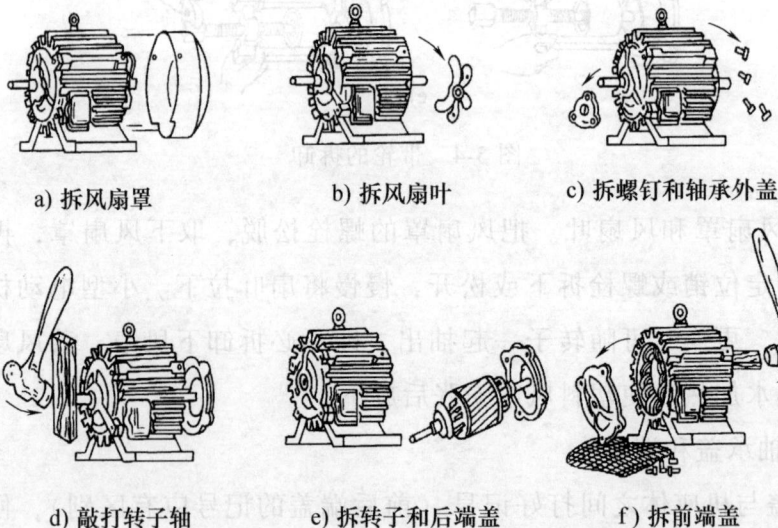

a）拆风扇罩   b）拆风扇叶   c）拆螺钉和轴承外盖

d）敲打转子轴   e）拆转子和后端盖   f）拆前端盖

图5-7 配合较紧的小型异步电动机的拆卸步骤

7）轴承的拆卸。电动机解体后，对轴承应认真检查：了解其型号、结构特点、类型、内外尺寸及轴承的好坏。如果轴承磨损过度，或有裂纹、变形、缺损，或内、外环配合松动等，必须对轴承拆卸更换。由于轴承在拆卸时轴颈、轴承内环配合度会受到不同程度的影响，因此，一般情况下不随意拆卸轴承，只有在轴承须更换时才拆卸。轴承的拆卸主要有以下几种方法。

① 用拉具拆卸。根据轴承的大小，选择适当的拉具，按图 5-8 所示的方法夹住轴承，拉具的脚爪应紧扣在轴承内圈上，拉具的丝杠顶点要对准转子轴的中心孔，缓慢匀速地旋动丝杠。

② 搁在圆桶上拆卸。如图 5-9 所示，用两块铁板夹住，搁在一只内径略大于转子的圆桶上面，在轴的端面上垫上铜块，用锤子轻轻敲打，着力点对准轴的中心。圆桶内放一些棉纱头，以防轴承脱下时转子摔坏。当轴承逐渐松动时，用力要减弱。

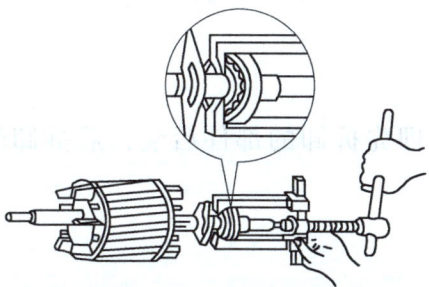

图 5-8　用拉具拆卸电动机的轴承　　　　图 5-9　轴承搁在圆桶上拆卸

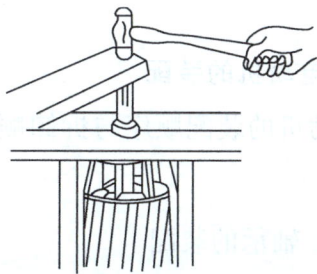

③ 加热拆卸。因轴承装配过紧或轴承氧化锈蚀不易拆卸时，可将 100℃ 的机油淋浇在轴承内圈上，趁热用上述方法拆卸。为了防止热量过快扩散，可先将轴承用布包好再拆。

④ 轴承在端盖内的拆卸。拆卸电动机时，有时会遇到轴承留在端盖的轴承室内的情况，可采用如图 5-10 所示的方法拆卸，把端盖止口面朝上，平滑地搁在两块铁板上，垫上一段直径小于轴承外径的金属棒，用锤子沿轴承外圈敲打金属棒，将轴承敲出。

8）轴承的清洗与检查。

① 轴承的清洗。将轴承放入煤油桶内浸泡 5～10min。待轴承上润滑脂落入煤油中，再将轴承放入另一桶比较洁净的煤油中，用细软毛刷将轴承边转边洗，最后在汽油中洗一次，用布擦干即可。

② 轴承的检查。检查轴承有无裂纹、滚道内有无生锈等。再用手转动轴承外圈，观察其转动是否灵活、均匀，是否有卡位或过松的现象。小型轴承可用左手

的拇指和食指捏住轴承内圈并摆平，用另一只手轻轻地用力推动外钢圈旋转，如图 5-11 所示。如轴承良好，外钢圈应转动平稳，并逐渐减速至停，转动中没有振动和明显的停滞现象，停止转动后的钢圈没有倒退现象。如果轴承有缺陷，转动时会有杂音和振动，停止时像紧急制动一样突然，严重的还会倒退反转。这样的轴承应更换。

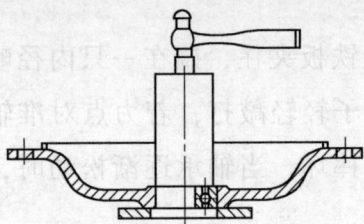

图 5-10　轴承在端盖内的拆卸

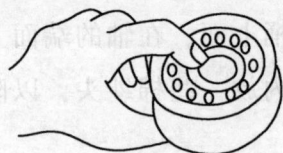

图 5-11　轴承的检查方法

3. 电动机的装配

电动机的装配顺序与拆卸顺序是相反的，即先拆卸的部件后装，后拆卸的部件先装。

（1）轴承的装配

1）敲打法。在干净的轴颈上抹一层薄薄的机油。把轴承套上，按如图 5-12a 所示方法用一根内径略大于轴颈直径、外径略大于轴承内径的铁管，将铁管的一端顶在轴承的内圈上，用锤子敲打铁管的另一端，将轴承敲进去。最好是用压床压入。

2）热装法。如配合较紧，为了避免把轴承内环胀裂或损伤配合面，可采用此法。将轴承放在油锅（或油槽）里加热，油的温度保持在 80～100℃，轴承必须浸没在油中，又不能与锅底接触，可用铁丝将轴承吊起架空，如图 5-12b 所示。

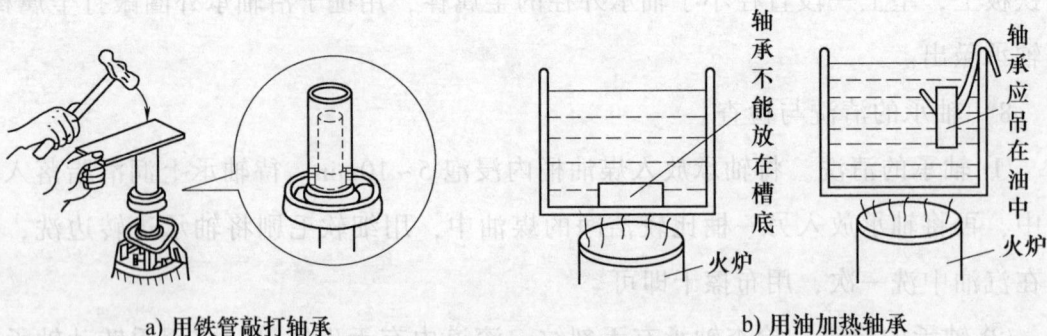

a) 用铁管敲打轴承　　　b) 用油加热轴承

图 5-12　轴承的装配

加热要均匀，浸 30~40min 后，把轴承取出，趁热迅速将轴承一直推到轴颈。

3）装润滑脂。在轴承内外圈里和轴承盖里装的润滑脂应洁净，塞装要均匀，一般 2 极电动机装满 1/3~1/2 的空间容积；4 极及其以上的电动机装满轴承的 2/3 空间容积。轴承外盖的润滑脂一般为盖内容积的 1/3~1/2。

（2）转子的安装　安装时转子要对准定子的中心，小心往里送放，端盖要对准机座标记，旋上后盖的螺栓，但不要拧紧。对于有轴承内盖的电动机可先装配好后轴承内盖之后，再装转子。

（3）端盖的安装

1）清除端盖口和机座口的脏物。将端盖洗净、吹干。

2）将前端盖对准机座标记，用木槌轻轻敲击端盖四周。套上螺栓，按对角线把螺栓拧紧，切不可有松有紧，以免损坏端盖。

（4）装前轴承内外盖　因轴承内盖在端盖内，端盖装上后，就无法看到轴承内盖的螺孔，轴承内外盖的固定就较难了。装配方法：在装前端盖之前，先用较细的铜导线（或细钢丝）通过轴承内盖的两个螺孔穿入到端盖对应的孔中，拉紧细铜导线，则内、外端盖的三个螺孔就能较好地对准。在未穿铜导线的螺孔中拧上螺栓，抽出细铜导线，旋上另两个螺栓。

（5）安装风扇叶、风罩　安装风扇叶要轻轻敲打到位，风扇的定位螺钉要拧到位，且不松动。

（6）带轮或联轴器的安装

1）将抛光布卷在圆木上，把带轮或联轴器的轴孔打磨光滑。

2）用抛光布把转轴的表面打磨光滑。

3）对准键槽把带轮或联轴器套在转轴上。

4）调整好带轮或联轴器与键槽的位置后，将木板垫在键的一端，轻轻敲打，使键慢慢进入槽内。

（7）装配后的检验　检查电动机的转子转动是否轻便灵活、均匀，无停滞或偏重现象，如转子转动比较沉重，可用紫铜棒轻敲端盖，同时调整端盖紧固螺栓的松紧程度，使之转动灵活。

4. 电动机拆装注意事项

1）拆卸带轮或轴承时，要正确使用拉具。

2）电动机解体前，要打好记号，以便组装。

3）端盖螺钉的松动与紧固必须按对角线上下左右依次旋动。

4）不能用锤子直接敲打电动机的任何部位，只能用紫铜棒在垫好木块后再敲击。

5）抽出转子或安装转子时动作要小心，一边送一边接，不可擦伤定子绕组。

6）清洗轴承时，一定要将陈旧的润滑脂排出洗净，再适量加入牌号合适的新润滑脂。

7）电动机装配后，要检查转子转动是否灵活，有无卡阻现象。

四、相关知识

1. 三相笼型异步电动机的工作原理

图 5-13 所示为异步电动机旋转示意图，在一个可旋转的马蹄形磁铁中间，放置一只可以自由转动的笼型短路线圈。当转动马蹄形磁铁时，笼型转子就会跟着一起旋转。这是因为当磁铁转动时，其磁感线切割笼型转子的导体，在导体中产生感应电动势并产生电流，方向如图 5-14 中所示。该电流又和旋转磁场相互作用，产生转动力矩，驱动笼型转子随着磁场的转向而旋转起来，这就是三相笼型异步电动机的简单旋转原理。

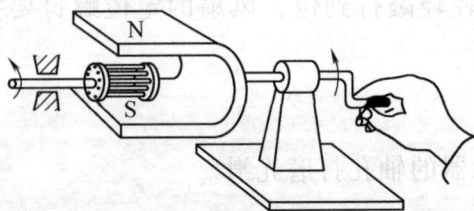

图 5-13　笼型异步电动机旋转示意图

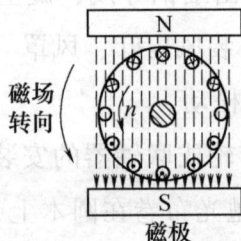

图 5-14　笼型异步电动机原理图

实际使用中的异步电动机其旋转磁场不是靠转动永久磁铁来产生，它是通入三相交流电产生旋转磁场的。下面来分析三相交流电产生旋转磁场的原理。

在图 5-15 所示的定子槽中放置三相对称的绕组 U1U2、V1V2、W1W2，它们在空间两相相隔的电角度为 120°，三相绕组接成星形联结。现向定子的三相绕组中分别通

图 5-15　定子三相绕组结构示意图

入三相交流电 i_U、i_V、i_W，各相电流将在定子绕组中分别产生相应的磁场，如图 5-16 所示。对该图分析如下，我们假定电流为负时从绕组末端流入，电流为正时

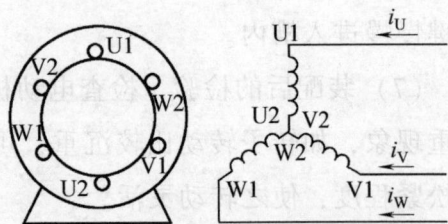

电流从绕组首端流入。

（1）在 $\omega t = 0$ 的瞬时， $i_U = 0$，故 U1U2 绕组中无电流； i_V 为负，则电流从绕组末端 V2 流入，从首端 V1 流出； i_W 为正，则电流从绕组首端 W1 流入，从末端 W2 流出。三相绕组中电流产生的合成磁场如图 5-16b 中（1）所示。

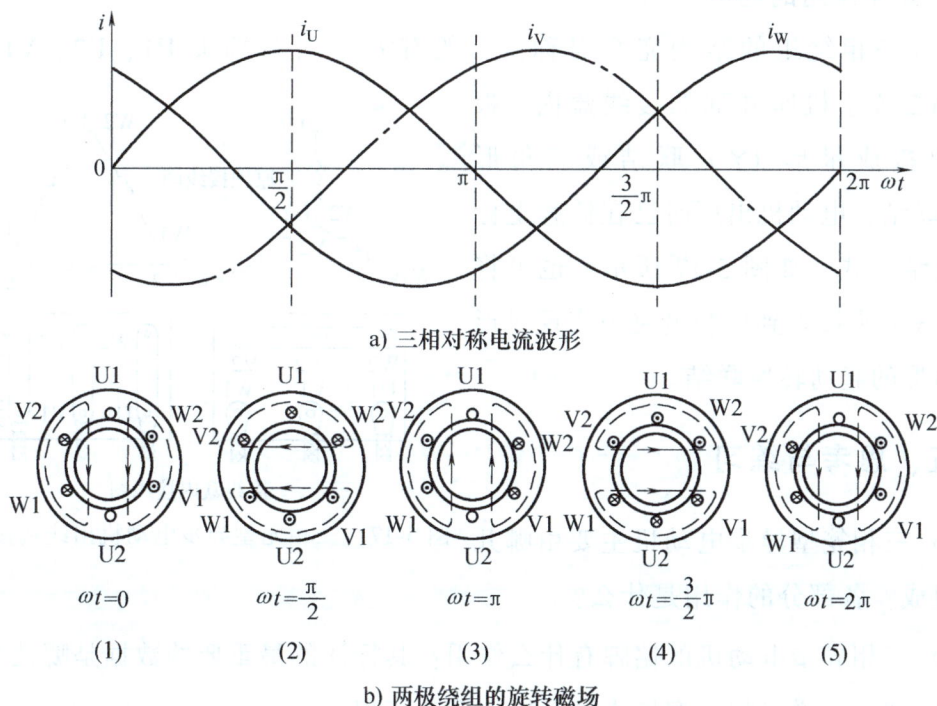

a) 三相对称电流波形

b) 两极绕组的旋转磁场

图 5-16　两极定子绕组产生的旋转磁场

（2）在 $\omega t = \pi/2$ 的瞬时， i_U 为正，电流从首端 U1 流入，从末端 U2 流出； i_V 为负，电流仍从末端 V2 流入，从首端 V1 流出； i_W 为负，电流从末端 W2 流入，从首端 W1 流出。绕组中电流产生的合成磁场如图 5-16b 中（2）所示，可见合成磁场顺时针转过了 90°。

（3）在 $\omega t = \pi$、$3\pi/2$、2π 的瞬时，三相交流电在三相定子绕组中产生的合成磁场，分别如图 5-16b 中（3）、（4）、（5）所示，从图中可以看出：合成磁场的方向按顺时针方向旋转，并旋转了一周。

由此可见：在三相异步电动机定子上布置结构完全相同，在空间上各相差 120°电角度的三相对称定子绕组，当向三相定子绕组通入三相交流电时，则在定子、转子与空气隙中产生一个沿定子内圆旋转的磁场，该磁场使笼型转子随旋转磁场一起转动起来，对外输出机械转矩。在转动中转子的转速总是小于旋转磁场的转速，故称为异步电动机。

我们通过进一步分析可得知：只要任意调换电动机绕组所接的三相交流电源线，改变它的接线相序就可改变其旋转磁场的转向使电动机反转。也就是说要改变电动机的转向，只要调换电动机的任意两根电源线即可。

2. 定子绕组的连接

定子三相绕组的结构完全对称，一般有 6 个出线端头 U1、U2、V1、V2、W1、W2 置于机座外部的接线盒内，根据需要接成星形（Y）联结或三角形（△）联结，电动机出厂时已在铭牌上标注了联结方式。如图 5-17 所示，也可将 6 个出线端头接入到控制电路中实现星形与三角形的起动转换联结。

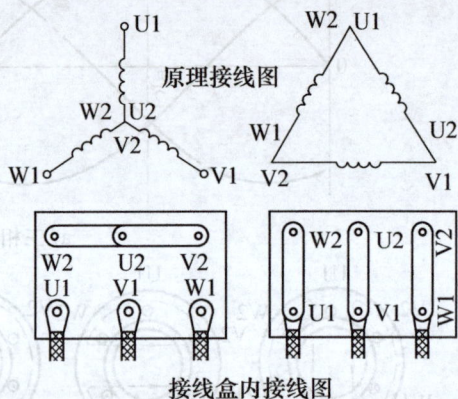

图 5-17　三相笼型异步电动机出线端接线图

五、思考与练习

1）三相笼型异步电动机主要由哪几部分组成？各部分的作用是什么？

2）三相异步电动机的铭牌有什么作用？其标注的最重要的数据是哪几个？

3）请说一说三相笼型异步电动机的拆装流程。

4）简单地说一说三相笼型异步电动机的工作原理。

5）请说一说轴承换装润滑脂的要求。

项目 2　单相异步电动机

一、学习目标

掌握单相异步电动机的结构、拆装和常见的调速方法，能进行简单的故障排除。

了解单相异步电动机的工作原理和反转控制方法。

二、主要设备、材料及工具

单相异步电动机一台，其他材料、工具与本单元项目 1 类似。

三、相关知识

1. 单相异步电动机的结构与工作特点

单相异步电动机的结构、原理和三相异步电动机大体相似，即它主要由笼型转子、定子（其铁心槽内嵌放单相绕组）及机座、附件等组成，如图 5-18 所示。

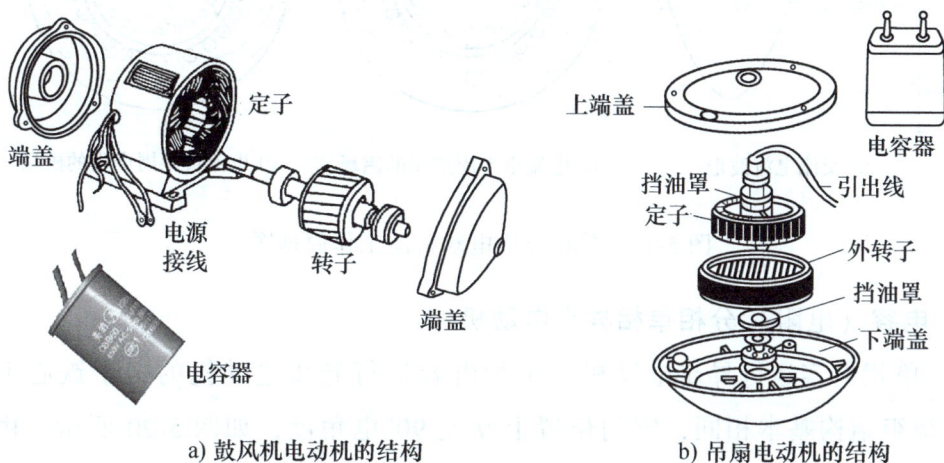

a) 鼓风机电动机的结构　　　　b) 吊扇电动机的结构

图 5-18　单相异步电动机的结构

下面分析在单相定子绕组中通入单相交流电后产生磁场的情况。

如图 5-19 所示，假设在单相交流电的正半周时，电流从单相定子绕组的左半侧流入，从右半侧流出，电流产生的磁场如图 5-19b 所示，该磁场的大小随电流的大小而变化，方向向下，保持不变。当电流过零时，磁场也为零。当电流变进入负半周时，产生的磁场方向也随之发生变化，方向向上，如图 5-19c 所示。由此可见，单相异步电动机定子绕组通入单相交流电后，产生的磁场大小随电流的大小而变化，方向在交流电的一个周期内只变化一次，这种磁场是脉动磁场而不是旋转磁场。单相异步电动机的转子在脉动磁场作用下因与磁场之间没有相对运动不产生感应电动势和电流，则没有起动转矩，不能自行起动。如果用外力去拨动一下电动机的转子，则转子导体就切割定子脉动磁场，从而产生感应电动势和电流，并将在磁场中受到力的作用，与三相异步电动机转动原理一样，转子将顺着拨动的方向转动起来。在实际使用中，必须解决电动机的起动问题。为了获得单相电动机的起动转矩，通常在单相电动机定子上安装两套绕组，两套绕组在空间位置上相差 90°电角度。一套是工作绕组（或称为主绕组），长期接通电源工作；另一套是起动绕组（或称为副绕组），以产生起动转矩和固定电动机的转向，根据起动方式的不同，单相异步电动机一般可分为电容分相（包括电容运行、电容起动）、电阻分相和罩极式等。

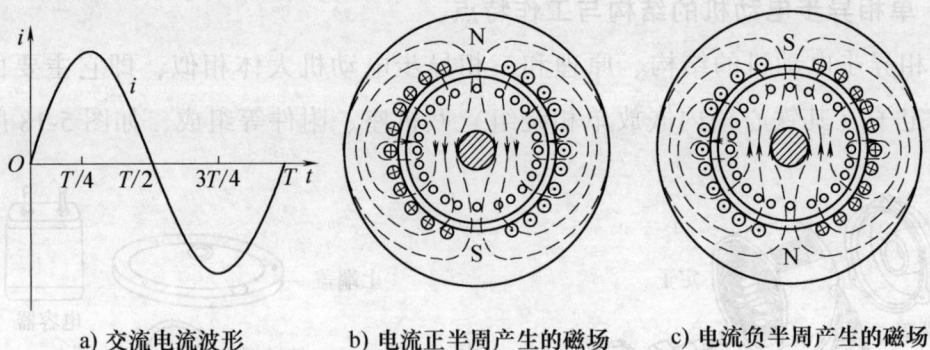

a) 交流电流波形　　　b) 电流正半周产生的磁场　　　c) 电流负半周产生的磁场

图 5-19　单相异步电动机的工作原理图

2. 电容（电阻）分相单相异步电动机

1）单相电容运行异步电动机。单相电容运行异步电动机的定子铁心上嵌放的两套绕组结构基本相同，空间位置上互差 90° 电角度，如图 5-20 所示。由于电感性电路中电流滞后电压一定的相位角（电角度），而电容性电路中电流超前电压一定的相位角，我们在起动绕组 Z1Z2 中串入容量适当的电容器 C 进行裂相，使工作绕组 U1U2 中的电流 i_U 与起动绕组中的电流 i_Z 在时间上相差约 90° 电角度。这样就可将单相交流电裂相成互成 90° 的两相交流电。与分析三相交流电产生旋转磁场的方法一样，画出对应于不同瞬间定子绕组中电流所产生的磁场，如图 5-21 所示。由图中分析可知：合成磁场按顺时针方向旋转，并旋转了一周，即向在空间位置互差 90° 电角度的两相绕组通入时间上互差 90° 电角度的两相交流电，则在定子与转子之间产生旋转磁场。单相异步电动机的笼型结构转子在该旋

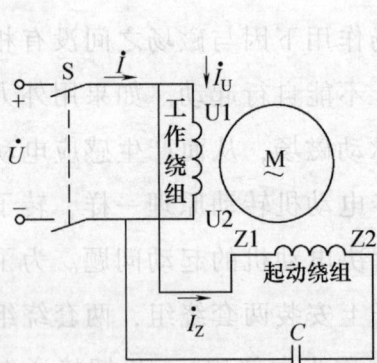

图 5-20　电容分相单相电动机的电路图

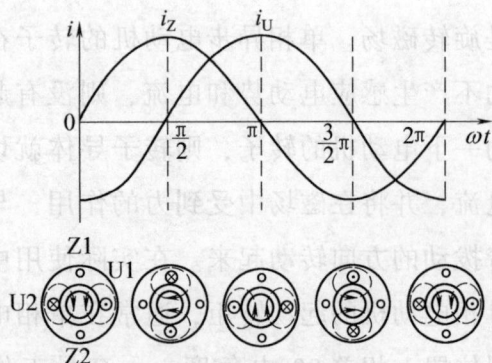

图 5-21　两相旋转磁场的产生

转磁场的作用下，获得起动转矩而旋转。若起动绕组参与运行，则称为电容运行单相异步电动机。

电容运行单相电动机常应用于吊扇、台扇、电冰箱、洗衣机、空调器、通风机、复印机、电子仪表仪器及医疗器械等各空载或轻载起动的机械上。图 5-18b 就是电容运行吊扇电动机的结构图。

2）电容起动单相电动机。单相电动机虽没有起动转矩不能自行起动，但一旦电动机转动起来后，在脉动磁场的作用下，电动机能继续运转。因此，当电动机转动起来以后，可以将起动绕组 Z1Z2 从电源上切除，即起动绕组只完成起动作用，该类电动机称为电容起动单相电动机。起动绕组的切除方法是在电路中串联离心开关 S 来实现，图 5-22 所示是电容起动单相电动机原理接线图，图 5-23 所示是外置离心开关的结构示意图。外置离心开关由离心开关座（旋转部分）和离心开关片（静止部分）组成，离心开关座安装于电动机转轴

图 5-22　电容起动单相电动机电路图

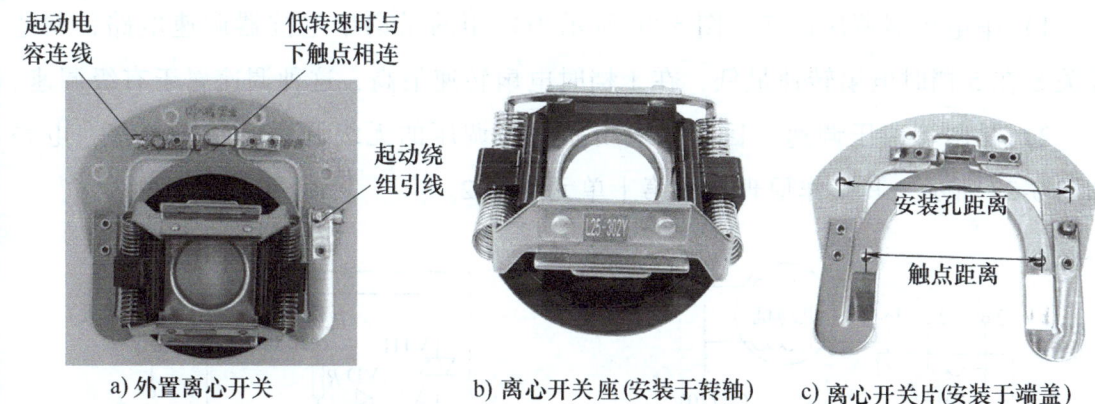

上，与电动机一起旋转，而离心开关片安装在端盖上，电动机静止或转速较低时，开关 S 是闭合的，电动机通电起动后，当转速达到一定数值（一般为额定转速的 80%左右）时，由于离心作用，离心开关座使铜触片弹起来，将起动绕组从电源上切除，电动机起动结束，投入正常运行。切除起动绕组也有采用电磁起动继电器和 PTC 元件来完成的，如电冰箱压缩电动机等。

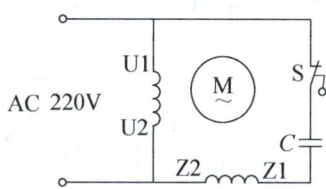

a) 外置离心开关　　b) 离心开关座(安装于转轴)　　c) 离心开关片(安装于端盖)

图 5-23　外置离心开关

电容起动单相电动机与电容运行单相电动机相比较，电容起动单相电动机的起动转矩较大，起动电流也相应增大，因此它广泛应用小型空气压缩机、电冰箱、

磨粉机、医疗机械和水泵等满载起动的机械设备中。

为综合电容运行和电容起动单相电动机各自的优点，近年来又出现了一种电容起动电容运行单相电动机（简称双电容单相电动机），即在起动绕组上接有两个电容器 C_1 和 C_2，如图 5-24 所示，其中电容 C_1 仅在起动时接入，电容 C_2 则在全过程中均接入。这类电动机主要用于要求起动转矩大，功率因数较高的设备上，如水泵、小型动力机车等。

3）单相电阻起动电动机。单相电阻起动电动机的结构、工作原理与单相电容起动电动机相似，其电路如图 5-25 所示。实际使用中许多电动机的起动绕组没有串联电阻 R，而是设法增加导线电阻，从而使起动绕组本身有较大的电阻。

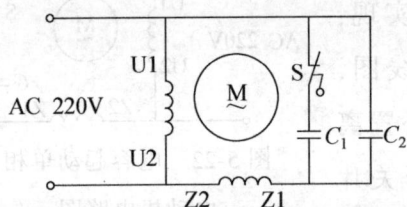

图 5-24　双电容单相电动机电路图　　图 5-25　单相电阻起动电动机电路图

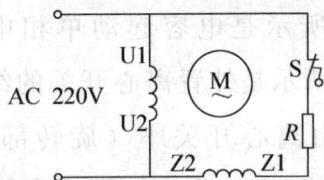

3. 单相异步电动机的调速

对容量较小的通风机类负载，如吊扇、台扇、转页扇等，一般采用电容运行单相异步电动机，其调速方法大多采用改变定子绕组电压来实现。常用的有以下几种。

1）串电抗器调压调速。图 5-26 所示为常用的吊扇串电抗器调速电路，调速开关 S 在 5 档时电扇转速最低，在 1 档时电扇转速最高，这种调速属于有级调速。

2）晶闸管调压调速。目前，采用晶闸管调压的无级调速已越来越多，电路如图 5-27 所示。其工作原理参阅第十单元项目 2。

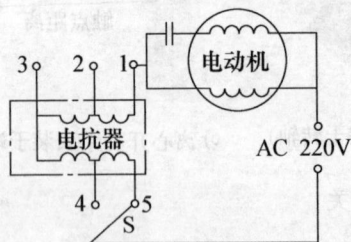

图 5-26　吊扇串电抗器调速电路　　图 5-27　吊扇晶闸管调压调速电路

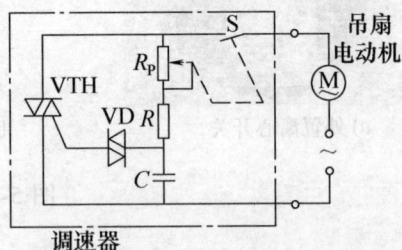

3）电动机绕组内部抽头调速。图 5-28 所示是转页式电风扇（鸿运扇）广泛采用的调速方法。它的定子铁心嵌放有工作绕组 U1U2、起动绕组 Z1Z2 和中间绕组 L1L2，通过转换开关改变中间绕组与其他两套绕组的接法来改变转速。这种电动机的出线头较多，容易接错线。

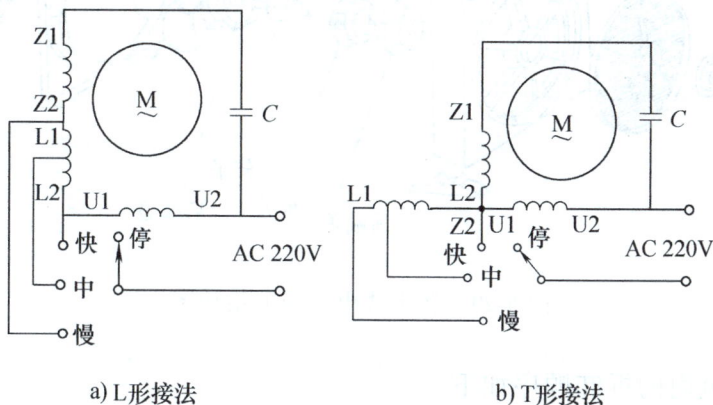

a) L形接法   b) T形接法

图 5-28 单相电动机绕组内部抽头调速电路图

4. 单相电动机的反转

单相异步电动机的转向与旋转磁场的转向相同，因此，要使单相异步电动机反转就必须改变其旋转磁场的转向。只要任意改变起动绕组（或主绕组）首端及末端与电源的接线，即可改变旋转磁场的转向，从而实现电动机的反转。具体方法参阅阅读材料四。

四、项目实施与工艺要求

（1）拆装转页式电风扇 单相异步电动机的拆装一般比较简单，通常不需要专用工具，在拆卸前要先仔细观察被拆电动机的外部结构，以确定拆卸的顺序。图 5-29 所示是转页式电风扇的结构图。它由一台风扇电动机（主电动机）和一台转页电动机构成。风的方向由转页电动机拖动转页轮进行自动控制（也有转页不用电动机拖动而利用风力推动的自动转动结构），其中主电动机为电容运行单相异步电动机，转页电动机则为只有一组定子绕组的单相异步电动机，本身没有起动转矩，它必须在主电动机转动后依靠风力吹动转页轮时产生的起动外力，使转页电动机起动旋转。由于该起动外力的方向是不确定的，所以转页轮的旋转方向也不确定，但这并不影响其功能。如需将风的方向固定不动，则只需断开转页电动机的电源开关即可。

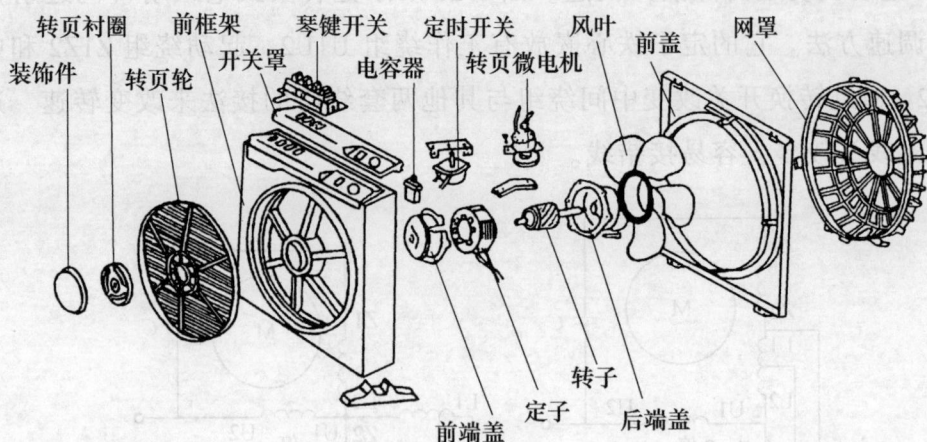

图 5-29　转页式电风扇的结构图

转页式电风扇的拆卸顺序如下。

1）外围部件的拆卸。拆卸后端的风扇网罩→风扇叶→拧去装饰件，取下转页→拧去风扇前盖与前框架之间的固定螺钉，取下后盖→取下风扇电动机。此风扇电动机与排风扇、电容运行台风扇的单相异步电动机结构相似，均为内转子式结构。

2）内转子式单相异步电动机的拆卸。拆卸前后端盖→取出转子→取出前端盖中的定子铁心（及定子绕组）。

3）轴承的拆装。吊风扇为外转子式单相异步电动机，其轴承一般为滚动轴承，拆装方法与三相异步电动机的轴承拆装方法相同。台风扇等内转子式单相异步电动机的轴承一般为圆柱形滑动轴承，一般注入润滑油如变压器油等进行维护。

（2）在教师的指导下进行单相电动机的反转试验

（3）在教师的指导下对单相电动机进行调速试验

五、思考与练习

1）单相电动机为什么要加电容才能转动起来？电容运行单相异步电动如果电容容量变小会有什么现象？

2）电容分相单相异步电动机如果去掉电容，你怎样使它转动起来呢？

3）说一说你见到的单相异步电动机的调速方法有哪几种，它们分别用在什么情况下。

项目 3　电动机的一般检测

一、学习目标

熟练掌握电动机的一般检测项目和电工仪表的综合应用。

二、主要设备及工具材料

三相笼型异步电动机、万用表、绝缘电阻表、钳形电流表、转速表 0~1800r/min、0~300V 的交流电压表。

三、项目实施与工艺要求

对长期未使用的电动机或检修后的电动机在正式投入使用前应进行必要的检查和试验，合格后才能投入使用，以免发生不必要的事故。检查和试验的内容主要有：外表及机械部分的检查；定子绕组直流电阻的测量；定子绕组相间及对地绝缘电阻的测量；空载电流的测量。有条件时也可测量一下电动机的最大起动电流及空载转速。

1. 机械部分的检查

将电动机的外壳清扫干净，看电动机的端盖、轴承盖、风扇等安装是否合乎要求，紧固部分是否牢固可靠，转动部分应轻便灵活，转动时应没有摩擦声和异常声响。

2. 直流电阻测量

将三相定子绕组出线端的连接点拆开，用万用表电阻档测量定子三相绕组的通断情况，以判断三相定子绕组有无断路现象。如三相绕组正常，则测出的电阻值应基本一致，有条件时可以按万用表测得的电阻为参考，用单臂电桥精确测量三相定子绕组的直流电阻值，记录于表 5-1 中。

表 5-1　三相异步电动机定子绕组直流电阻值

三相定子绕组相别	U 相	V 相	W 相
直流电阻 R/Ω			

对于单相电动机可以根据其绕组的结构形式，用万用表电阻档测量工作绕组

U1U2、起动绕组 Z1Z2 及内部绕组有抽头的电动机中间绕组 L1L2，记录于表 5-2 中并初步判断是否有相间短路。

表 5-2 单相异步电动机定子绕组直流电阻值

单相定子绕组组别	U1U2 绕组	Z1Z2 绕组	U1Z1 绕组
直流电阻 R/Ω			

3. 用绝缘电阻表测量定子绕组的对地绝缘电阻和相间绝缘电阻值

将三相定子绕组出线端的连接点拆开，测出相间绝缘电阻和各相绕组对地绝缘电阻。将测量值分别记录于表 5-3 中。如果测出的绝缘电阻在 0.5MΩ 及以上，说明该电动机绝缘尚好，可继续使用；如果在 0.5MΩ 以下，说明该电动机绕组已受潮，或绕组绝缘很差，需进行烘干处理，或需重新进行浸漆处理；如果测得相间绝缘电阻为零，说明相间绝缘被击穿，有短路现象，须找到故障点进行恢复处理，如果测得对地绝缘电阻为零，说明电动机绕组接地，必须进行修理，排除故障才能使用。

单相电动机的公共接点大多数在绕组内部完成，测相间绝缘电阻时须在定子绕组内打开公共接点。测量完成后再恢复。

表 5-3 三/单相定子绕组的绝缘电阻值

相间绝缘电阻/MΩ				对地绝缘电阻/MΩ				
三相			单相	三相			单相	
UV 相	UW 相	VW 相	UZ 相	U 相对地	V 相对地	W 相对地	U 相对地	Z 相对地

4. 空载电流的测量

在经过上述几项检测合格后，则可确定电动机三相绕组基本正常，此时可按照铭牌的标注恢复三相绕组出线端的接线（Y联结或△联结），检查、恢复电动机外壳上安装的接地线，准备通电试验测试电动机的空载电流。通电时，操作人员应站在电源控制开关旁，发现异常，立即切断电源。通电一段时间观察电动机运转情况：如转速是否正常，是否有不正常的声音或振动较大，是否有异味等。如果电动机运转正常，则可用钳形电流表分别测量三相的空载电流，并记录于表 5-4 中。三相空载电流值的三相不平衡度不应超过±10%。

表 5-4 电动机三相空载电流值

U 相/A	V 相/A	W 相/A	三相平均值/A

5. 起动电流的测量

将钳形电流表（必须是指针式表）量程置于较大的档位（电动机额定电流的7~10倍），电动机静止时，用钳口卡住一根电源线，通电使电动机起动，观察电动机起动瞬间的起动电流。测量两次取平均值。

三相异步电动机起动电流 I_{st} = _____ A。

6. 空载转速的测量

在使用转速表进行转速测量时应注意，手要将转速表拿平，与电动机转轴接触时不能用力过猛，否则有可能损坏转速表。在测量前还应根据电动机铭牌上标出的转速，将转速表刻度盘转到相应的测量范围内。待电动机转动正常后，用转速表测量电动机的空载转速。

三相异步电动机空载转速 n_0 = _____ r/min。

7. 检测电动机的温升

让电动机空转运行半个小时后，检测机壳和轴承处的温度，空转时一般只有温热感，不会烫手，否则有问题，应停下来进行检查处理。

四、思考与练习

1）测转速时，转速表与电动机转轴的接触松紧与转速表读数有无关系？若有，是什么关系？

2）在本次的电动机检测中，出现了哪些异常情况？试分析其产生的原因并给出解决的方法。

　　掌握常用的低压电器结构、功能、选用和电动机控制电路的安装，能进行一般的故障分析与排除。

项目1　低压开关的认识与选用

一、学习目标

掌握开启式负荷开关、组合开关（KO3 型倒顺开关）、低压断路器的型号含义、选用及安装使用方法。

二、主要材料及工具

主要使用的材料及工具见表 6-1。

表 6-1　主要材料及工具

名称	设备、材料参数	名称	设备、材料参数
负荷开关	HK1-15、HK1-30	低压断路器	DZ5-20 型
组合开关	KO3 型、HZ10-10/3 型	导线	硬导线 BVR1×1.78mm^2

三、项目实施及工艺要求

低压开关主要作隔离、转换及接通和分断电路用，多数用作机床电路的电源开关和局部照明电路的控制开关，有时也可用来直接控制小功率电动机的起动、停止和正、反转。低压开关一般为非自动切换电器，常用的主要类型有刀开关、组合开关和低压断路器。

1. 刀开关

（1）刀开关的安装

1）用万用表检查刀开关在接通和断开时的电阻值。

2）将开启式负荷开关垂直安装在控制屏或开关板上，注意合闸状态时手柄应朝上。

3）接线时，电源进线应接在静触头进线座（上端座），负载接在动触头的出线座（下端座），开关断开后，保证闸刀和熔体上都不会带电，有利于安全维修，现已形成统一习惯。

4）熔体应按照顺时针方向拧紧并应注意力度。

（2）使用注意事项

1）刀开关不允许倒装或平装，以防发生误合闸事故。

2）开启式负荷开关用作电动机的控制开关时，应将开关的熔体部分用铜导线直连，并在出线端另外加装熔断器进行短路保护。

3）更换熔体时，必须在闸刀断开的情况下按原规格更换。

4）在分闸和合闸操作时，必须装上胶盖且动作应迅速，使电弧尽快熄灭。

5）开启式负荷开关用于控制照明和电热负载时，要装接熔断器进行短路和过载保护。

2. 组合开关

（1）组合开关的安装

1）用万用表检查组合开关每相触头在接通和断开时的阻值，以判别开关质量的好坏。

2）HZ10 系列组合开关应安装在控制箱（或壳体）内，其操作手柄最好在控制箱的前面或侧面。

3）练习 KO3 型倒顺开关接线方法。

（2）使用注意事项

1）组合开关为断开状态时应使手柄在水平旋转位置。

2）若需在箱内操作，开关最好装在箱内右上方，并且在它的上方不安装其他电器，否则应采取隔离或绝缘措施。

3）组合开关的通断能力较低，不能用来分断故障电流。用于控制异步电动机的正反转时，必须在电动机完全停止转动后才能反向起动，且每小时的接通次数不能超过 15~20 次。

4）当操作频率过高或负载功率因数较低时，应降低开关的容量使用，以延长使用寿命。

5）倒顺开关接线时，应将开关两侧进出线中的一相互换，并看清开关接线端标记，切忌接错，以免产生电源两相短路故障。

6）组合开关外壳上的接地螺钉应可靠接地。

3. 低压断路器

（1）低压断路器的安装

1）检查低压断路器接通与断开时的阻值，判断质量好坏，打开低压断路器盖，观察内部结构，实验各保护功能动作情况。

2）低压断路器垂直安装在配电板上，电源线接上端，负载线接下端。调整整定值。

（2）使用注意事项

1）低压断路器用作电源总开关或电动机的控制开关时，在电源进线侧必须加装熔断器等，以形成明显的断开点。

2）低压断路器在使用前应将脱扣器工作面的防锈油脂擦干净；各脱扣器动作值一经调整好，不允许随意变动，以免影响其动作。

3）使用过程中若遇分断短路电流，应及时检查触头系统，若发现电灼烧痕，应及时修理和更换。

4）断路器上的积尘应定期清除，并定期检查各脱扣器动作值，给操作机构添加润滑剂。

四、相关知识

刀开关的种类很多，在电力拖动控制电路中最常用的是由刀开关和熔断器组合而成的负荷开关。负荷开关分为开启式负荷开关和封闭式负荷开关两种。

1. 开启式负荷开关

开启式负荷开关又称为瓷底胶盖刀开关，简称刀开关。生产中常用的是 HK系列开启式负荷开关，适用于照明、电热设备及小功率电动机控制电路中，供手动不频繁地接通和分断电路，并起短路保护作用。

（1）型号及含义

```
HK  □  □
         └── 额定电流
      └────── 设计序号
└─────────── 开启式负荷开关
```

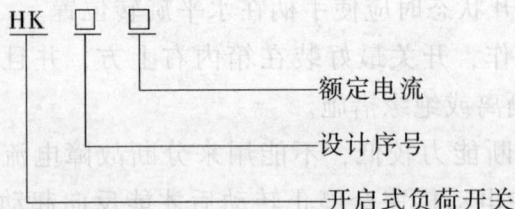

（2）结构　HK系列负荷开关由刀开关和熔断器组合而成，结构如图 6-1a 所

示。开关的瓷底座上装有进线座、静触头、熔体、出线座和带瓷质手柄的刀式动触头，上面盖有胶盖以防止操作时触及带电体或分断时产生的电弧飞出伤人。其图形符号如图 6-1b 所示。

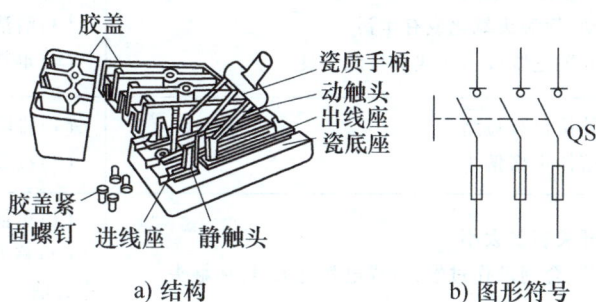

a) 结构　　　　　b) 图形符号

图 6-1　HK 系列开启式负荷开关

（3）选用　开启式负荷开关的结构简单、价格便宜，在一般的照明电路和功率小于 1.5kW 的电动机控制电路中被广泛采用。但这种开关没有专门的灭弧装置，其刀式动触头和静夹座易被电弧灼伤引起接触不良，因此不宜用于操作频繁的电路。具体选用方法如下：

1）用于照明和电热负载时，选用额定电压 220V 或 250V，额定电流不小于电路所有负载额定电流之和的两极开关。

2）用于控制电动机的直接起动和停止时，选用额定电压 380V 或 500V，额定电流不小于电动机额定电流 3 倍的三极开关。

3）常用的开启式负荷开关有 HK1 和 HK2 系列，其主要技术数据见表 6-2。

表 6-2　HK1 系列开启式负荷开关基本技术参数

型号	极数	额定电流值 /A	额定电压值 /V	可控电动机最大容量值/kW		配用熔丝规格 （线径）/mm
				220V	380V	
HK1-15	2	15	220	—	—	1.45~1.59
HK1-30	2	30	220	—	—	2.30~2.52
HK1-15	3	15	380	1.5	2.2	1.45~1.59
HK1-30	3	30	380	3.0	4.0	2.30~2.52

（4）常见故障及处理方法　开启式负荷开关的常见故障及处理方法见表 6-3。

2. 组合开关

组合开关又叫转换开关，它体积小，触头对数多，接线方式灵活，操作方便，

表 6-3　开启式负荷开关常见故障及处理方法

故障现象	可能的原因	处理方法
合闸后开关一相或两相开路	(1)静触头弹性消失,造成动、静触头接触不良 (2)熔丝熔断或虚连 (3)动、静触头氧化或有尘污 (4)开关进线或出线线头接触不良	(1)修整或更换静触头 (2)更换熔丝或紧固 (3)清洁触头 (4)重新连接
合闸后熔丝熔断	(1)外接负载短路 (2)熔体规格偏小	(1)排除负载短路故障 (2)按要求更换熔体
触头烧坏	(1)开关容量太小 (2)拉、合闸动作过慢,造成电弧过大,烧坏触头	(1)更换开关 (2)修整或更换触头,并改善操作方法

常用于交流 380V 以下及直流 220V 以下的电气线路中,供手动不频繁地接通和断开电路、换接电源和负载以及控制 5kW 以下小功率异步电动机的起动、停止和正反转。

(1) 组合开关的型号及含义

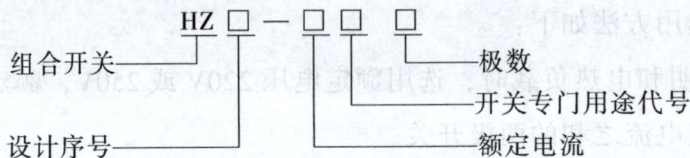

$$HZ□—□□□□$$

组合开关———————————— 极数
　　　　　　　　　　　—————— 开关专门用途代号
设计序号———————————— 额定电流

(2) 组合开关的结构　HZ 系列组合开关在生产中应用较广泛。图 6-2a、b 所示是 HZ10-10/3 型组合开关的外形与结构,它的三对静触头与电源及用电设备相接。动触头由磷铜片(或硬纯铜片)和灭弧性能良好的绝缘钢纸板铆合而成,并和绝缘垫板一起套在附有手柄的方形绝缘转轴上。手柄带动转轴能在平行于安装面的平面内沿顺时针或逆时针方向每次转动 90°,带动三个动触头分别与三对静触头接触或分离以接通或分断电路。由于操作机构采用了储能的扭簧,使触头快速闭合或分断,

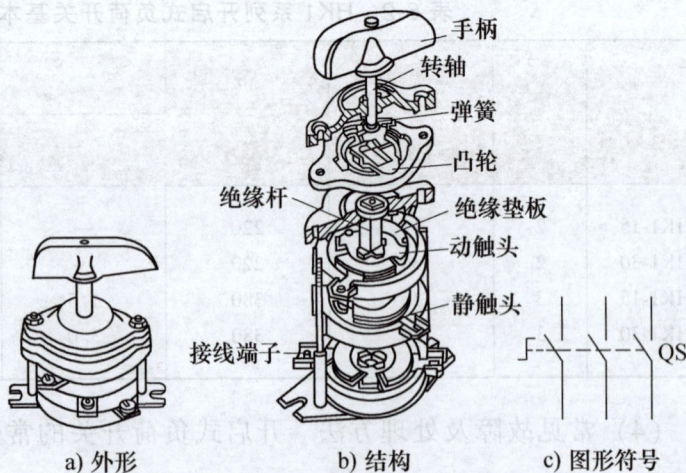

a) 外形　　b) 结构　　c) 图形符号

图 6-2　组合开关在电路图中的符号

6 CHAPTER

提高了开关的通断能力。其图形符号如图 6-2c 所示。

组合开关中有一类是专为控制小功率三相异步电动机的正反转而设计生产的，俗称倒顺开关或可逆转换开关，如 KO3 系列倒顺开关，其结构、电路符号如图 6-3 所示。该类型倒顺开关由触头系统和定位机构组成，外壳采用薄钢板防护形式。触头为双断点形式，操作手柄时，中间转轴使触头迅速分断或闭合，并定位在操作位置上。开关的两边各装有三对触头，一边标有符号 L1、L2 和 L3，另一边标有符号 U、V 和 W。开关的手柄可置于"倒""停""顺"三个位置，手柄只能从"停"位置左转 45° 或右转 45°。图 6-3c 为电路符号，当手柄位于"停"位置（Ⅰ位）时，触头系统处于分断状态；手柄位于"顺"位置（Ⅱ位）时，电路接通 L1—U、L2—V 和 L3—W，电动机正转；当手柄处于"倒"位置（Ⅲ位）时，电路接通 L1—V、L2—U 和 L3—W，电动机反转。

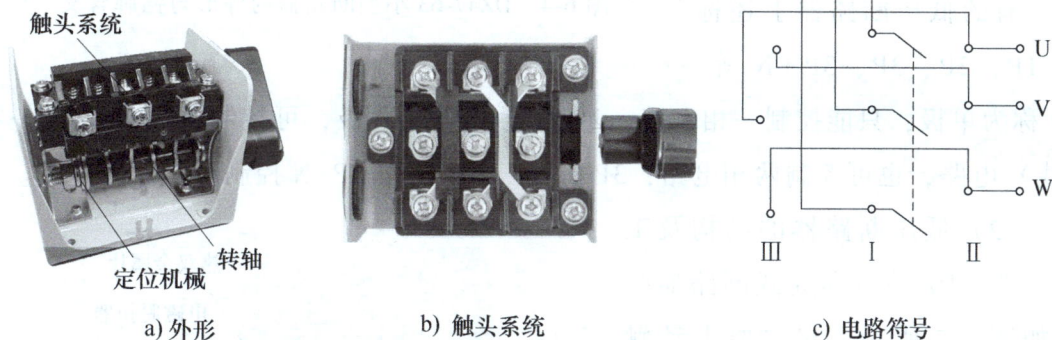

a) 外形　　　　　b) 触头系统　　　　　c) 电路符号

图 6-3　KO3 型倒顺开关

（3）组合开关的选用　组合开关应根据电源种类、电压等级、所需触头数、接线方式和负载容量进行选用。用于直接控制异步电动机的起动和正、反转时，开关的额定电流一般取电动机额定电流的 1.5~2.5 倍。

3. 低压断路器

低压断路器俗称自动空气开关或自动空气断路器，可简称为断路器，是低压配电网络和电力拖动系统中常用的一种配电电器，在正常情况下可用于不频繁地接通和断开电路。当电路中发生短路、过载和失电压等故障时，能自动切断故障电路，保护线路和电气设备。

低压断路器按结构形式可分为塑壳式（又称装置式）、框架式（又称万能式)、限流式、直流快速式、灭磁式和漏电保护式 6 类。

在电力拖动控制系统中常用的低压断路器是塑壳式断路器,塑料外壳低压断路器的结构紧凑,体积小,所有零部件都安装在一个绝缘外壳中,使用安全,适于独立安装。

(1) 低压断路器的型号含义 DZ47-63 小型断路器主要用于交流 50Hz(或 60Hz),额定工作电压至 400V,额定电流至 63A,额定短路分断能力不超过 6000A 的保护配电电路中,其外形与铭牌含义如图 6-4 所示。

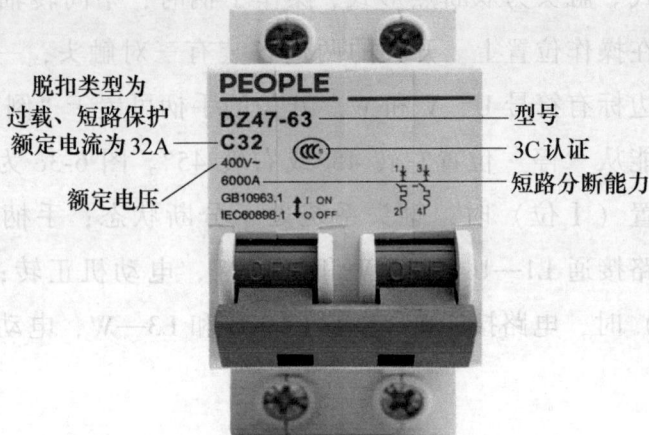

图 6-4 DZ47-63 小型断路器的外形与铭牌含义

有的低压断路器上还标有 1P、2P、3P、3P+N 等。1P 称为单极,只能控制一相电路;2P 称为双极或两极,可控制一相(线)一零(线)电路,也可控制两相电路;3P 控制三相电路;3P+N 控制三相四线电路。

(2) 低压断路器的结构及工作原理 DZ 系列塑壳式断路器结构如图 6-5 所示,它主要由动触头、静触头、灭弧装置、操作手柄与锁定机构、热双金属片、电磁脱扣器及外壳等部分组成。灭弧装置为栅片结构,能较好熄灭主回路接通和分断时大电流产生的电弧。

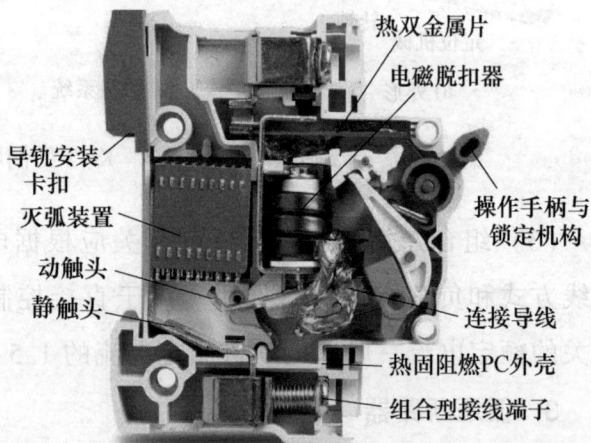

图 6-5 DZ 系列塑壳式断路器结构

图 6-6 所示是断路器的工作原理简图与图形符号。断路器的 3 副主触头串联在被控制的三相电路中,合上开关,在反作用弹簧、锁扣和搭钩的共同作用下,动、静触头闭合,电路接通。

当线路发生过载时,过载电流流过热元件产生一定的热量,使双金属片受热

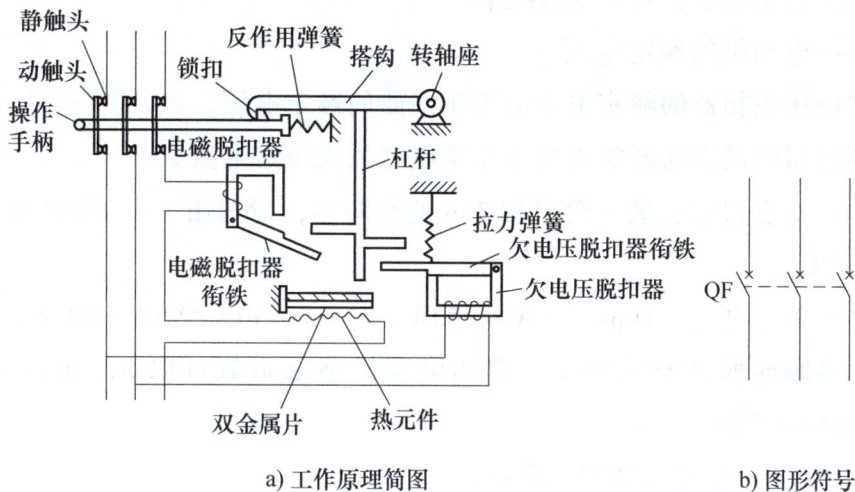

a) 工作原理简图   b) 图形符号

图 6-6　断路器的工作原理简图与图形符号

向上弯曲，通过杠杆推动搭钩与锁扣脱开，在反作用弹簧的推动下，动、静触头分开，切断电路，使用电设备不致因过载而烧毁。

当线路发生短路故障时，短路电流超过电磁脱扣器瞬时脱扣整定电流，电磁脱扣器产生足够大的吸力将衔铁吸合，通过杠杆推动搭钩与锁扣分开，切断电路，实现短路保护。断路器出厂时，电磁脱扣器瞬时脱扣整定电流一般整定为 $10I_N$（I_N 为断路器的额定电流）。

有的断路器还有欠电压保护功能，欠电压脱扣器的动作过程与电磁脱扣器恰好相反。当线路电压正常时，欠电压脱扣器的衔铁被吸合，衔铁与杠杆脱离，断路器的主触头能够闭合；当线路上的电压消失或下降到某一数值，欠电压脱扣器的吸力消失或减小到不足以克服拉力弹簧的拉力时，衔铁在拉力弹簧的作用下撞击杠杆，将搭钩顶开，使触头分断。由此也可看出，具有欠电压脱扣器的断路器在欠电压脱扣器两端无电压或电压过低时，不能接通电路。

（3）低压断路器的一般选用原则

1）低压断路器的额定电压和额定电流应不小于线路的正常工作电压和计算负载电流。

2）热脱扣器的整定电流应等于所控制负载的额定电流。

3）电磁脱扣器的瞬时脱扣整定电流应大于负载正常工作时可能出现的峰值电流。用于控制电动机的断路器，其瞬时脱扣整定电流可按下式选取：

$$I_Z \geqslant KI_N$$

式中，K——整定系数，可取 2.5~3；

　　I_N——电动机的额定电流。

4）欠电压脱扣器的额定电压应等于线路的额定电压。

5）断路器的极限通断能力应不小于电路最大短路电流。

例 5-1 小会议室安装一台单相 3hp 的空调器，请选用一个 DZ47 系列断路器作为保护开关。

解：1）额定电流。$1hp = 735W \approx 750W$，$I_N = 3 \times 750W / 220V = 10.2A$。

2）电器瞬时脱扣整定电流。单相电动机整定系数可取 3，则 $I_Z = 3I_N = 3 \times 10.2A = 30.6A \approx 32A$。

选用 DZ47-63 系列 C32 型断路器。

五、思考与练习

1）如何选用开启式负荷开关？

2）组合开关能否用来断开故障电流？

3）DZ47-63 型低压断路器主要由哪几部分组成？它有哪些保护功能？

4）简述低压断路器的选用原则。

5）如果低压断路器不能合闸，可能的故障原因有哪些？

6）画出负荷开关、组合开关及低压断路器的图形符号，并注明文字符号。

项目 2　按钮的认识与选用

一、学习目标

掌握按钮的结构、类型、符号、功能、选用和故障排除方法。

二、主要材料及工具

主要使用的材料及工量具：按钮 LA10 型、LA18 型、LA19 型，万用表 MF47 型。

三、项目实施及工艺要求

1. 认知与选用

1）认知按钮外形、结构。

2）按照按钮颜色区分选用方法。

2. 按钮的安装

1）用万用表电阻档判别常闭与常开触头，检查按钮质量的好坏。

2）按钮安装在面板上时，应布置整齐、合理，如根据电动机起动的先后顺序，从上到下或从左到右排列。同一机床运动部件有几种不同的工作状态时（如上、下，前、后，松、紧等），应使每一对相反状态的按钮安装在一组。

3）按钮的安装应牢固，安装按钮的金属板或金属按钮盒必须可靠接地。

4）光标按钮一般不用于长期通电显示，以免塑料外壳受热过度变形，使更换灯泡困难。

四、相关知识

按钮是一种外施压力而动作的主令电器，是一种具有储能（弹簧）复位的控制开关。按钮的触头允许通过的电流较小，一般不超过5A，因此一般情况下它不直接控制主电路的通断，而是在控制电路中发出指令或信号去控制接触器、继电器等电器，再由它们去控制主电路的通断、功能转换或电气联锁。

1. 按钮的型号含义

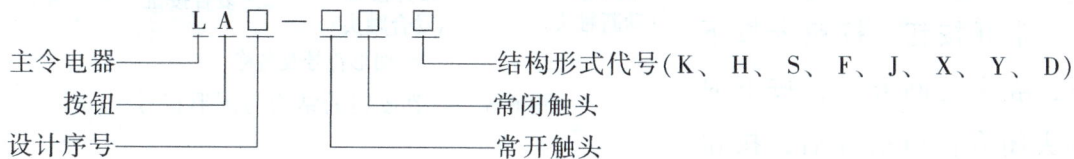

```
            L A □ — □ □ □
主令电器 ─────┘ │     │ │ └──── 结构形式代号（K、H、S、F、J、X、Y、D）
按钮 ──────────┘     │ └────── 常闭触头
设计序号 ────────────┘ └────── 常开触头
```

其中结构形式代号的含义为：K——开启式，适用于嵌装在操作面板上；H——保护式，带保护外壳，可防止内部零件受机械损伤或人偶然触及带电部分；S——防水式，具有密封外壳，可防止雨水侵入；F——防腐式，能防止腐蚀性气体进入；J——紧急式，带有红色大蘑菇钮头（突出在外），作紧急切断电源用；X——旋钮式，用旋钮旋转进行操作，有通和断两个位置；Y——钥匙操作式，用钥匙插入进行操作，可防止误操作或供专人操作；D——光标按钮，按钮内装有信号灯，兼作信号指示。

2. 按钮的外形及结构

常见按钮的外形如图6-7所示。

按钮一般由按钮帽、复位弹簧、桥式动触头、静触头、支柱连杆及外壳等部分组成，图6-8所示为按钮的结构与符号。

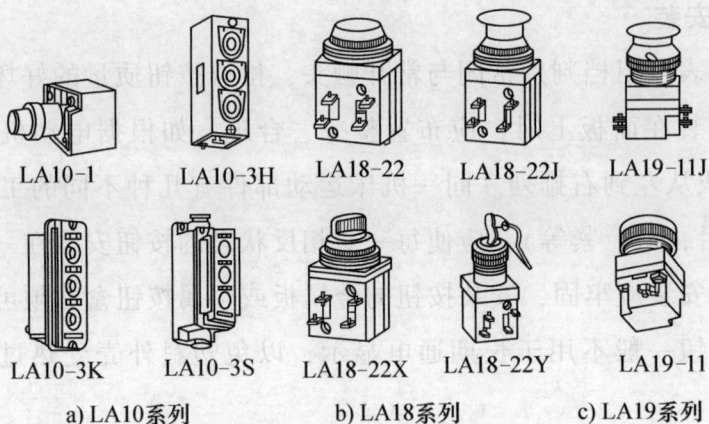

LA10-1   LA10-3H   LA18-22   LA18-22J   LA19-11J

LA10-3K   LA10-3S   LA18-22X   LA18-22Y   LA19-11

a) LA10系列   b) LA18系列   c) LA19系列

图 6-7   常见按钮的外形

据触头静态（不受外力作用）时的分合状态，按钮可分为常开按钮（动合按钮）、常闭按钮（动断按钮）和复合按钮（常开、常闭触头组合为一体的按钮）。

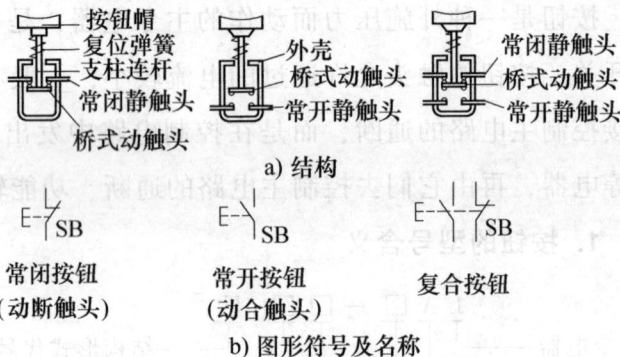

a) 结构

常闭按钮
（动断触头）

常开按钮
（动合触头）

复合按钮

b) 图形符号及名称

图 6-8   一般按钮的结构与图形符号

常开按钮：按钮未按下时，触头是断开的；按下时触头闭合；当松开后，按钮自动复位。常开按钮常用于起动电路。

常闭按钮：与常开按钮的情况恰好相反，常用于停止电路。

复合按钮：将常开和常闭按钮组合为一体。按下复合按钮时，其常闭触头先断开，然后常开触头再闭合；而松开时，常开触头先断开，之后常闭触头再闭合。

生产机械中常用的按钮有 LA18、LA19 和 LA20 等系列，LA18 系列采用积木式拼接装配基座，触头数目可按需要拼装，一般装成两常开、两常闭，也可装成四常开、四常闭等。结构形式有揿钮式、旋钮式、紧急式和钥匙式。LA19 系列的结构与 LA18 相似，但只有一对常开触头和一对常闭触头。该系列中有的按钮帽用透明塑料制成，内装有信号灯兼作信号指示用。LA20 系列与 LA19 系列相似，也是组合式的。生产中为避免操作人员误操作，用不同的颜色和符号标志来区分

6
CHAPTER

按钮的功能及作用。按钮颜色的含义见表 6-4。

表 6-4　按钮颜色的含义

颜色	含义	说　明	应用示例
红	紧急	危险或紧急情况时操作	急停
黄	异常	安全情况或为正常情况准备时操作	干预、制止异常情况 重新起动中断了的自动循环
绿	安全	安全情况或为正常情况准备时操作	起动/接通
蓝	强制性的	要求强制动作情况下的操作	复位功能
白	未赋予特定含义	除急停以外的一般功能的肩动（也见注）	起动/接通（优选） 停止/断开
灰			起动/接通 停止/断开
黑			起动/接通 停止/断开（优选）

注：如果用代码的辅助手段（如标记、形状、位置）来识别按钮操作件，则白、灰或黑同一颜色可用于
标注各种不同功能（如白色用于标注起动/接通和停止/断开）。

光标按钮的颜色应符合表 6-4 的要求。当难以选定适当的颜色时，应使用白色。急停按钮（红色）不应依赖其灯光的照度。不同类型和用途的按钮在电路图中的图形符号不完全相同，如图 6-9 所示。

3. 按钮的选用

1）根据使用场合和具体用途选择按钮的种类。例如，嵌装在操作面板上的按钮可选用开启式；需显示工作状态的按钮可选用光标式；在非常重要处，为防止无关人员误操作宜用钥匙操作式；在有腐蚀性气体处要用防腐式。

急停按钮 钥匙操作式按钮
图 6-9　特殊按钮
的图形符号

2）根据工作状态指示和工作情况要求，选择按钮或指示灯的颜色。例如，起动按钮可选用白、灰或黑色，优先选用白色，也允许选用绿色；急停按钮应选用红色；停止按钮可选用黑、灰或白色，优先用黑色，也允许选用红色。

3）根据控制电路的需要选择按钮的数量以及形式，如单联钮、双联钮和三联钮等。

4. 按钮的常见故障及处理方法

按钮的常见故障及处理方法见表 6-5。

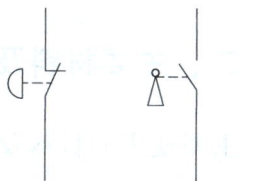

表 6-5　按钮的常见故障及处理方法

故 障 现 象	可 能 原 因	处 理 方 法
触头接触不良	(1) 触头烧损 (2) 触头表面有尘垢 (3) 触头弹簧失效	(1) 修理触头或更换产品 (2) 清洁触头表面 (3) 重绕弹簧或更换产品
触头间短路	(1) 塑料受热变形,导致接线螺钉相碰短路 (2) 杂物或油污在触头间形成通路	(1) 更换产品,并查明发热原因,如灯泡发热所致,可降低电压 (2) 清洁按钮内部

五、思考与练习

1) 如何正确选用按钮?

2) 安装和使用按钮时应注意哪些问题?

项目3　熔断器及选用

一、学习目标

了解熔断器的结构、种类;掌握安装、选用方法。

二、主要材料及工具

主要使用的材料及工具如下:瓷插式熔断器 RC1A 型,螺旋式熔断器 RL1 型,熔体 5A 、10A、15A,电工工具等。

三、项目实施及工艺要求

1. 熔断器的安装

1) 安装熔断器时应保证熔体和夹头以及夹头和夹座接触良好,并符合额定电压、额定电流值的要求。

2) 插入式熔断器应垂直安装,螺旋式熔断器的电源进线应接在瓷底座的下接线座上即中心接线桩上,负载线应接在螺纹壳的上接线座上,以保证在更换熔断管时,旋出螺帽后螺纹壳上不带电,从而保证了操作者的安全。

2. 注意事项

1) 熔断器内要安装合格的熔体,不能用多根小规格熔体并联代替一根大规格熔体。

2）安装熔断器时，各级熔体应相互配合，并做到下一级熔体规格比上一级规格小。

3）安装熔丝时，应沿顺时针方向缠绕，压在垫圈下，拧紧螺钉的力应适当，以保证接触良好，同时注意不能损伤熔丝，以免减小熔体的截面积，产生局部发热而产生误动作。

4）更换熔体或熔管时，必须切断电源。尤其不允许带负载操作，以免发生电弧灼伤。

5）熔断器兼作隔离器件使用时应安装在控制开关的电源进线端；若仅作短路保护用，应装在控制开关的出线端。

3. 熔断器的选择

熔断器和熔体只有经过正确的选择，才能起到应有的保护作用。

（1）熔断器类型的选择　根据使用环境和负载性质选择适当类型的熔断器。

（2）熔体额定电流的选择

1）对照明、电热等电流较平稳、无冲击电流的负载短路保护，熔体的额定电流应等于或稍大于负载的额定电流。

2）对一台不经常起动且起动时间不长的电动机的短路保护，熔体的额定电流 I_{RN} 应大于或等于 1.5~2.5 倍电动机额定电流 I_N，即

$$I_{RN} \geqslant (1.5 \sim 2.5)I_N$$

对于频繁起动或起动时间较长的电动机，上式的系数应增加到 3~3.5。

3）对多台电动机的短路保护，熔体的额定电流应大于或等于其中最大功率电动机的额定电流 I_N 的 1.5~2.5 倍加上其余电动机额定电流的总和 $\sum I_N$，即

$$I_{RN} \geqslant (1.5 \sim 2.5)I_{Nmax} + \sum I_N$$

（3）熔断器额定电压和额定电流的选择　熔断器的额定电压必须等于或大于线路的额定电压；熔断器的额定电流必须等于或大于所装熔体的额定电流。

（4）熔断器的分断能力的选择　分断能力应大于电路中可能出现的最大短路电流。

四、相关知识

熔断器在电路中主要用作短路保护，使用时串联在被保护的电路中，当电

发生短路故障，通过熔断器的电流达到或超过其规定值时，以其自身产生的热量使熔体熔断，从而分断电路，起到保护作用。

1．熔断器的结构、型号与主要技术参数

（1）熔断器的结构　熔断器主要由熔体、安装熔体的熔管和熔座三部分组成。

熔体是熔断器的主要组成部分，常做成丝状、片状或栅状。熔体的材料通常有两种，一种是由铅、铅锡合金或锌等低熔点材料制成，多用于小电流电路；另一种是由银、铜等较高熔点的金属制成，多用于大电流电路。

熔管是熔体的保护外壳，在熔体熔断时兼有灭弧作用。熔座是熔断器的底座，作用是固定熔管和外接引线。

（2）熔断器的型号含义

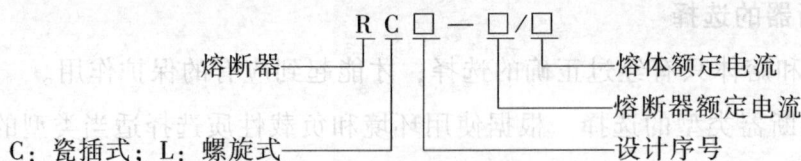

```
              R C □ — □/□
熔断器————————┘ │ │   │ └———— 熔体额定电流
              │ │   └————————— 熔断器额定电流
  C：瓷插式；L：螺旋式         └——————————— 设计序号
```

（3）熔断器的主要技术参数

1）额定电压。熔断器的额定电压是指能保证熔断器长期正常工作的电压。若熔断器的实际工作电压大于其额定电压，熔体熔断时可能会发生电弧不能熄灭的危险。

2）额定电流。熔断器的额定电流是指保证熔断器能长期正常工作的电流。它与熔体的额定电流是两个不同的概念。熔体的额定电流是指在规定的工作条件下，长时间通过熔体而熔体不熔断的最大电流值。通常，一个额定电流等级的熔断器可以配用若干个额定电流等级的熔体，但熔体的额定电流不能大于熔断器的额定电流值。

图 6-10　熔断器的时间-电流特性

3）分断能力。熔断器在规定电压下能分断的预期分断电流值。常用极限分断电流值来表示分断能力。

4）时间-电流特性。在规定工作条件下，表征流过熔体的电流与熔体熔断时间关系的曲线称为熔断器的时间-电流特性，也称保护特性或熔断特性，如图 6-10 所示。

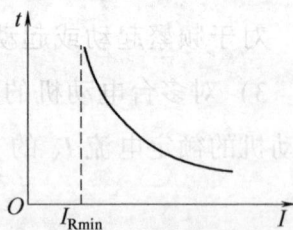

从特性上可看出，熔断器的熔断时间随着电流的增大而减小，一般熔断器的熔断时间与熔断电流的关系见表 6-6。

表 6-6　熔断器的熔断电流与熔断时间的关系

熔断电流 I_S/A	$1.25I_N$	$1.6I_N$	$2.0I_N$	$2.5I_N$	$3.0I_N$	$4.0I_N$	$8.0I_N$	$10.0I_N$
熔断时间 t/s	∞	3600	40	8	4.5	2.5	1	0.4

可见，熔断器对过载反应是很不灵敏的，当电气设备发生较轻过载时，熔断器将持续很长时间才熔断，有时甚至不熔断。因此，除在照明电路中外，熔断器一般不宜用作过载保护，主要用作短路保护。

2. 常用的低压熔断器

1）RC1A 系列瓷插式熔断器。RC1A 系列瓷插式熔断器属半封闭插入式，它由瓷座、瓷盖、动触头、静触头及熔丝五部分组成，其结构如图 6-11 所示。RC1A 系列插入式熔断器一般用于交流 380V 及以下、额定电流 200A 及以下的低压线路中，作为电气设备的短路保护及一定程度的过载保护。

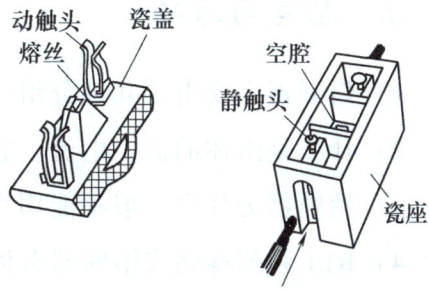

图 6-11　RC1A 系列瓷插式熔断器

2）RL1 系列螺旋式熔断器。RL1 系列螺旋式熔断器属于有填料封闭管式，其外形、结构和符号如图 6-12 所示。它主要由瓷帽、熔断管、瓷套、上接线座、下接线座及瓷座等部分组成。该系列熔断器的熔管内，在熔丝的周围填充着石英砂以增强灭弧性能。熔丝焊在瓷管两端的金属盖上，其中一端有一个标有不同颜色的熔断指示器，当熔丝熔断时，熔断指示器自动脱落。RL1 系列螺旋式熔断器的分断能力较高，更换熔体方便，且熔丝熔断后有明显指示，它广泛应用于控制箱、配电

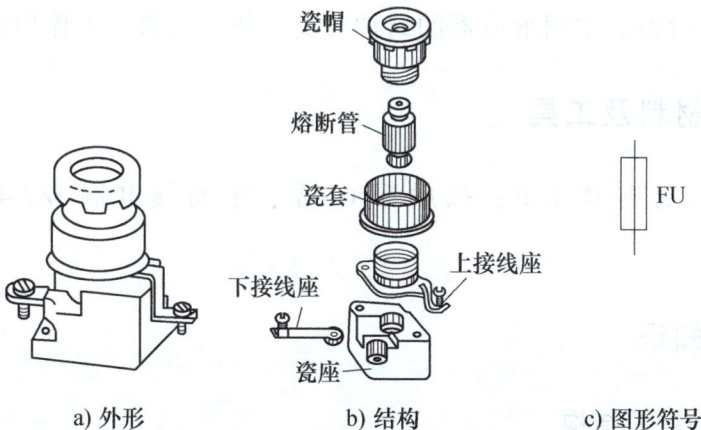

a) 外形　　　　　　　b) 结构　　　　　　　c) 图形符号

图 6-12　RL1 系列螺旋式熔断器

屏、机床设备及振动较大的场合，在交流额定电压 500V、额定电流 200A 及以下的电路中，作为短路保护器件。

3. 熔断器的常见故障及处理方法（见表 6-7）

表 6-7　熔断器的常见故障及处理方法

故障现象	可能原因	处理方法
电路接通瞬间,熔体熔断	(1)熔体电流等级选择过小 (2)负载侧短路或接地 (3)熔体安装时受机械损伤	(1)更换熔体 (2)排除负载故障 (3)更换熔体
熔体未见熔断,但电路不通	熔体或接线座接触不良	重新连接

五、思考与练习

1) 熔断器主要由哪几部分组成？各部分的作用是什么？

2) 什么是熔体的额定电流？它与熔断器的额定电流是否相同？

3) 熔断器为什么一般不能用作过载保护？

4) RL1 系列螺旋式熔断器有何特点？适用于哪些场合？

5) 如何正确选用熔体？

6) 在安装和使用熔断器时，应注意哪些问题？

项目 4　交流接触器

一、学习目标

了解交流接触器、中间继电器的结构种类、技术参数、工作原理及选用方法。

二、主要材料及工具

主要使用的材料及工具：接触器 CJ 型、中间继电器 JZ7-44 型、万用表 MF47 型。

三、相关知识

1. 交流接触器的结构

交流接触器主要由电磁系统、触头系统、灭弧装置及辅助部件等组成。交流接触器的结构和工作原理如图 6-13 所示。

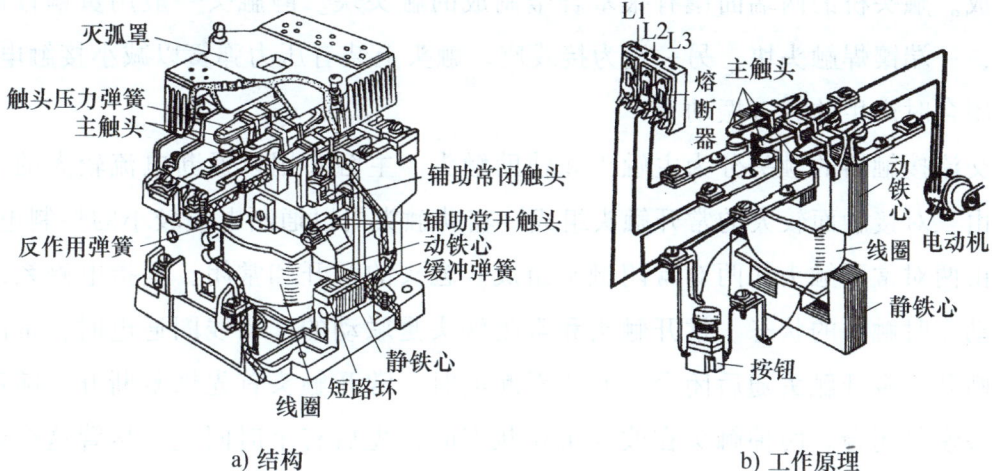

a) 结构

b) 工作原理

图 6-13　交流接触器的结构和工作原理

1) 电磁系统。交流接触器的电磁系统主要由线圈、铁心（静铁心）和衔铁（动铁心）三部分组成。其作用是利用电磁线圈的通电或断电，使衔铁和铁心吸合或释放，从而带动动触头与静触头闭合或分断，以接通或断开电路。

交流接触器的铁心和衔铁一般用 E 形硅钢片叠压铆成，如图 6-14 所示。交流接触器在运行过程中，线圈中通入交流电，其铁心与衔铁间的吸力也是变化的，这会使衔铁产生振动，发出噪声。为消除这一现象，在交流接触器铁心和衔铁的两个不同端部各开一个槽，槽内嵌装一个用铜、康钢或镍铬合金材料制成的短路环，这样保证了铁心与衔铁在任何时刻都有吸力，衔铁将始终被吸住，振动和噪声会显著减小。

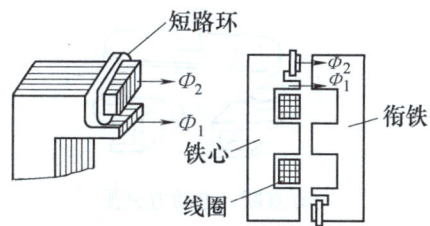

图 6-14　铁心加短路环及磁通示意图

2) 触头系统。交流接触器的触头按接触情况分为点接触式、线接触式和面接触式三种，分别如图 6-15a～c 所示。按触头的结构形式划分，有桥式触头和指形触头两种，如图 6-16 所示。

a) 点接触式　　b) 线接触式　　c) 面接触式

图 6-15　触头的三种接触形式

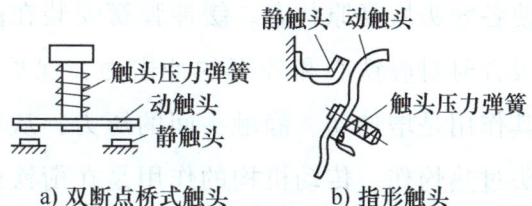

a) 双断点桥式触头　　b) 指形触头

图 6-16　触头的结构形式

　　CJ系列交流接触器的触头一般采用双断点桥式触头。其动触头桥用纯铜片冲压而成。触头桥的两端面镶有银基合金制成的触头块。静触头一般用黄铜板冲压而成，一端镶焊触头块，另一端为接线座。触头上装有压力弹簧以减小接触电阻，消除闭合时产生的有害振动。

　　交流接触器的触头分为主触头和辅助触头。主触头用以通断电流较大的主电路，由三对接触面较大的常开触头组成。辅助触头用以通断电流较小的控制电路，一般由两对常开触头和两对常闭触头组成。触头的常开和常闭，是指电磁系统未通电动作时触头的状态。常开触头和常闭触头是联动的。当线圈通电时，常闭触头先断开，常开触头随后闭合。而线圈断电时，常开触头首先恢复断开，随后常闭触头恢复闭合。两种触头在改变工作状态时，先后有个时间差，尽管这个时间差很短，但对分析线路的控制原理却很重要。

　　3）灭弧装置。交流接触器在断开大电流或高电压电路时，在动、静触头之间会产生很强的电弧。电弧能灼伤触头，减少触头的使用寿命，同时会延长切断电路的时间，甚至会造成弧光短路或引起火灾事故。因此，我们希望触头间的电弧能尽快熄灭。交流接触器中常用的灭弧方法有：双断口电动力灭弧、纵缝灭弧和栅片灭弧，如图6-17所示。

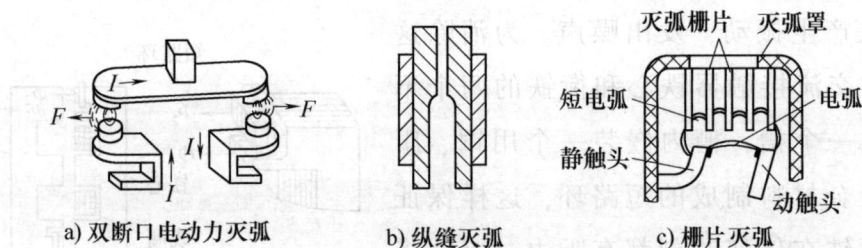

a) 双断口电动力灭弧　　　　b) 纵缝灭弧　　　　c) 栅片灭弧

图6-17　灭弧装置

　　4）辅助部件。交流接触器的辅助部件有反作用弹簧、缓冲弹簧、触头压力弹簧、传动机构及底座、接线柱等。

　　反作用弹簧安装在动铁心和线圈之间，其作用是线圈断电后，推动衔铁释放，使各触头恢复原状态。缓冲弹簧安装在静铁心与线圈之间，其作用是缓冲衔铁在吸合时对静铁心和外壳的冲击力，保护外壳。触头压力弹簧安装在动触头上面，其作用是增加动、静触头间的压力，从而增大接触面积，减小接触电阻，防止触头过热灼伤。传动机构的作用是在衔铁或反作用弹簧的作用下，带动动触头实现与静触头的接通或分断。

交流接触器的型号与含义如下：

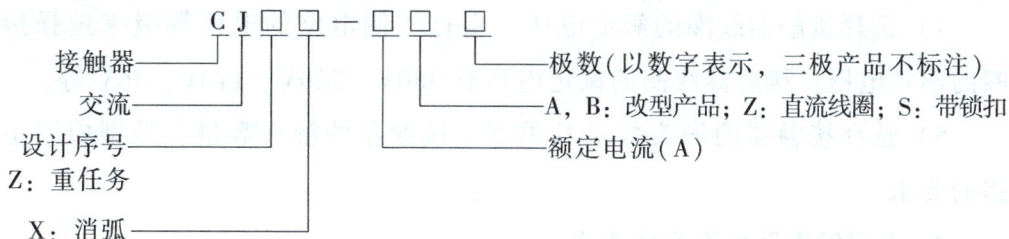

CJ □□ — □□□

接触器 —— CJ
交流 ——
设计序号 ——
Z：重任务 ——
X：消弧 ——
B：栅片去游离灭弧

极数（以数字表示，三极产品不标注）
A，B：改型产品；Z：直流线圈；S：带锁扣
额定电流（A）

2. 交流接触器的工作原理

交流接触器的工作原理如图 6-13b 所示。当接触器的线圈通电后，线圈中流过的电流产生磁场，使铁心产生足够大的吸力，克服反作用弹簧的反作用力，将衔铁吸合，通过传动机构带动三对主触头和辅助常开触头闭合，辅助常闭触头断开；当接触器线圈断电或电压显著下降时，由于电磁吸力消失或过小，衔铁在反作用弹簧力的作用下复位，带动各触头恢复到原始状态。

常用的 CJ0、CJ20 等系列的交流接触器在 0.85~1.05 倍的额定电压下，能保证可靠吸合。电压过高，线圈电流显著增

线圈　主触头　辅助常开触头　辅助常闭触头

图 6-18　接触器的符号

大；电压过低，电磁吸力不足，衔铁吸合不上，时间一长线圈就会烧毁，因此，电压过高或过低都会造成线圈过热而烧毁。

交流接触器在电路图中的符号如图 6-18 所示。

3. 交流接触器的选用

电力拖动系统中，交流接触器可按下列方法选用：

1）选择接触器的种类。接触器按主触头通过的电流种类，分为交流接触器和直流接触器两种。可据所控电流的种类选择相应的接触器。

2）选择接触器主触头的额定电压。其额定电压应大于或等于控制电路的额定电压。

3）选择接触器主触头的额定电流。接触器控制电阻性负载时，主触头的额定电流应等于负载的额定电流。控制电动机时，主触头的额定电流应大于或稍大于电动机的额定电流。

接触器若使用在频繁起动、制动及正反转的场合，应将接触器主触头的额定电流降低一个等级使用。

4）选择接触器线圈的额定电压。根据控制电路的电压等级来选择接触器线圈的额定电压。接触器线圈的额定电压有 380V、220V、110V、36V 等。

5）选择接触器的触头数量及类型。接触器的触头数量、类型应满足控制电路的要求。

4. 中间继电器的型号的含义

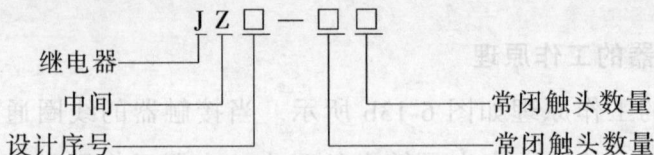

$$JZ\square-\square\square$$

继电器 ——
中间 ——
设计序号 ——
—— 常闭触头数量
—— 常闭触头数量

5. 中间继电器的结构及工作原理

中间继电器的结构及工作原理与接触器基本相同，但中间继电器的触头对数多，且没有主辅之分，各对触头允许通过的电流大小相同，多数为 5A。因此，对于工作电流小于 5A 的电气控制电路，可用中间继电器代替接触器。

常用的中间继电器有 JZ7、JZ14 等系列，JZ7 系列为交流中间继电器，其结构和图形符号如图 6-19 所示。

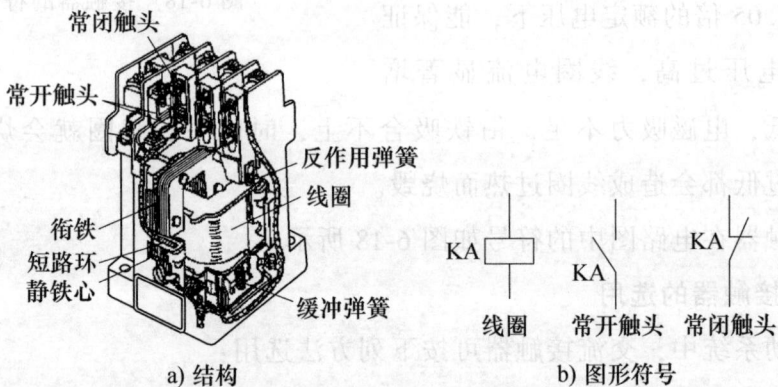

图 6-19　JZ7 系列中间继电器

中间继电器的触头上下两层各有 4 对，下层触头是常开触头，上层触头为常闭触头。继电器线圈的额定电压有 12V、36V、110V、220V、380V 等。

6. 中间继电器的选用

中间继电器主要依据被控制电路的电压等级、所需触头的数量、容量等要求来选择。

中间继电器是用来增加控制电路中信号数量的继电器。其输入信号是线圈的通电和断电，输出信号是触头的动作，由于触头的数量较多，所以可用来控制多个元器件或回路。

四、项目实施及工艺要求

1）观察交流接触器、中间继电器的结构，测试常开、常闭触头的接触情况及线圈电阻。

2）观察各触头的动作关系，画出各部件的电路图符号。

3）理解交流接触器、中间继电器标注的参数意义。

五、思考与练习

1）交流接触器主要由哪几部分组成？

2）交流接触器在动作时，常开和常闭触头的动作顺序是怎样的？

3）简述交流接触器的工作原理。

4）交流接触器的线圈电压过高或过低对线圈的影响？

5）如何选择交流接触器？

6）什么情况下可用中间继电器代替交流接触器使用？二者有何区别？

项目5　三相异步电动机起动电路的安装与故障检修

一、学习目标

1）熟练掌握点动控制、连续运行控制电路的原理分析及运用。

2）能根据电气设备的控制电路原理正确分析排除故障。

二、主要元器件及工具

本项目所需元器件及工具见表 6-8。

表 6-8　元器件明细表

代号	名称	型号	规格	数量
M	三相异步电动机	Y112M-4	4kW、380V、△联结、8.8A、1440r/min	1
QS	组合开关	HZ10-25/3	三极、额定电流 25A	1
FU1	螺旋式熔断器	RL1-60/25	500V、60A、配熔体额定电流 25A	3

（续）

代号	名称	型号	规格	数量
FU2	螺旋式熔断器	RL1-15/2	500V、15A、配熔体额定电流 2A	2
KM	交流接触器	CJX2-25	25A、线圈电压 380V	1
SB	按钮	LA10-3H	保护式、按钮数 3（代用）	1
XT	端子排	JX2-1015	10A、15 节、380V	1
常用器材	控制板（500mm×400mm×20mm）一块、导线 BV1.5mm² 、BV1mm² 若干			
常用工具	MF47 型或 500 型万用表、5050 型绝缘电阻表、T301-A 型钳形电流表、电工工具一套			

三、相关知识

1. 点动控制电路

点动控制电路是用按钮、接触器控制电动机运转最简单的控制电路，如图 6-20 所示。按照电路图的绘制原则，三相交流电源线 L1、L2、L3 依次水平地画在图的上方，电源开关 QS 水平画出；由熔断器 FU1、接触器 KM 的三对主触头和电动机 M 组成的主电路，垂直电源线画在图的左侧；由起动按钮 SB、接触器 KM 的线圈组成的控制电路跨接在 L1 和 L2 两条电源线之间（电压 380V），垂直画在主电路的右侧，耗能元件 KM 的线圈画在电路的下方。图中接触器 KM 采用分开表示法，其三对主触头画在主电路中，线圈则画在控制电路中，并在它们图形符号旁边标注相同的文字符号 KM，以表示它们是同一电器。

线路的工作原理如下：

合上电源开关 QS，此时电动机 M 尚未接通电源。按下起动按钮 SB，接触器 KM 的线圈得电，衔铁吸合，带动接触器 KM 的三对主触头闭合，电动机 M 接通电源起动运转。

松开起动按钮 SB，接触器 KM 的线圈失电，衔铁在复位弹簧作用下复位，带动接触器 KM 的三对主触头恢复分断，电动机 M 失电停转。

点动控制电路的工作原理可简述如下：先合上电源开关 QS。

起动：按下 SB ——→ KM 线圈得电 ——→ KM 主触头闭合 ——→ 电动机 M 起动运转。

停止：松开 SB ——→ KM 线圈失电 ——→ KM 主触头分断 ——→ 电动机 M 失电停转。

停止使用时，断开电源开关 QS。在图 6-20 中，组合开关 QS 用作电源隔离开关；熔断器 FU1、FU2 分别用作主电路、控制电路的短路保护。

点动控制常用于电动葫芦的起重电动机控制和车床拖板箱快速移动电动机

控制。

2. 电动机连续运行控制线路

在要求电动机起动后能连续运行时，应采用如图 6-21 所示的接触器自锁控制电路。主电路和点动控制的主电路相同，不同的是在控制电路中在起动按钮 SB1 的两端并接了接触器 KM 的一对常开辅助触头，并加串接了一个停止按钮 SB2。

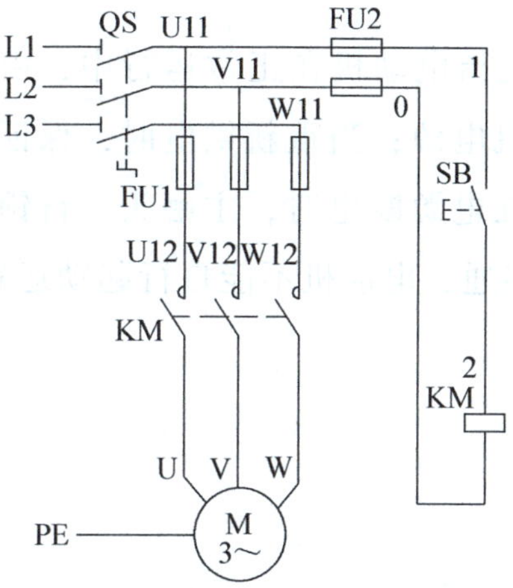

图 6-20　点动控制电路原理图

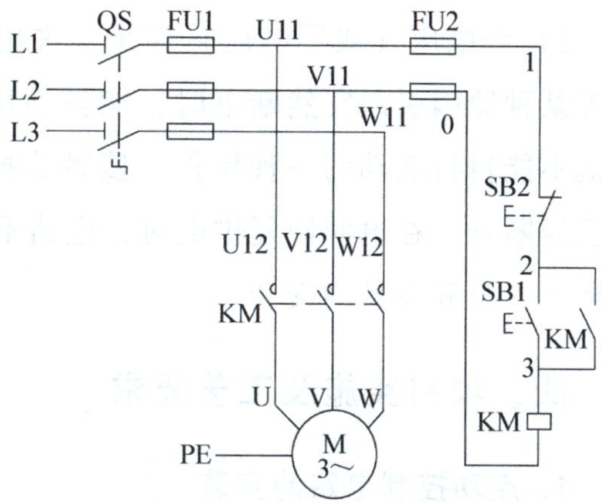

图 6-21　电动机连续运行控制电路

工作原理如下：合上电源开关 QS。

起动：按下SB1 → KM线圈得电 → KM主触头闭合 → 电动机M起动连续运行
　　　　　　　　　　　　　　　→ KM常开辅助触头闭合（自锁）

当松开 SB1，其常开触头恢复分断后，因接触器 KM 的常开辅助触头闭合时已将 SB1 短接，控制电路仍保持接通，所以接触器 KM 继续得电，电动机 M 实现连续运行。像这种当松开起动按钮 SB1 后，接触器 KM 通过自身常开辅助触头而使线圈保持得电的作用叫作自锁。与起动按钮 SB1 并联起自锁作用的常开辅助触头叫作自锁触头。

停止：按下SB2 → KM线圈失电 → KM主触头断开 → 电动机M失电停转
　　　　　　　　　　　　　　　→ KM自锁触头断开

当松开 SB2，其常闭触头恢复闭合后，因接触器 KM 的自锁触头在切断控制电路时已分断，解除了自锁，SB1 也是分断的，所以接触器 KM 不能得电，电动机 M 也不会转动。

接触器自锁控制电路不但能使电动机连续运行，而且还有一个重要的特点，就是具有欠电压和失电压（或零电压）保护作用。

1）欠电压保护。"欠电压保护"是指当电路电压下降到某一数值时，电动机能自动脱离电源停转，避免电动机在欠电压下运行的一种保护。采用接触器自锁控制线路可避免电动机欠电压运行。因为当线路电压下降到一定值（一般指低于额定电压85%以下）时，接触器线圈的电磁吸力减小到小于反作用弹簧的弹力时，动铁心被迫释放，主触头、自锁触头同时分断，自动切断电路，电动机失电停转，起到了欠电压保护的作用。

2）失电压（或零电压）保护。失电压保护是指电动机在正常运行中，由于外界某种原因引起突然断电时，能自动切断电动机电源；当重新供电时，保证电动机不能自行起动的一种保护。接触器控制电路在电源断电时，主触头、自锁触头已经断开，在电源恢复供电时，电路不能自动接通，电动机不能自行起动运转，保证了人身和设备的安全。

四、项目实施及工艺要求

1. 点动控制电路的安装

（1）安装步骤

1）熟悉电路工作原理及所用电气元器件的作用。

2）按表 6-8 配齐所用电气元器件并检验质量，核对有关的技术数据。

3）在控制板上按布置图 6-22a 安装电气元器件。

（2）工艺要求

1）组合开关、熔断器的受电端子朝向控制板的外侧，熔断器的受电端为底座中心端。

2）各元器件的安装位置应整齐、匀称，间距合理，便于元器件的更换。

3）紧固各元器件时要用力适度。在紧固熔断器、接触器等易碎裂元器件时，应用手按住元器件一边轻轻摇动，一边用旋具轮换旋紧对角线上的螺钉，直到手摇不动后再适当旋紧些即可。

4）按接线图的走线方法进行板前明线布线和套编码套管，如图 6-22b 所示。板前明线布线的工艺要求如下：

① 布线通道尽可能少，并行导线按主、控电路分类集中，单层密排、紧贴板面布线。

② 同一平面的导线应高低一致或前后一致，不能交叉。非交叉不可时，该根导线应在电器的接线端子引出时，水平架空跨越，但必须走线合理。

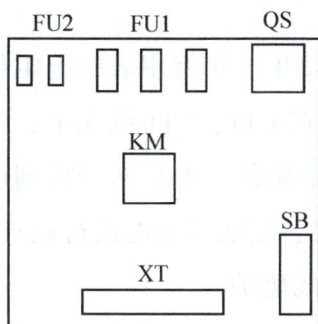

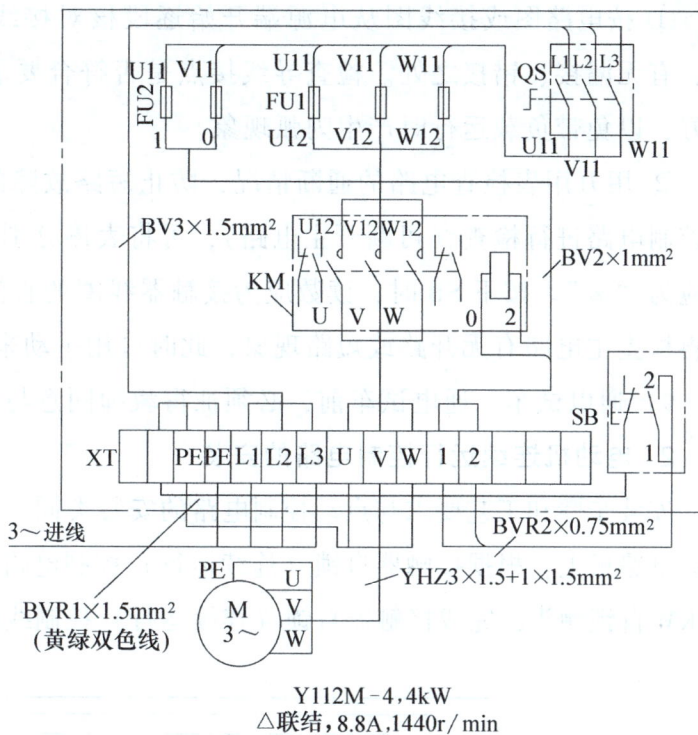

a) 布局图　　　　　　　　　　　　　　b) 接线图

图 6-22　点动控制电路布局与接线图

③ 布线应横平竖直、分布均匀。变换走向时应互相垂直。

④ 布线时严禁损伤线芯和导线绝缘。

⑤ 布线顺序一般以接触器为中心，由里向外、由低至高，先控制电路、后主电路进行，以不妨碍后续布线为原则。

⑥ 在每根剥去绝缘层导线的两端套上编码套管。所有从一个接线端子（或接线桩）到另一个接线端子（或接线桩）的导线必须连续，中间无接头。

⑦ 导线与接线端子或接线桩连接时，不得压绝缘层、不反圈及不露铜过长。

⑧ 同一元器件、同一回路的不同接点的导线间距离应保持一致。

⑨ 一个电气元器件接线端子上的连接导线不得多于两根，每节接线端子板上的连接导线一般只允许连接一根。

5）根据电路图检查控制板布线的正确性。

6）安装电动机并连接电动机和按钮金属外壳的保护接地线。

7）连接电源、电动机等控制板外部的导线。

8）自检。安装完毕控制电路板，必须经过认真检查以后，才允许通电试车，以防止错接、漏接造成不能正常运转或短路事故。

① 按电路图或接线图从电源端开始逐段核对接线及接线端子处线号是否正确，有无漏接、错接之处。检查导线接点是否符合要求，压接是否牢固。接触应良好，以免带负载运行时产生闪弧现象。

② 用万用表检查电路的通断情况，防止短路故障的发生。用万用表的电阻档对控制电路进行检查（可断开主电路），可将表棒分别搭在 U11、V11 线端上，读数应为"∞"。按下 SB 时，读数应为接触器线圈的直流电阻值。然后断开控制电路再检查主电路有无开路或短路现象，此时可用手动来代替接触器通电进行检查。

9）通电试车。通电试车前，必须征得教师同意与现场监护。

2. 电动机连续运行控制电路的安装

安装步骤和工艺要求与点动控制电路的安装类同。同学们可在已安装好的点动控制电路板上，根据接触器自锁（连续运行）控制电路，安装停止按钮 SB2 和接触器 KM 自锁触头，完成接触器自锁（连续运行）控制线路的安装，如图 6-23 所示。

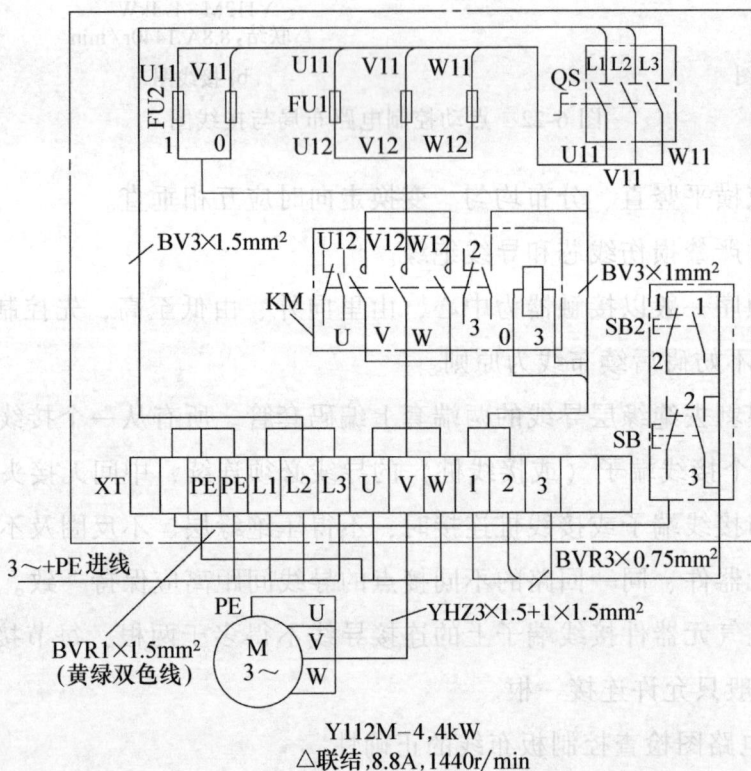

Y112M-4,4kW
△联结,8.8A,1440r/min

图 6-23　接触器自锁（连续运行）控制电路接线图

3. 电动机连续运行控制电路的检修

电动机基本控制线路故障检修的一般步骤和方法。

（1）用试验法观察故障现象，初步判定故障范围　试验法是在不扩大故障范围、不损坏电气设备和机械设备的前提下，对线路进行通电试验，通过观察电气设备和电气元器件的动作，看它是否正常，各控制环节的动作程序是否符合要求，找出故障发生部位或回路。

（2）用逻辑分析法缩小故障范围　逻辑分析法是根据电气控制电路的工作原理、控制环节的动作程序以及它们之间的联系，结合故障现象进行具体的分析，迅速地缩小故障范围，从而判断出故障所在。这种方法是一种以准为前提，以快为目的的检查方法，特别适用于对复杂线路的故障检查。

（3）用测量法确定故障点　测量法是利用电工工具和仪表（如验电笔、万用表、钳形电流表、绝缘电阻表等）对电路进行带电或断电测量，是查找故障点的有效方法。下面介绍电压分阶测量法和电阻分阶测量法。

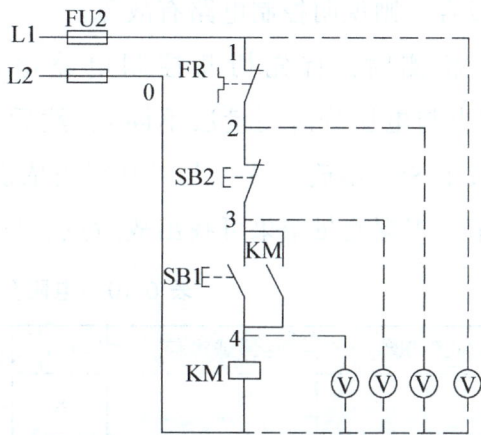

图6-24　电压分阶测量法

1）电压分阶测量法。测量检查时，首先把万用表的转换开关位置于交流电压500V的档位上，然后按如图6-24所示方法进行测量。

断开主电路，接通控制电路的电源。若按下起动按钮SB1时，接触器KM不吸合，则说明控制电路有故障。

检测时，需要两人配合进行。一人先用万用表测量0和1两点之间的电压，若电压为380V，则说明控制电路的电源电压正常。然后由另一人按下SB1不放，一人把黑表棒接到0点上，红表棒依次接到2、3、4各点上，分别测量出0-2、0-3、0-4两点间的电压。根据其测量结果即可找出故障点，见表6-9。

表6-9　电压分阶测量法查找故障点

故障现象	测试状态	0-2	0-3	0-4	故障点
按下SB1时,KM不吸合	按下SB1不放	0	0	0	FR常闭触头接触不良
		380V	0	0	SB2常闭触头接触不良
		380V	380V	0	SB1接触不良
		380V	380V	380V	KM线圈断路

这种测量方法像下（或上）台阶一样依次测量电压，所以叫电压分阶测

量法。

2）电阻分阶测量法。测量检查时，首先把万用表的转换开关位置于倍率适当的电阻档，然后按如图 6-25 所示方法进行测量。

① 断开主电路，接通控制电路电源。若按下起动按钮 SB1 时，接触器 KM 不吸合，则说明控制电路有故障。

检测时，首先切断控制电路电源（这点与电压分阶测量法不同），然后一

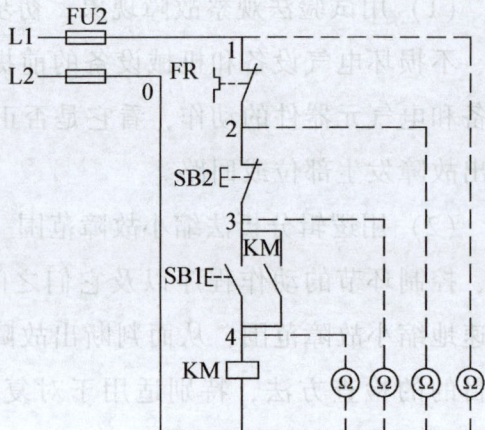

图 6-25　电阻分阶测量法

人按下 SB1 不放，另一人用万用表依次测量 0-1、0-2、0-3、0-4 各两点之间的电阻值，根据测量结果可找出故障点，见表 6-10。

表 6-10　电阻分阶测量法查找故障点

故障现象	测试状态	0-1	0-2	0-3	0-4	故障点
按下 SB1 时，KM 不吸合	按下 SB1 不放	∞	R	R	R	FR 常闭触头断路
		∞	∞	R	R	SB2 断路
		∞	∞	∞	R	SB1 断路
		∞	∞	∞	∞	KM 线圈断路

注：R 为 KM 线圈电阻值。

② 根据故障点的不同情况，采取正确的维修方法排除故障。

③ 检修完毕，进行通电空载校验至合格。

在实际维修工作中，由于电动机控制电路的故障不是千篇一律的，就是同一种故障现象，发生的故障部位也不一定相同。因此，故障排除应灵活运用不同的方法，准确地找出故障点，查明故障原因，排除故障。

4. 注意事项

1）在排除故障的过程中，故障分析、排除故障的思路和方法要正确。

2）用验电笔检测故障时，必须检查验电笔是否符合使用要求。

3）不能随意更改线路和带电触摸电气元器件。

4）带电检修故障时，必须有教师在现场监护，并要确保用电安全。

五、思考与练习

1）什么叫点动控制？什么叫自锁控制？

2）为什么说接触器自锁控制电路具有欠电压和失电压保护作用？

3）总结故障检修方法。在这次故障检修中，你采用了哪几种故障检修方法？

项目6　连续运行与点动控制电路的安装

一、学习目标

1）了解热继电器结构、符号、原理、选用与电流值的整定。

2）掌握控制电路的安装接线方法。

二、主要元器件及工具

主要使用的元器件及工具请同学们参考本单元项目5自行列出。

三、相关知识

1. 热继电器

热继电器是利用流过继电器的电流所产生的热效应而反时限动作的继电器。反时限动作是指热继电器的延时动作时间随通过电路电流的增加而缩短。热继电器主要用于电动机的过载保护、断相保护、电流不平衡运行的保护及其他电气设备发热状态的控制。

热继电器的形式有多种，其中双金属片式应用最多。按极数划分，热继电器可分为单极、两极和三极3种，其中三极的又包括带断相保护装置的和不带断相保护装置的。

（1）热继电器的型号及含义

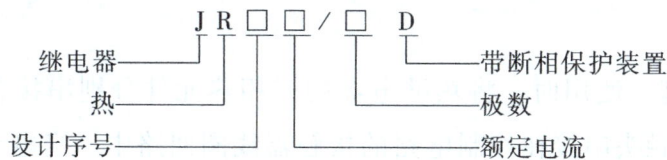

$$JR \square \square / \square \, D$$

继电器————————————————带断相保护装置

热——————————————————极数

设计序号——————————————额定电流

（2）热继电器的结构及工作原理　目前生产中常用的热继电器有国产的JR20系列以及引进的T系列、3UA系列等产品，均为双金属片式。下面介绍热继电器的结构及工作原理。

1）结构。热继电器的外形、结构和图形符号如图6-26所示。

它主要由热元件、动作机构、触头系统、电流整定装置、复位机构和温度补

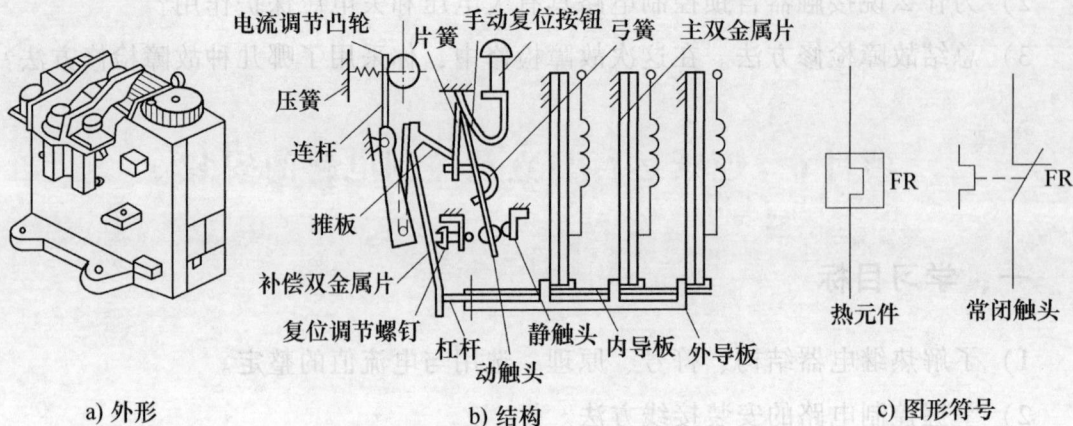

图 6-26 热继电器的外形、结构和图形符号

偿元件等部分组成。

① 热元件。热元件是热继电器的主要组成部分，由主双金属片和绕在外面的电阻丝组成。主双金属片是由两种热膨胀系数不同的金属片复合而成。

② 动作机构和触头系统。动作机构利用杠杆传递及弓簧式瞬跳机构来保证触头动作的迅速、可靠。触头为单断点弓簧跳跃式动作，一般为一个常开触头、一个常闭触头。

③ 电流整定装置。通过旋钮和电流调节凸轮调节推杆间隙，改变推杆移动距离，从而调节整定电流值。

④ 温度补偿元件。温度补偿元件也为双金属片，其受热弯曲方向与主双金属片一致，它能保证热继电器的动作特性在 −30 ~ +40℃ 的环境温度范围内基本上不受环境的影响。

⑤ 复位机构。复位机构有手动和自动两种形式，可根据使用要求通过复位调节螺钉来自由调整选择。一般自动复位的时间不大于 5min，手动复位时间不大于 2min。

2）工作原理。使用时，将热继电器的三相热元件分别串接在电动机的三相主电路中，常闭触头串接在控制电路的接触器线圈回路中。当电动机过载时，流过电阻丝的电流超过热继电器的整定电流，电阻丝发热，主双金属片向右弯曲，推动外导板和内导板向右移动，通过温度补偿双金属片推动推杆绕轴转动，从而推动触头系统动作。动触头与常闭静触头分开，使接触器线圈断电，接触器触头断开，将电源切除起保护作用。电源切除后，主双金属片逐渐冷却恢复原位，于是动触头在失去作用力的情况下，靠弓簧的弹性自动复位。

热继电器整定电流的大小可通过旋转电流整定旋钮来调节，旋钮上刻有整定电流值标尺。所谓热继电器的整定电流，是指热继电器连续工作而不动作的最大电流，超过整定电流，热继电器将在负载未达到其允许的过载极限之前动作。

由于热继电器主双金属片受热膨胀的热惯性及动作机构传递信号的惰性原因，热继电器从电动机过载到触头动作需要一定的时间，因此热继电器不能用作短路保护。也正是这个热惯性和机械惰性，保证了热继电器在电动机起动或短时过载时不会动作，从而满足了电动机的运行要求。

2. 热继电器的选用

1）根据电动机的额定电流选择热继电器的规格。

一般应使热继电器的额定电流略大于电动机的额定电流。

2）根据需要的整定电流值选择热元件的编号和电流等级。

一般情况下，热元件的整定电流为电动机额定电流的 95%～105%。但如果电动机拖动的是冲击性负载或起动时间较长，热继电器的整定电流值可取电动机额定电流的 1.1～1.5 倍。如果电动机的过载能力较差，热继电器的整定电流可取电动机额定电流的 60%～80%，同时，整定电流应留有一定的上下限调整范围。

3）根据电动机定子绕组的连接方式选择热继电器的结构形式，即定子绕组做Y联结的电动机选用普通三相结构的热继电器，而做△联结的电动机应选用三相结构带断相保护装置的热继电器。

3. 具有过载保护的电动机连续运行控制电路

在电动机控制电路中，熔断器 FU 只能用作短路保护，我们还必须对其采取过载保护措施，即当电动机出现过载时能自动切断电动机电源，使电动机停转。最常用的过载保护就是用热继电器来实现的。具有过载保护的电动机连续运行控制电路如图 6-27 所示。此电路在电动机连续运行控制电路的基础上增加了一个热继电器 FR，把其热元件串接在三相主电路中，把常闭触头串接在控制电路中。当电动机过载或其他原因使电流超过额定值，经过一定时间，串接在主电路中热继电器的热元件因受热发生弯曲，通过动作机构使串接在控制电路中的常闭触头分断，切断控制电路，使接触器 KM 的线圈失电，切断主电路，电动机 M 停转，达到了过载保护的目的。

在照明、电加热等电路中，熔断器 FU 既可以用作短路保护，也可以用作过载保护。但对三相异步电动机控制电路来说，熔断器只能用作短路保护。因为三相异步电动机的起动电流很大（全电压起动时的起动电流能达到额定电流的 4~7 倍），若用熔断器作过载保护，则选择熔断器的额定电流就应等于或略大于电动机的额定电流，这样电动机在起动时，由于起动电流大大超过了熔断器的额定电流，使熔断器在很短的时间内熔断，造成电动机无法起动。所以熔断器只能用作短路保护，熔体额定电流应取电动机额定电流的 1.5~2.5 倍。

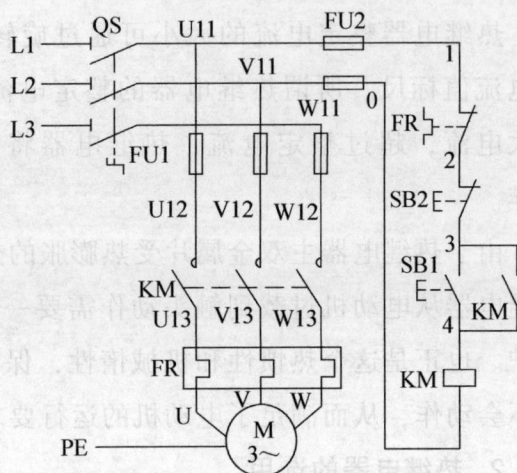

图 6-27　具有过载保护的电动机连续运行控制电路

由于热继电器的热惯性特点，它与熔断器所起的作用不同，二者不能相互代替。

图 6-27 所示电路的工作原理与电动机连续运行控制电路的原理相同，请自行分析。

4. 连续与点动混合控制电路

机床设备在正常工作时，一般需要电动机处在连续运行状态。但在试车或调整刀具与工件的相对位置时，又需要电动机能点动控制，连续与点动混合控制电路能满足这种工艺要求，电路如图 6-28 所示。

图 6-28 所示电路是在电动机连续运行控制电路的基础上，增加了一个复合按钮 SB3，来实现连续与点动混合控制的。SB3 的常闭触头应与 KM 自锁触头串接。

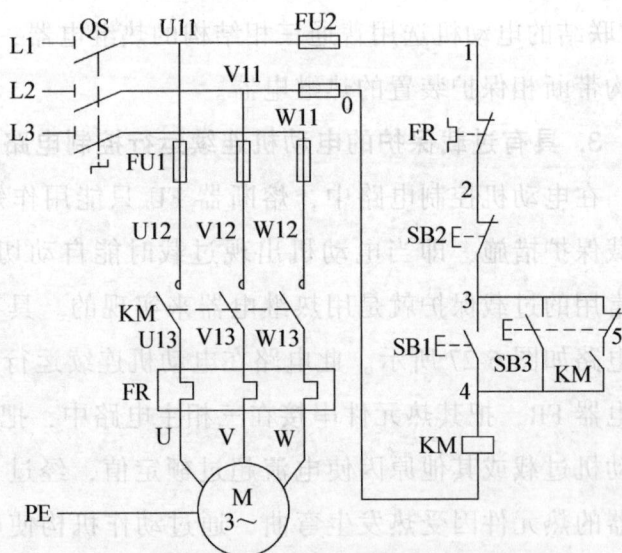

图 6-28　连续与点动混合控制电路图

工作原理如下：先合上电源开关 QS。

连续控制：

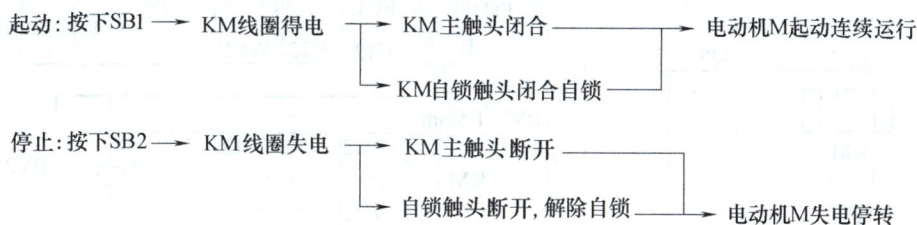

起动：按下SB1 ── KM线圈得电 ── KM主触头闭合 ── 电动机M起动连续运行
　　　　　　　　　　　　　　 └── KM自锁触头闭合自锁 ──┘

停止：按下SB2 ── KM线圈失电 ── KM主触头断开
　　　　　　　　　　　　　　 └── 自锁触头断开,解除自锁 ── 电动机M失电停转

点动控制：

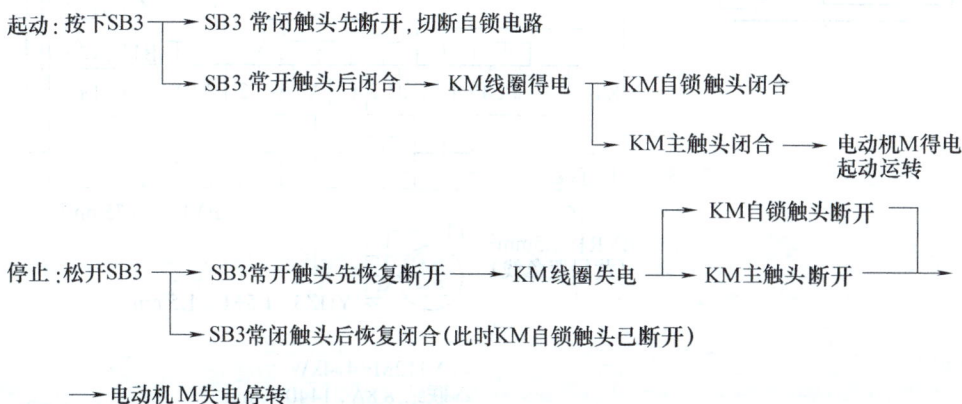

起动：按下SB3 ┬ SB3 常闭触头先断开,切断自锁电路
　　　　　　　 └ SB3 常开触头后闭合 ── KM线圈得电 ┬ KM自锁触头闭合
　　　　　　　　　　　　　　　　　　　　　　　　 └ KM主触头闭合 ── 电动机M得电
　　　　　　　　　　　　　　　　　　　　　　　　　　　　　　　　　 起动运转

　　　　　　　　　　　　　　　　　　　　　　　　 ┌ KM自锁触头断开 ┐
停止：松开SB3 ┬ SB3常开触头先恢复断开 ── KM线圈失电 ┴ KM主触头断开 ──┘
　　　　　　　 └ SB3常闭触头后恢复闭合(此时KM自锁触头已断开)

── 电动机 M失电停转

四、项目实施及工艺要求

1）具有过载保护的电动机连续运行控制电路的安装，布局与接线如图 6-29 所示。

2）连续与点动混合控制电路的安装，在图 6-29 的基础上加装点动按钮。安装步骤与工艺要求与点动控制电路类同。

3）注意事项。

① 热继电器的热元件应串接在主电路中，其常闭触头应串接在控制电路中。

② 热继电器的整定电流应按电动机的额定电流自行调整。绝对不允许弯折双金属片。

③ 在一般情况下，热继电器应置于手动复位的位置上。若需要自动复位时，可将复位调节螺钉沿顺时针方向向里旋足。

④ 热继电器因电动机过载动作后，若需再次起动电动机，必须待热元件冷却后，才能使热继电器复位。一般自动复位时间不大于 5min；手动复位时间不大于 2min。

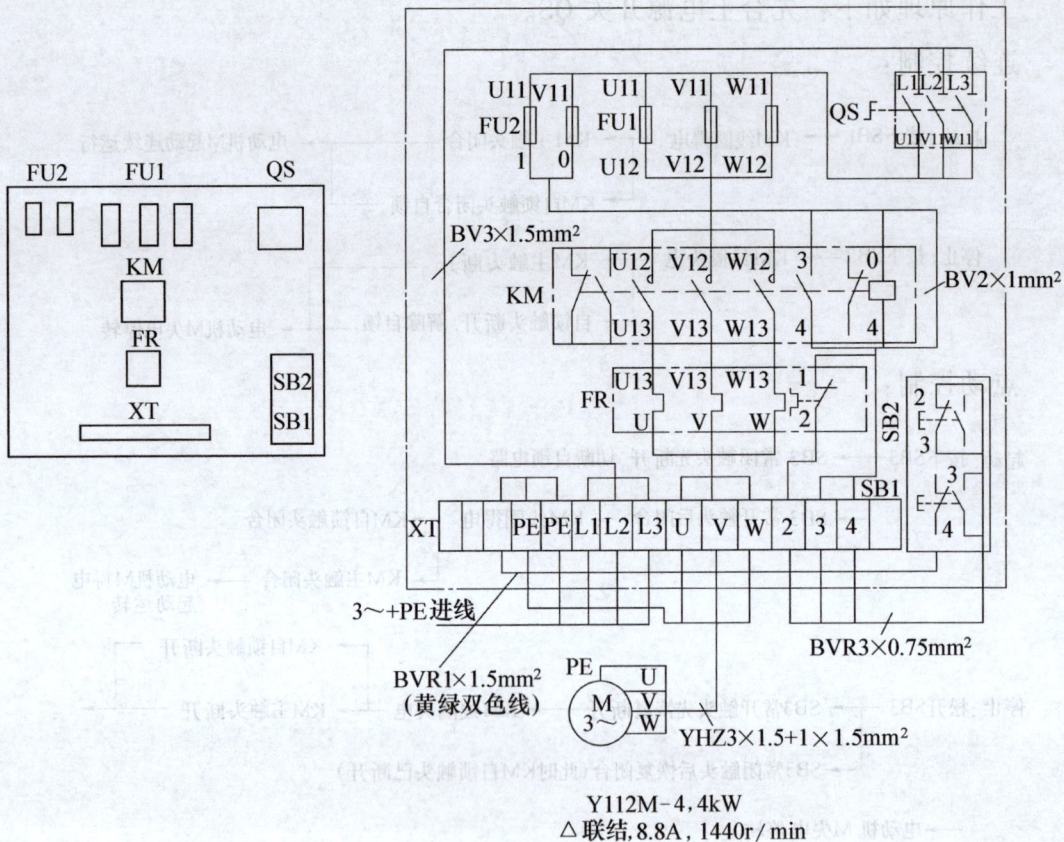

a) 布局图　　　　　　　　　　　b) 接线图

图 6-29　具有过载保护的电动机连续运行控制电路的布局与接线图

五、思考与练习

1）简述热继电器的主要结构。

2）简述热继电器的选用方法。

3）热继电器能否用作短路保护？为什么？

4）什么是过载保护？为什么要对电动机进行过载保护？

5）连续与点动混合控制电路在生产中常用于哪些场合？

项目 7　三相异步电动机正反转控制电路的安装

一、学习目标

掌握接触器联锁正反转控制电路、双重联锁正反转控制电路的原理分析与安装方法。

二、主要元器件及工具

主要使用的元器件及工具请同学们参考本单元项目 5 自行列出。

三、相关知识

生产中许多机械设备往往要求运动部件能向正反两个方向运动，如机床工作台的前进与后退、万能铣床主轴的正转与反转、起重机的上升与下降等，它们都是由电动机的正反转拖动来实现的。

当改变通入电动机定子绕组的三相电源相序，即把接入电动机三相电源进线中的任意两相对调接线时，电动机就可以反转。下面介绍几种常用的正反转控制电路。

1. 接触器联锁的正反转控制电路

倒顺开关控制电动机的正反转所用元器件少，电路简单，但它是一种手动控制电路，在频繁换向和远距离控制时不适用。生产实践中常采用接触器联锁完成电动机的正反转控制。

接触器联锁的正反转控制电路如图 6-30 所示。KM1 为正转接触器，KM2 为反转接触器，它们分别由正转按钮 SB1 和反转按钮 SB2 控制。从主电路可以看出，这两个接触器的主触头所接通的电源相序不同，KM1 按 L1-L2-L3 相序接线，

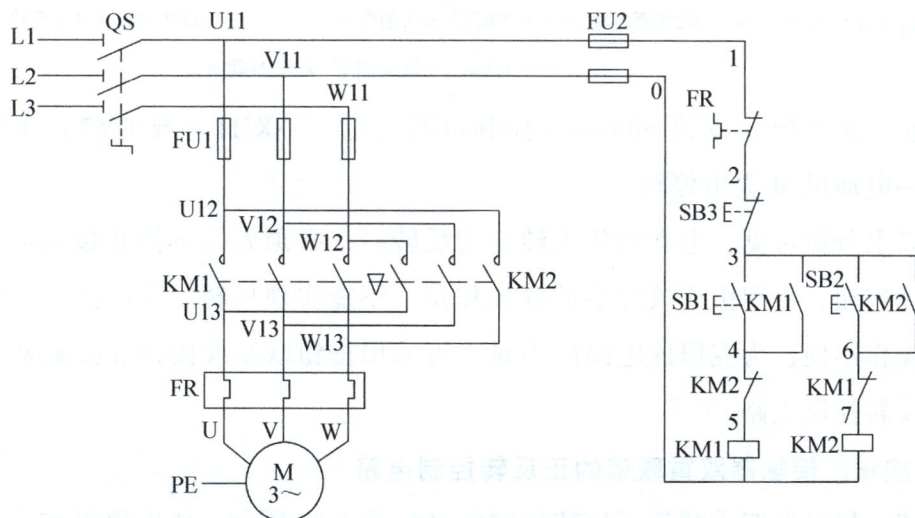

图 6-30　接触器联锁的正反转控制电路

KM2 则按 L3-L2-L1 相序接线。相应地，控制电路有两条，一条是由按钮 SB1 和 KM1 线圈等组成的正转控制电路；另一条是由按钮 SB2 和 KM2 线圈等组成的反转控制电路。

接触器 KM1 和 KM2 的主触头绝不允许同时闭合，否则将造成两相电源（L1 相和 L3 相）短路事故。为了避免两个接触器 KM1 和 KM2 同时得电动作，在正、反转控制电路中分别串接了对方接触器的一对常闭辅助触头，这样，当一个接触器得电动作时，通过其常闭辅助触头使另一个接触器不能得电动作，接触器间这种相互制约的作用叫接触器联锁（或互锁）。实现联锁作用的常闭辅助触头称为联锁触头（或互锁触头），联锁符号用 "▽" 表示。

工作原理如下：先合上电源开关 QS。

正转控制：

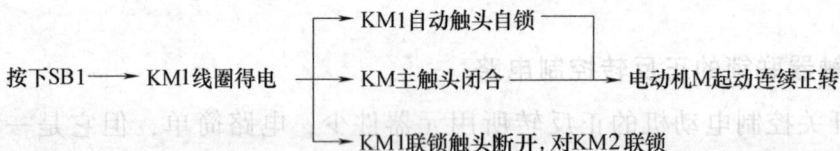

反转控制：

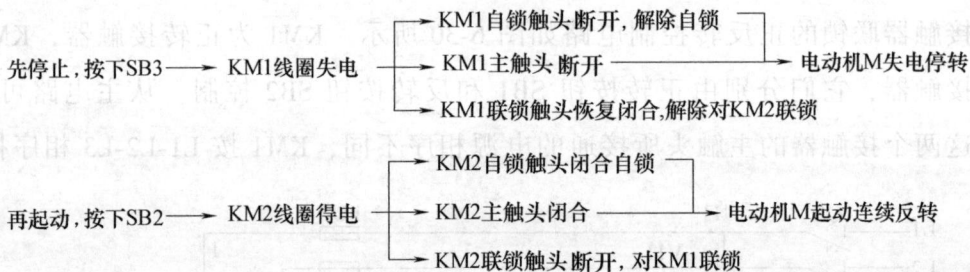

停止：按下停止按钮 SB3 ——→控制电路失电——→KM1（或 KM2）主触头断开，——→电动机 M 失电停转。

从以上分析可见，电动机从正转变为反转时，必须先按下停止按钮后，再按反转起动按钮，否则由于接触器的联锁作用，不能实现反转。该电路工作安全可靠，但操作不便，为克服此电路的不足，可采用按钮联锁或按钮和接触器双重联锁的正反转控制电路。

2. 按钮、接触器双重联锁的正反转控制电路

按钮、接触器双重联锁正反转控制电路如图 6-31 所示。该电路操作方便，安全可靠。

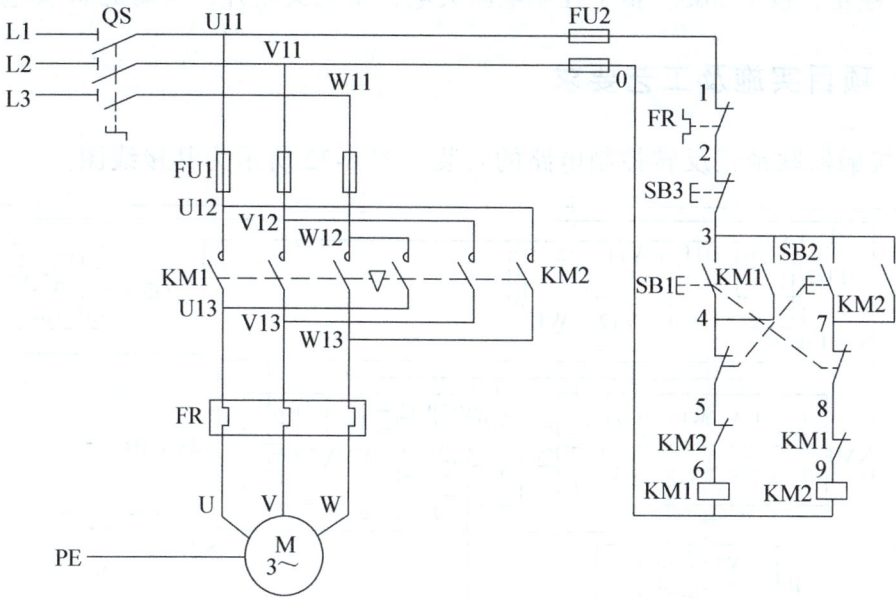

图 6-31　按钮、接触器双重联锁正反转控制电路

工作原理如下：先合上电源开关 QS。

正转控制：

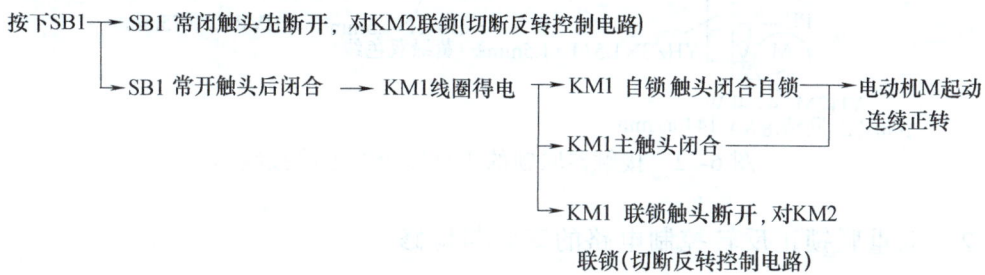

反转控制：

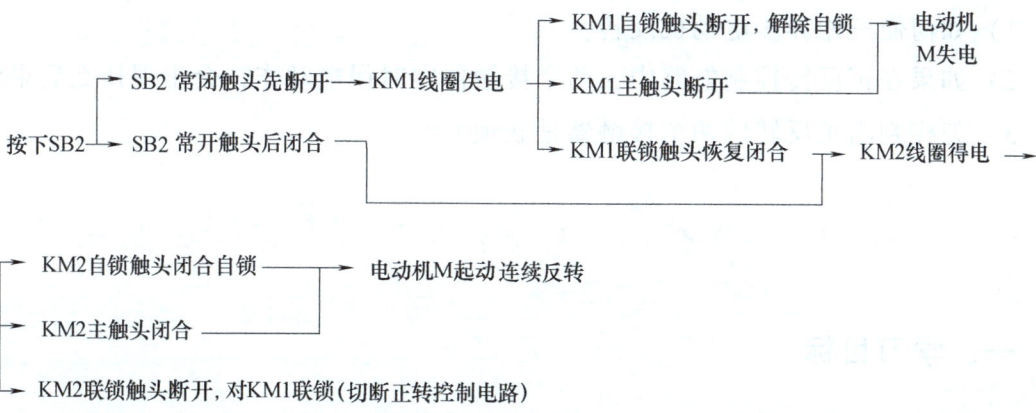

若要停止，按下 SB3，整个控制电路失电，主触头断开，电动机 M 失电停转。

四、项目实施及工艺要求

1）接触器联锁正反转控制电路的安装，图 6-32 所示为其接线图。

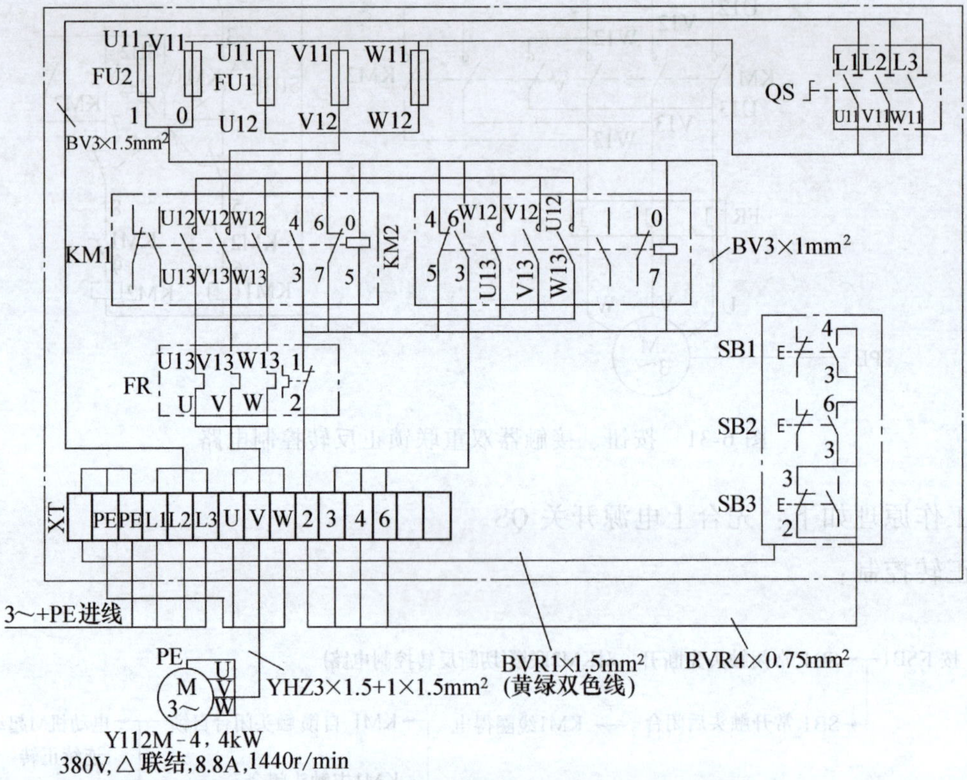

图 6-32　接触器联锁的正反转控制电路接线图

2）双重联锁正反转控制电路的安装与检修。

五、思考与练习

1）如何使三相异步电动机反转？

2）如果在正反转控制电路中，两个接触器同时得电动作，会出现什么后果？

3）怎样判断正反转的两个接触器是联锁的？

项目 8　位置控制与自动循环控制电路的安装

一、学习目标

掌握位置开关结构、位置控制与自动循环控制电路的原理和安装技能。

二、主要元器件及工具

主要使用的元器件及工具请同学们自行列出（位置开关可选单轮旋转式 JLXK 系列）。

三、相关知识

位置开关是指生产机械的运动部件到达某一个预定位置时动作的一种控制电器开关。它包括行程开关（限位开关）、接近开关等。这里着重介绍生产中应用较广泛的行程开关。

1. 行程开关

行程开关是用以反映工作机械的行程，发出命令以控制其运动方向和行程大小的开关。其作用原理与按钮相同，区别在于它不是靠手指的按压而是利用生产机械运动部件的碰压使其触头动作，从而将机械位置信号转变为电控制信号，用以控制机械动作或作程序控制。通常，行程开关被用来限制机械运动的位置或行程，使运动机械按一定的位置或行程实现自动停止、反向运动、变速运动或自动往返运动等。

1）型号意义。机床中常用的行程开关有 LX19 和 JLXK1 等系列，其型号意义如下。

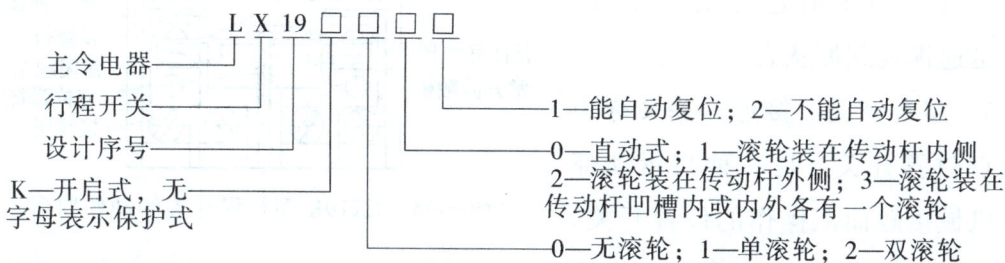

L X 19 □ □ □ □

- 主令电器
- 行程开关
- 设计序号
- K—开启式，无字母表示保护式
- 0—无滚轮；1—单滚轮；2—双滚轮
- 0—直动式；1—滚轮装在传动杆内侧；2—滚轮装在传动杆外侧；3—滚轮装在传动杆凹槽内或内外各有一个滚轮
- 1—能自动复位；2—不能自动复位

2）结构及工作原理。各系列行程开关的基本结构大体相同，都是由触头系统、操作机构和外壳组成。以某种行程开关元件为基础，装置不同的操作机构，可得到各种不同形式的行程开关，常见的有按钮式（直动式）和旋转式（滚轮式）。JLXK1 系列行程开关的外形如图 6-33 所示。

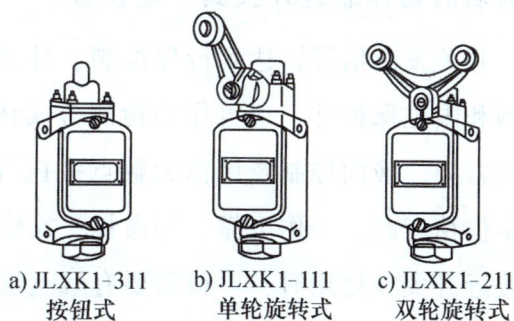

a) JLXK1-311 按钮式　　b) JLXK1-111 单轮旋转式　　c) JLXK1-211 双轮旋转式

图 6-33　JLXK1 系列行程开关

JLXK1-111 系列行程开关的动作原理和图形符号如图 6-34 所示。当运动部件的挡铁碰压行程开关的滚轮时，杠杆连同转轴一起转动，使凸轮推动撞块，当撞块被压到一定位置时，推动微动开关快速动作，使其常闭触头断开，常开触头闭合。

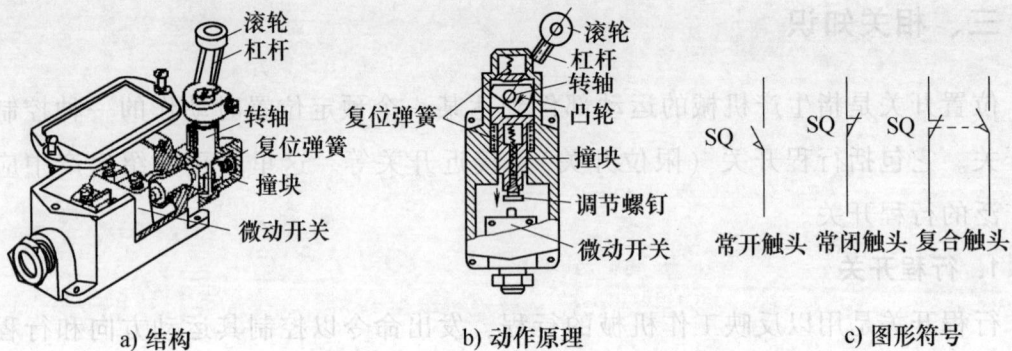

a) 结构　　　　　　　　　　b) 动作原理　　　　　　　　　　c) 图形符号

图 6-34　JLXK1-111 型行程开关的结构和动作原理

图 6-35 所示为 LX19K 型行程开关，它是一种瞬动型的。当运动部件的挡铁碰压顶杆时，顶杆向下移动，压缩弹簧使之储存一定的能量。当顶杆移动到一定位置时，弹簧的弹力方向发生改变，同时储存的能量得以释放，完成跳跃式快速换接动作。当挡铁离开顶杆时，顶杆在弹簧的作用下上移，上移到一定位置，接触桥瞬时进行快速换接，触头迅速恢复到原状态。

3）接近开关。接近开关又称为无触点位置开关，是一种与运动部件无机械接触而能操作的位置开关。当运动的物体靠近开关到一定位置

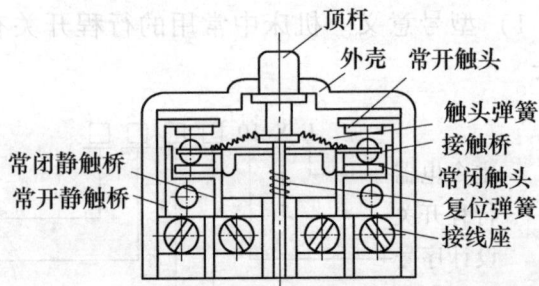

图 6-35　LX19K 型行程开关的动作原理

时，开关发出信号，达到行程控制、计数及自动控制的作用。它的用途除了行程控制和限位保护外，还可作为检测金属体的存在、高速计数、测速、定位、变换运动方向、液面控制及用作无触点按钮等。与机械式行程开关相比，接近开关具有定位精度高、工作可靠、寿命长、操作频率高以及能适应恶劣工作环境等优点。但接近开关在使用时，一般需要有触点继电器作为输出器。

按工作原理来分，接近开关有高频振荡型、感应电桥型、霍尔效应型、光电型、永磁及磁敏元件型、电容型和超声波型等多种类型，其中以高频振荡型最为

常用。图6-36所示为直流三线接近开关的外形与接线方式。

4）选用。行程开关主要根据动作要求、安装位置及触头数量选择。

2. 位置控制电路（又称行程控制或限位控制电路）

在生产过程中，一些生产机械运动部件的行程或位置要受到限制，或者需要其运动部件在一定范围内自动往返循环等。如在摇臂钻床、万能铣床、镗床、桥式起重机及各种自动或半自动控制机床设备中经常遇到这种控制要求，一般是用位置开关来实现这种控制。

位置控制电路如图6-37所示。工厂车间里的行车常采用这种电路，右下角是行车运动示意图，行车的两头终点处各安装一个位置开关SQ1和SQ2，将它们的常闭触头分别串接在正转控制电路和反转控制电路中。行车前后各装有挡铁1和挡铁2，行车的行程和位置可通过移动位置开关的安装位置来调节。

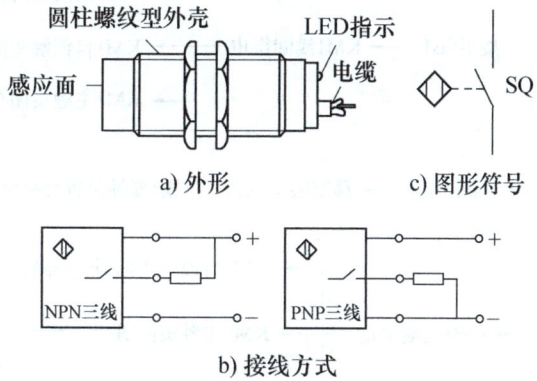

a) 外形　　　c) 图形符号

b) 接线方式

图6-36　直流三线接近开关的外形与接线方式

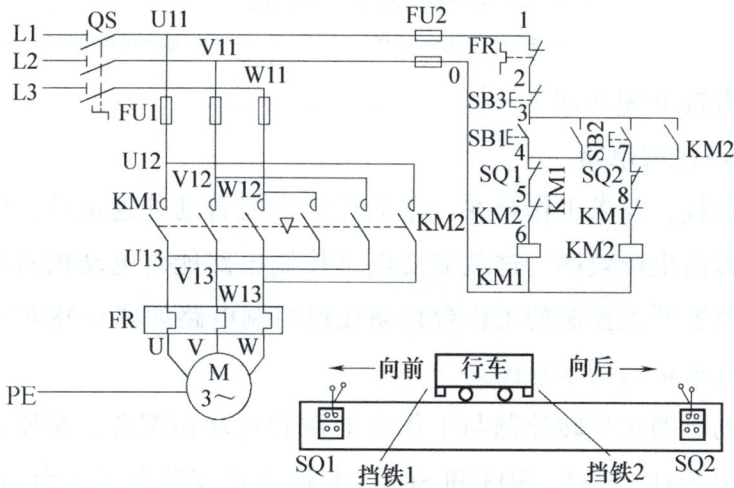

图6-37　位置控制电路图

工作原理如下：先合上电源开关QS。

行车向前运动：

179

按下SB1 ⟶ KM1线圈得电 ⟶ KM1联锁触头断开,对KM2联锁
                         KM1自锁触头闭合自锁
                         KM1主触头闭合 ⟶ 电动机M起动连续正转 ⟶

⟶ 行车前移 ⟶ 移至限定位置,挡铁1碰撞位置开关SQ1 ⟶ SQ1常闭触头断开 ⟶

⟶ KM1线圈失电 ⟶ KM1自锁触头断开,解除自锁
                  KM1主触头断开 ⟶ 电动机M失电停转 ⟶ 行车停止前移
                  KM1联锁触头恢复闭合,解除联锁

此时,即使再按下 SB1,由于 SQ1 常闭触头已断开,接触器 KM1 线圈也不会得电,保证了行车不会超过 SQ1 所在的位置。

行车向后运动:

按下SB2 ⟶ KM2线圈得电 ⟶ KM2联锁触头断开,对KM1联锁
                         KM2自锁触头闭合自锁
                         KM2主触头闭合 ⟶ 电动机M起动连续反转 ⟶

⟶ 行车后移（SQ1常闭触头恢复闭合）⟶ 移至限定位置,挡铁2碰撞位置开关SQ2 ⟶ SQ2常闭

触头断开 ⟶ KM2线圈失电 ⟶ KM2 联锁触头恢复闭合,解除联锁
                          KM2自锁触头断开,解除自锁
                          KM2 主触头断开 ⟶ 电动机失电停转 ⟶ 行车停止后移

停车时只需按下 SB3 即可。

3. 自动循环控制电路

有些生产机械,要求工作台在一定的行程内能自动往返运动,以实现对工件的连续加工,提高生产效率。这就需要电气控制电路能对电动机实现自动转换正反转控制。由位置开关控制的工作台自动往返控制电路如图 6-38 所示,其右下角是工作台自动往返运动的示意图。

为了使电动机的正反转控制与工作台的左右运动相配合,在控制线路中设置了 4 个位置开关 SQ1、SQ2、SQ3 和 SQ4,并把它们安装在工作台需限位的地方。其中,SQ1、SQ2 被用来自动换接电动机正反转控制电路,实现工作台的自动往返行程控制;SQ3、SQ4 被用来作终端保护,以防止 SQ1、SQ2 失灵,工作台越过限定位置而造成事故。在工作台边的 T 形槽中装有两块挡铁,挡铁 1 只能和 SQ1、SQ3 相碰撞,挡铁 2 只能和 SQ2、SQ4 相碰撞。当工作台运动到所限位置时,挡

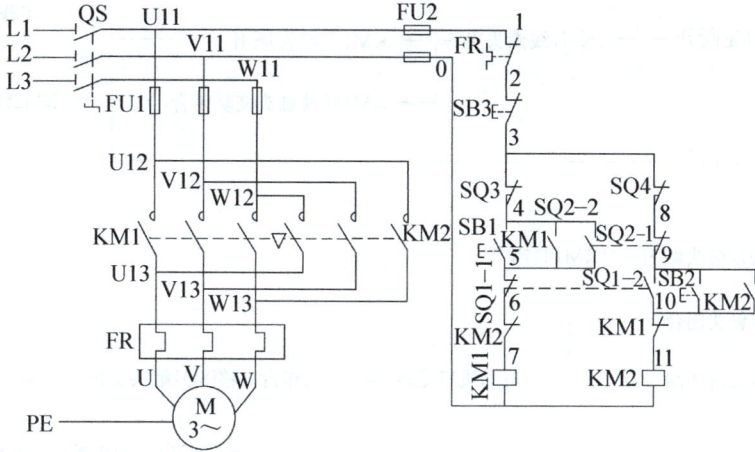

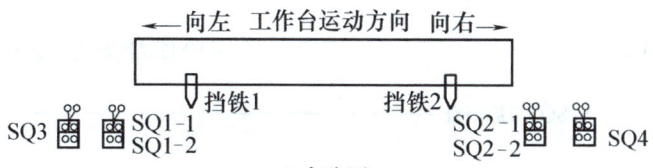

a) 电路图

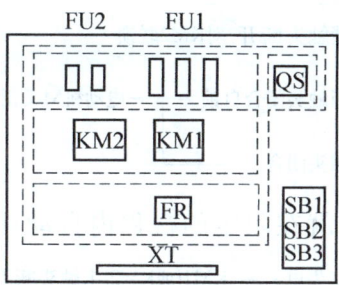

b) 布局图

图 6-38　工作台自动往返控制电路

铁碰撞位置开关，使其触头动作，自动换接电动机正反转控制电路，通过机械传动机构使工作台自动往返运动。工作台行程可通过移动挡铁位置来调节，拉开两块挡铁间的距离，行程就短，反之则长。

工作原理如下：先合上 QS。

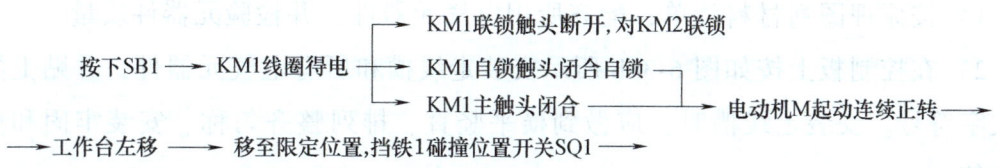

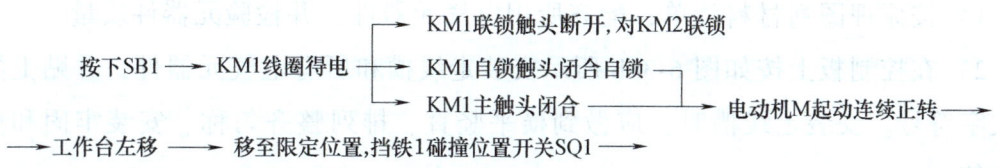

```
                      ┌─→ KM1自锁触头断开,触除自锁 ──→ 电动机停止正转,
                      │                                  工作台停止左移
   ┌─→ SQ1-1先断开 ──→ KM1线圈失电 ├─→ KM1主触头 断开
   │                  │
   │                  └─→ KM1联锁触头恢复闭合 ─────────→ KM2线圈得电 ──→
   │
   └─→ SQ1-2后闭合
```

```
   ┌─→ KM2联锁触头断开, 对KM1联锁
   │
   ├─→ KM2主触头闭合
   │
   └─→ KM2自锁触头闭合自锁 ──→ 电动机M反转 ──→ 工作台右移(SQ1触头复位) ──→
```

```
                      ┌─→ KM2自锁触头断开 ──→ 电动机停止
                      │                        反转,工作台
   ┌─→ SQ2-1先断开 ──→ KM2线圈失电 ├─→ KM2主触头 断开    停止右移
   │                  │
至限定位挡铁2碰SQ2 ──┤  └─→ KM2联锁触头恢复闭合 ──→
   │
   └─→ SQ2-2后闭合
```

```
                    ┌─→ KM1联锁触头 断开, 对KM2联锁
                    │
──→ KM1线圈得电 ──┤  KM1自锁触头闭合自锁 ──→ 电动机M又正转 ──→ 工作台又左移 ──→ …
                    │
                    └─→ KM1主触头闭合
```

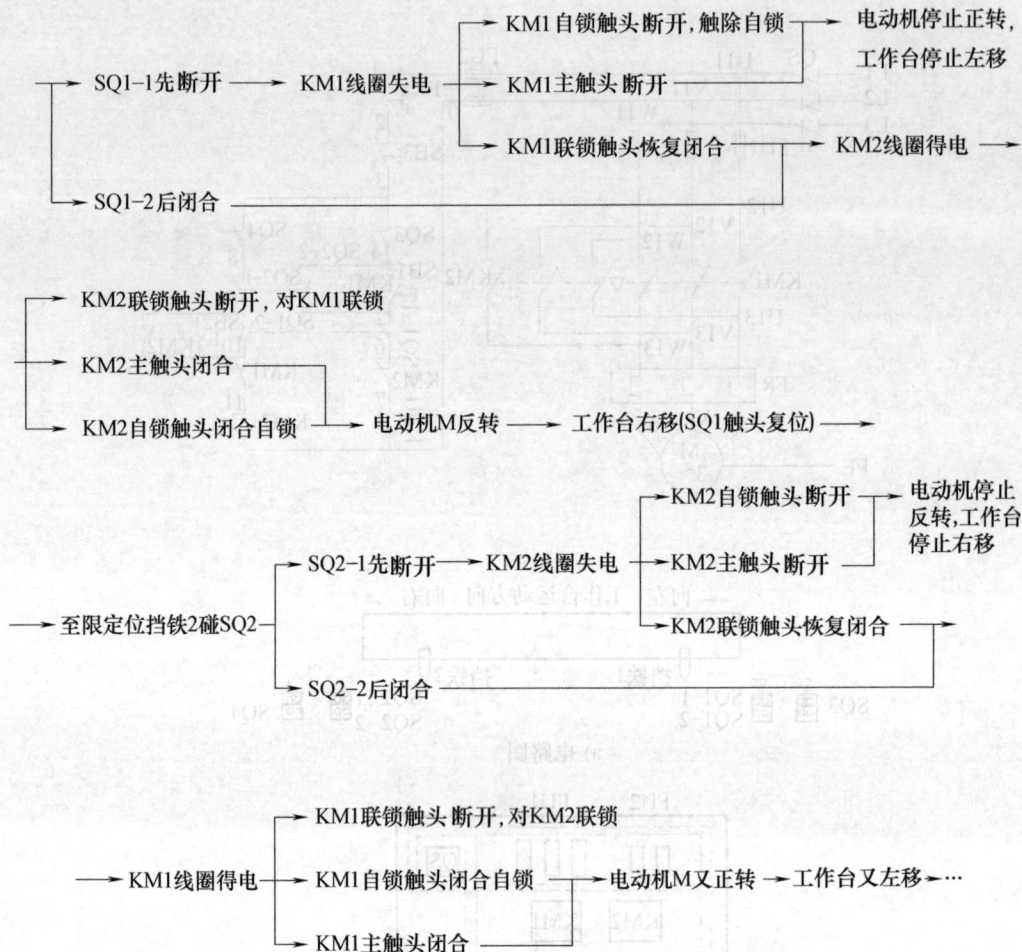

以后重复上述过程,工作台就在限定的行程内自动往返运动。

```
停止时,按下SB3 ──→ 整个控制电路失电 ──→ KM1(或KM2)主触头断开 ──→ 电动机M失电停转 ──→
工作台停止运动。
```

这里,SB1、SB2 分别作为正转起动按钮和反转起动按钮,若起动时工作台在左端,则应按下 SB2 进行起动。

四、项目实施及工艺要求

以工作台自动往返控制电路的安装与检修

1. 安装步骤及工艺要求

1)按原理图列材料清单,配齐所用电气元器件,并检验元器件质量。

2)在控制板上按如图 6-38b 所示安装走线槽和所有电气元器件,并贴上醒目的文字符号。安装走线槽时,应做到横平竖直、排列整齐匀称、安装牢固和便于走线等。

3）按如图 6-38a 所示的电路图进行板前线槽配线，并在导线端部套编码套管和冷压接线头。板前线槽配线的工艺要求是：

① 所有导线的截面积在等于或大于 0.5mm^2 时，必须采用软线。考虑机械强度的原因，所用导线的最小截面积，在控制箱外为 1mm^2，在控制箱内为 0.75mm^2。但对控制箱内很小电流的电路连线，如电子逻辑电路，可用截面积为 0.2mm^2 的导线，并且可以采用硬线，但只能用于不移动又无振动的场合。

② 布线时，严禁损伤线芯和导线绝缘。

③ 各电气元器件接线端子引出导线的走向，以元器件的水平中心线为界线，在水平中心线以上接线端子引出的导线，必须进入元器件上面的走线槽；在水平中心线以下接线端子引出的导线，必须进入元器件下面的走线槽。任何导线都不允许从水平方向进入走线槽内。

④ 各电气元器件接线端子上引出或引入的导线，除间距很小和元器件机械强度很差允许直接架空敷设外，其他导线必须经过走线槽进行连接。

⑤ 进入走线槽内的导线要完全置于走线槽内，并应尽可能避免交叉，装线不要超过其容量的 70%，以便于能盖上线槽盖和以后的装配及维修。

⑥ 各电气元器件与走线槽之间的外露导线，应走线合理，并尽可能做到横平竖直，变换走向要垂直；同一个元器件上位置一致的端子和同型号元器件中位置一致的端子上引出或引入的导线，要敷设在同一平面上，并应做到高低一致或前后一致，不得交叉。

⑦ 所有接线端子、导线线头上都应套有与电路图上相应接点线号一致的编码套管，并按线号进行连接，连接必须牢靠，不得松动。

⑧ 在任何情况下，接线端子必须与导线截面积和材料性质相适应。当接线端子不适合连接软线或较小截面积的软线时，可以在导线端头穿上针形或叉形轧头并压紧。

⑨ 一般一个接线端子只能连接一根导线，如果采用专门设计的端子，可以连接两根或多根导线，但导线的连接方式，必须是公认的、在工艺上成熟的各种方式，如夹紧、压接、焊接、绕接等，并应严格按照连接工艺的工序要求进行。

4）根据电路图检验控制板内部布线的正确性。

5）安装电动机及连接电动机和各电气元器件金属外壳的保护接地线。

6）自检无误后通电试车。

2. 注意事项

1）行程开关安装时，安装位置要准确，安装要牢固；滚轮的方向不能装反，挡铁与其碰撞的位置应符合控制电路的要求，并确保能可靠地与挡铁碰撞。

2）行程开关在使用中，要定期检查其动作是否灵活、可靠，及时排除故障，防止因行程开关触头接触不良或接线松脱产生误动作而导致设备和人身安全事故。

五、思考与练习

1）如何选用位置开关？

2）什么是接近开关？它有什么特点？

3）位置开关的作用是怎样的？在图 6-38 所示自动循环往返控制电路中，SQ1～SQ4 各有什么作用？

项目9　三相异步电动机丫-△减压起动控制电路

一、学习目标

1）了解空气阻尼式及晶体管式时间继电器的结构、类型、符号、原理。

2）理解并掌握电动机丫-△减压起动控制电路的原理和安装技能。

二、主要元器件及工具

主要使用的元器件及工具请同学们自行列出（时间继电器可选 JS7-2A 型、线圈电压 380V）。

三、相关知识

1. 时间继电器

从得到动作信号到输出触头动作有一定延时时间的控制电器，称为时间继电器，其延时时间应符合一定的准确度。时间继电器广泛应用于按时间顺序控制的电气线路中。

常用的时间继电器主要有电磁式、电动式、空气阻尼式和晶体管式等。目前电力拖动线路中应用较多的是空气阻尼式时间继电器。近年来，晶体管式时间继电器也得到了广泛应用。

（1）JS7-A 系列空气阻尼式时间继电器　空气阻尼式时间继电器又称气囊式时间继电器，是利用气囊中的空气通过小孔节流的原理来获得延时动作的。根据触头延时的特点，可分为通电延时动作型和断电延时复位型两种。

1）型号及含义。

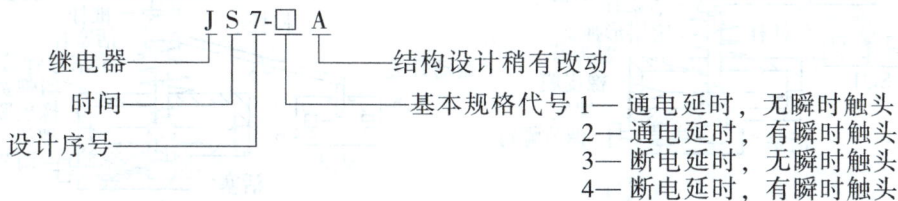

```
                J S 7-□ A
继电器 ——————————┘ │ │ └———— 结构设计稍有改动
  时间 ————————————┘ └———————— 基本规格代号 1—— 通电延时，无瞬时触头
设计序号 —————————┘                      2—— 通电延时，有瞬时触头
                                        3—— 断电延时，无瞬时触头
                                        4—— 断电延时，有瞬时触头
```

2）结构。JS7-A 系列时间继电器的外形和结构如图 6-39 所示，它由以下几个部分组成。

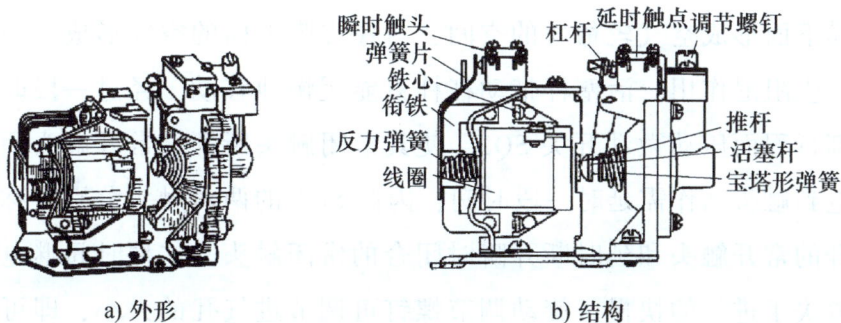

图 6-39　JS7-A 系列时间继电器的外形与结构

① 电磁系统。电磁系统由线圈、铁心和衔铁组成。

② 触头系统。触头系统包含两对瞬时触头（一对常开、一对常闭）和两对延时触头（一对常开、一对常闭），瞬时触头和延时触头分别是两个微动开关触头。

③ 空气室。空气室为一空腔，由橡皮膜、活塞等组成。橡皮膜可随空气的增减而移动，顶部的调节螺钉可调节延时时间。

④ 传动机构。传动机构由推杆、活塞杆、杠杆及各种类型的弹簧等组成。

⑤ 基座。基座用金属板制成，用以固定电磁机构和气室。

3）工作原理。JS7-A 系列时间继电器的工作原理示意图如图 6-40 所示。其中图 6-40a 所示为通电延时型，图 6-40b 所示为断电延时型。

① 通电延时型时间继电器的工作原理。当线圈通电后，铁心产生吸力，衔铁克服反力弹簧的阻力与铁心吸合，带动推板立即动作，压合微动开关 SQ2，使其常闭触头瞬时断开，常开触头瞬时闭合。同时活塞杆在宝塔形弹簧的作用下向上移动，带动与活塞相连的橡皮膜向上运动，运动的速度受进气孔进气速度的限制。

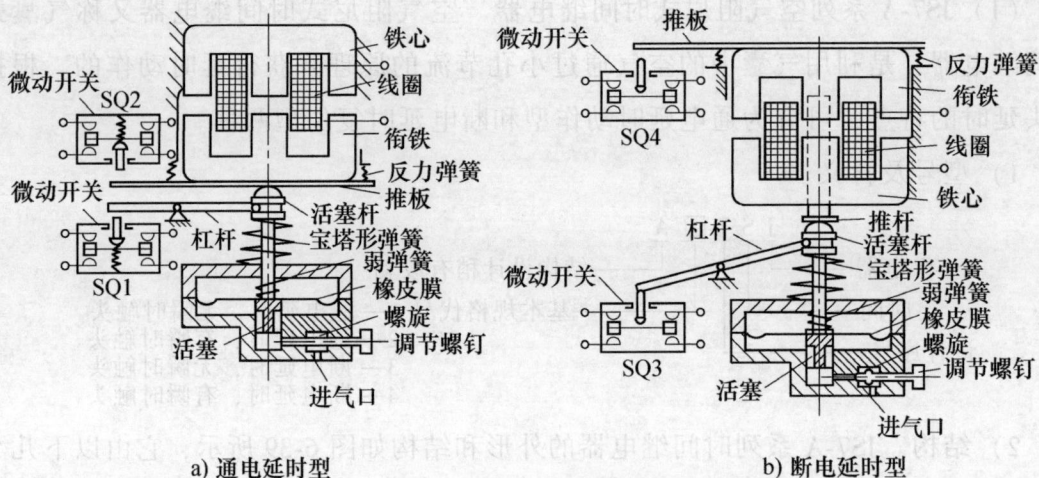

图 6-40　空气阻尼式时间继电器的结构

这时橡皮膜下面形成空气较稀薄的空间，与橡皮膜上面的空气形成压力差，对活塞的移动产生阻尼作用。活塞杆带动杠杆只能缓慢地移动。经过一段时间，活塞才完成全部行程而压动微动开关 SQ1，使其常闭触头断开，常开触头闭合。由于从线圈通电到触头动作需延时一段时间，因此 SQ1 的两对触头分别被称为延时闭合瞬时断开的常开触头和延时断开瞬时闭合的常闭触头。这种时间继电器延时时间的长短取决于进气的快慢，旋动调节螺钉可调节进气孔的大小，即可达到调节延时时间长短的目的。JS7-A 系列时间继电器的延时范围有 0.4 ~ 60s 和 0.4 ~ 180s 两种。

当线圈断电时，衔铁在反力弹簧的作用下，通过活塞杆将活塞推向下端，这时橡皮膜下方腔内的空气通过橡皮膜、弱弹簧和活塞局部所形成的单向阀迅速从橡皮膜上方的气室缝隙中排掉，使微动开关 SQ1、SQ2 的各对触头均瞬时复位。

② 断电延时型时间继电器。JS7-A 系列断电延时型和通电延时型时间继电器的组成元器件是通用的。如果将通电延时型时间继电器的电磁机构翻转 180°安装即成为断电延时型时间继电器。其工作原理读者可自行分析。

空气阻尼式时间继电器的优点是：延时范围较大（0.4 ~ 180s），且不受电压和频率波动的影响；可以做成通电和断电两种延时形式；其缺点是：延时误差大，难以精确地整定延时值，且延时值易受周围环境温度、尘埃等的影响。因此，对延时精度要求较高的场合不宜采用。时间继电器在电路图中的图形符号如图 6-41 所示。

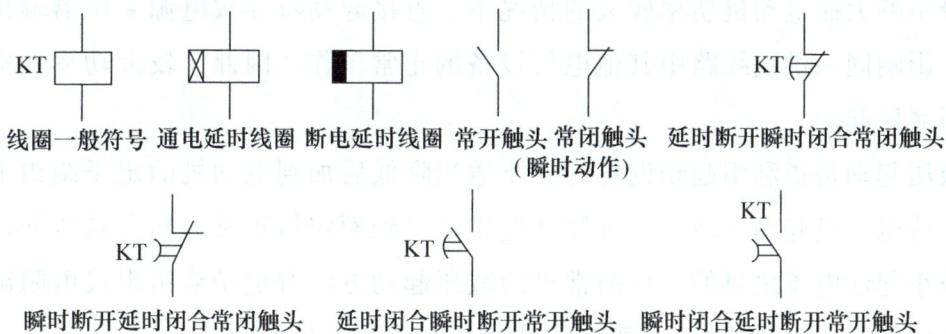

图 6-41 时间继电器的图形符号

线圈一般符号　通电延时线圈　断电延时线圈　常开触头　常闭触头　延时断开瞬时闭合常闭触头（瞬时动作）

瞬时断开延时闭合常闭触头　延时闭合瞬时断开常开触头　瞬时闭合延时断开常开触头

4）选用。

① 根据系统的延时范围和精度选择时间继电器的类型和系列。在延时精度要求不高的场合，一般可选用价格较低的 JS7-A 系列空气阻尼式时间继电器，反之，对精度要求较高的场合，可选用晶体管式时间继电器。

② 根据控制电路的要求选择时间继电器的延时方式（通电延时或断电延时）。同时，还必须考虑电路对瞬时动作触头的要求。

③ 根据控制电路电压选择时间继电器吸引线圈的电压。

（2）晶体管时间继电器　晶体管时间继电器也称为电子式时间继电器，具有机械结构简单、延时范围广、精度高、功耗小、调整方便、寿命长等优点。按延时方式分为通电延时型、断电延时型及瞬动触点的通电延时型。图 6-42 所示为常用的 JS20 系列晶体管时间继电器的外形与接线示意图，标盘上带有发光二极管作为动作指示及带有延时刻度和延时旋钮供整定延时时间用。

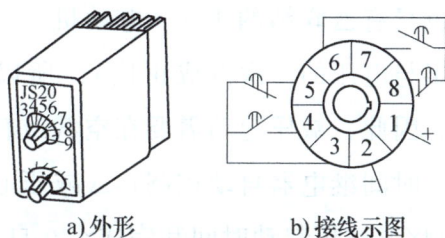

a）外形　　　b）接线示图

图 6-42　JS20 系列晶体管时间继电器的外形与接线

晶体管时间继电器适用于以下场合：

1）当电磁式时间继电器不能满足要求时。

2）当要求的延时精度较高时。

3）控制回路相互协调需要无触点输出等。

2. 时间继电器自动控制丫-△减压起动电路

前面介绍的几种控制电路起动电动机时，加在电动机定子绕组上的电压为电动机的额定电压，称为全压起动，也叫直接起动。直接起动电气设备少，线路简单，维修量较小。但直接起动电流较大，一般为额定电流的 4~7 倍。在电源变压器容量不够大而电动机功率较大的情况下，直接起动将导致电源变压器输出电压下降，影响同一供电线路中其他电气设备的正常工作。因此，较大功率的电动机需采用减压起动。

减压起动是指利用起动设备将电压适当降低后加到电动机的定子绕组上进行起动，待电动机起动运转后，再使其电压恢复到额定值正常运转。减压起动可达到了减小起动电流之目的。目前常见的减压起动方法有定子绕组串接电阻减压起动（如线绕转子电动机）、自耦变压器减压起动和丫-△减压起动。

丫-△减压起动是指电动机起动时，把定子绕组接成星形（丫），以减低起动电压，限制起动电流，待电动机起动后，再把定子绕组改接成三角形（△），使电动机全压运行。凡是在正常运行时定子绕组做△联结的异步电动机，均可采用这种减压起动方法。但是，由于丫联结时加在每相定子绕组上的电压只有△联结的 $1/\sqrt{3}$，其电流为△联结的 1/3，转矩也只有△联结的 1/3（电动机转矩与电压的二次方成正比），所以减压起动也将导致电动机的起动转矩大为降低。因此，减压起动需要在空载或轻载下起动。

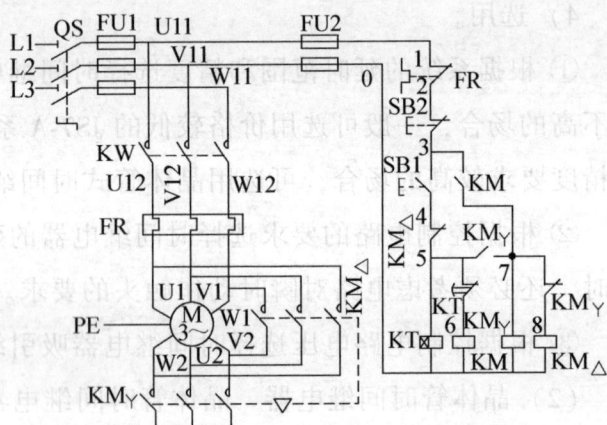

图 6-43 时间继电器自动控制丫-△减压起动电路图

时间继电器自动控制丫-△减压起动电路如图 6-43 所示。时间继电器 KT 用作控制丫形减压起动时间和完成丫-△自动切换。

工作原理如下：先合上电源开关 QS。

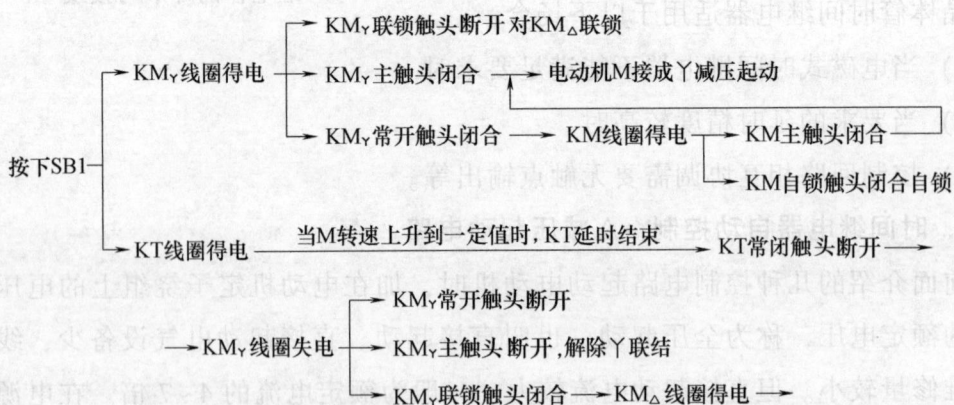

```
                                          ┌──→ 对KM_Y联锁
        ┌──→ KM_△联锁触头断开 ──┤
        │                        └──→ KT线圈失电 ──→ KT常闭触头瞬时闭合
   ─────┤
        └──→ KM_△主触头闭合 ──→ 电动机M接成△全压运行
```

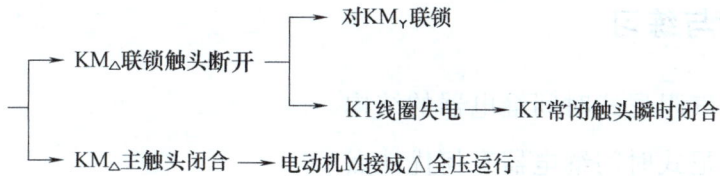

停止时，按下 SB2 即可。

该线路中，接触器 KM_Y 得电以后，通过 KM_Y 的常开辅助触头使接触器 KM 得电动作，这样，KM_Y 的主触头在无负载的条件下闭合，可延长接触器 KM_Y 主触头的使用寿命。

四、项目实施及工艺要求

1. 时间继电器的安装与使用

1）时间继电器应按说明书规定的方向安装。无论是通电延时型还是断电延时型，都必须使继电器在断电后，释放时衔铁的运动方向垂直向下，其倾斜度不得超过5°。

2）时间继电器的整定值，应预先在不通电时整定好，并在试车时校正。

3）时间继电器金属底板上的接地螺钉必须与接地线可靠连接。

4）通电延时型和断电延时型可在整定时间内自行调换。

2. 时间继电器自动控制Y-△减压起动控制电路的安装与检修

安装步骤及工艺要求与本单元项目6相同。

注意事项：

1）Y-△减压起动控制的电动机，必须有6个出线端子且定子绕组在△联结时的额定电压等于三相电源线电压。

2）接线时要保证电动机△联结的正确性，即接触器 KM_△ 主触头闭合时，应保证定子绕组的 U1 与 W2、V1 与 U2、W1 与 V2 相连接。

3）接触器 KM_Y 的进线必须从三相定子绕组的末端引入，若误将其首端引入，则在 KM_Y 吸合时，会产生三相电源短路事故。

4）控制板外部配线，必须按要求一律装在导线通道内，使导线有适当的机械保护，以防止液体、铁屑和灰尘的侵入。在训练时可适当降低要求，但必须以能确保安全为条件，如采用多芯橡胶线或塑料护套软线。

5）通电校验前，要再检查熔体规格及时间继电器、热继电器的各整定值是否符合要求。

6）通电校验必须有指导教师在现场监护。

五、思考与练习

1) 简述空气阻尼式时间继电器的结构。

2) 空气阻尼式时间继电器有何优缺点？

3) 晶体管时间继电器适用于什么场合？

4) 如果 JS7-A 系列时间继电器的延时时间变短，可能的原因有哪些？如何处理？

5) 什么叫减压起动？分析Y-△减压起动电路的原理。

项目10 三相异步电动机的机械制动控制电路的安装

一、学习目标

掌握电磁抱闸制动器的控制电路原理及安装方法；了解电磁离合器制动结构和原理。

二、主要元器件及工具

主要使用的元器件及工具在本单元项目 6 的基础上增加电磁抱闸制动器。

三、项目实施及工艺要求

(1) 研究断电制动、通电制动电磁抱闸制动器的结构、工作原理和调整方法。

(2) 按图 6-44 所示电路安装与调试电磁抱闸制动器断电制动控制电路

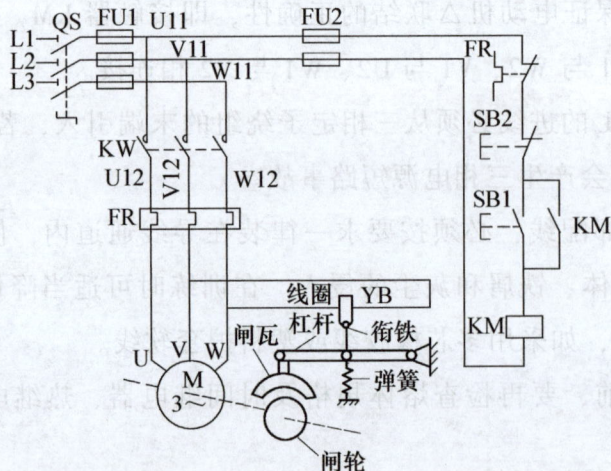

图 6-44 电磁抱闸制动器断电制动控制电路图

（3）按图 6-45 所示电路安装与调试电磁抱闸制动器通电制动控制电路

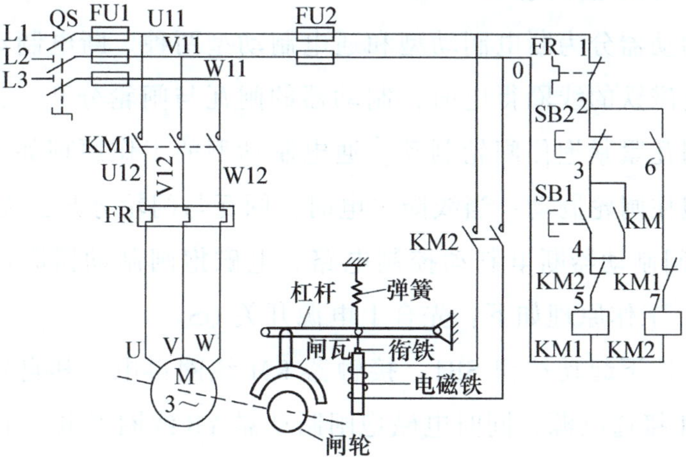

图 6-45　电磁抱闸制动器通电制动控制电路图

（4）注意事项

1）电磁抱闸制动器必须与电动机一起安装在固定的底座或座墩上，其地脚螺栓必须拧紧，且有防松措施。电动机轴伸出端上的制动闸轮必须与闸瓦制动器的抱闸机构在同一平面上，而且轴心要一致。

2）电磁抱闸制动器安装后，必须在切断电源的情况下先进行粗调，然后在通电试车时再进行微调。粗调时以在断电状态下用外力转不动电动机的转轴，而当用外力将制动电磁铁吸合后，电动机转轴能自由转动为合格；微调时以在通电带负载运行状态下，电动机转动自如，闸瓦与闸轮不摩擦、不过热，断电时又能立即制动为合格。

3）通电试车时，必须有指导教师在现场监护，同时要做到安全文明生产。

四、相关知识

电动机断开电源以后，由于惯性作用不会马上停止转动，而是需要转动一段时间才会完全停下来。这种情况对于某些生产机械是不适宜的。例如，起重机的吊钩需要准确定位，万能铣床要求立即停转等，满足生产机械的这种要求就需要对电动机进行制动。

所谓制动，就是给电动机一个与转动方向相反的转矩使它迅速停转（或限制其转速）。制动的方法一般有两类：机械制动和电力制动。

利用机械装置使电动机断开电源后迅速停转的方法叫机械制动。机械制动常用的方法有电磁抱闸制动器制动和电磁离合器制动。

1. 电磁抱闸制动器制动

电磁抱闸制动器分为断电制动型和通电制动型两种。断电制动型的工作原理如下：当制动电磁铁的线圈得电时，制动器的闸瓦与闸轮分开，无制动作用；当线圈失电时，闸瓦紧紧抱住闸轮制动。通电制动型的工作原理如下：当线圈得电时，闸瓦紧紧抱住闸轮制动；当线圈失电时，闸瓦与闸轮分开，无制动作用。

1）电磁抱闸制动器断电制动控制电路。电磁抱闸制动器断电制动控制电路如图 6-44 所示。工作原理如下：先合上电源开关 QS。

起动运转：按下起动按钮 SB1，接触器 KM 线圈得电，其自锁触头和主触头闭合，电动机 M 接通电源，同时电磁抱闸制动器 YB 线圈得电，衔铁与铁心吸合，衔铁克服弹簧拉力，迫使制动杠杆向上移动，从而使制动器的闸瓦与闸轮分开，电动机正常运转。

制动停转：按下停止按钮 SB2，接触器 KM 线圈失电，其自锁触头和主触头分断，电动机 M 失电，同时，电磁抱闸制动器线圈 YB 也失电，衔铁与铁心分开，在弹簧拉力的作用下闸瓦紧紧抱住闸轮，使电动机被迅速制动而停转。

电磁抱闸制动器断电制动在起重机械上被广泛采用。其优点是能够准确定位，同时可防止电动机突然断电时重物的自行坠落。当重物起吊到一定高度时，按下停止按钮，电动机和电磁抱闸制动器的线圈同时断电，闸瓦立即抱住闸轮，电动机立即制动停转，重物随之被准确定位。如果电动机在工作时，线路发生故障而突然断电时，电磁抱闸制动器同样会使电动机迅速制动停转，从而避免重物自行坠落。这种制动方法的缺点是不经济。因为电磁抱闸制动器线圈的耗电时间与电动机一样长；另外，切断电源后，由于电磁抱闸制动器的制动作用，使手动调整工件就很困难。因此，对要求电动机制动后能调整工件位置的机床设备不能采用这种制动方法，可采用下述通电制动控制电路。

2）电磁抱闸制动器通电制动控制电路。电磁抱闸制动器通电制动控制的电路如图 6-45 所示。这种通电制动与上述断电制动方法稍有不同，当电动机得电运转时，电磁抱闸制动器线圈断电，闸瓦与闸轮分开，无制动作用；当电动机失电需停转时，电磁抱闸制动器的线圈得电，使闸瓦紧紧抱住闸轮制动；当电动机处于停转常态时，电磁抱闸制动器线圈也无电，闸瓦与闸轮分开，这样操作人员可以用手扳动主轴调整工件、对刀等。

工作原理如下：先合上电源开关 QS。

起动运转：按下起动按钮 SB1，接触器 KM1 线圈得电，其自锁触头和主触头闭合，电动机 M 起动运转。由于接触器 KM1 联锁触头分断，使接触器 KM2 不能得电动作，所以电磁抱闸制动器的线圈无电，衔铁与铁心分开，在弹簧拉力的作用下，闸瓦与闸轮分开，电动机不受制动正常运转。

制动停转：按下复合按钮 SB2，其常闭触头先分断，使接触器 KM1 线圈失电，其自锁触头和主触头分断，电动机 M 失电，KM1 联锁触头恢复闭合，待 SB2 常开触头闭合后，接触器 KM2 线圈得电，KM2 主触头闭合，电磁抱闸制动器 YB 线圈得电，铁心吸合衔铁，衔铁克服弹簧拉力，带动杠杆向下移动，使闸瓦紧抱闸轮，电动机被迅速制动而停转。KM2 联锁触头分断对 KM1 联锁。

2. 电磁离合器制动

电磁离合器制动的原理和电磁抱闸制动器的制动原理类似。电动葫芦的绳轮常采用这种制动方法。断电制动型电磁离合器的结构示意图如图 6-46 所示。其结构及制动原理简述如下：

1）结构。电磁离合器主要由制动电磁铁（包括动铁心、静铁心和励磁线圈）、静摩擦片、动摩擦片以及制动弹簧等组成。电磁铁的静铁心靠导向轴（图 6-46 中未画出）连接在电动葫芦本体上，动铁心与静摩擦片固定在一起，并只能做轴向移动而不能绕轴

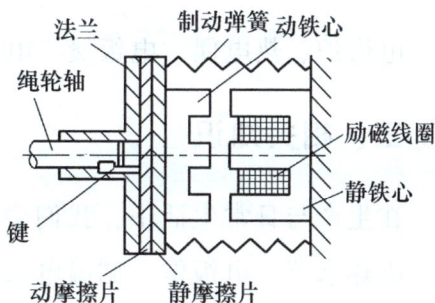

图 6-46　断电制动型电磁离合器结构示意图

转动。动摩擦片通过连接法兰与绳轮轴（与电动机共轴）由键固定在一起，可随电动机一起转动。

2）制动原理。电动机静止时，励磁线圈无电，制动弹簧将静摩擦片紧紧地压在动摩擦片上，此时电动机通过绳轮轴被制动。当电动机通电运转时，励磁线圈也同时得电，电磁铁的动铁心被静铁心吸合，使静摩擦片与动摩擦片分开，于是动摩擦片连同绳轮轴在电动机的带动下正常起动运转。当电动机切断电源时，励磁线圈也同时失电，制动弹簧立即将静摩擦片连同动铁心推向转动着的动摩擦片，强大的弹簧张力迫使动、静摩擦片之间产生足够大的摩擦力，使电动机断电后立即受制动停转。电磁离合器的制动控制电路与图 6-44 所示电路基本相同，读者可自行画出并进行分析。

五、思考与练习

1) 什么叫机械制动？常用的机械制动有哪两种？

2) 电磁抱闸制动器分为哪两种类型？其特点是什么？

3) 简述电磁离合器的制动原理。

项目 11 电热设备的温度控制与故障排除

一、学习目标

掌握电热设备的温度控制与故障排除方法。

二、主要设备、材料及工具

电烤炉、热电偶、电饭煲、电工工具、万用表等。

三、相关知识

在生产与日常生活中，我们会遇到许多电热设备，如电烤炉、模具温度控制机、电热水器、电饭煲、调温电火锅等。它们均由加热电路和温度控制器两部分组成。

加热电路的核心部件是电热元件，它由形状不同的电阻片或电阻丝、管构成，能将电能转换成热能。

温度控制器根据所使用的场合与温度控制要求的不同，可分为双金属片式温度控制器、电子温度控制器、热电偶温度控制器、磁控式温度控制器和蒸汽压力式温度控制器。

1. 双金属片式温度控制器

双金属片式温度控制器广泛应用于电烤炉、调温电火锅、电熨斗、电取暖器、电饭煲的恒温器等进行温度的调节与自动控制。图 6-47 所示为电烤炉温度控制电路及双金属片式温度控制器的结构图。

在图 6-47a 所示的电路图中，转换开关可使上加热器与下加热器处于通电、断电或分别通电与断电状态。图 6-47b 为电烤炉采用的双金属片式温控器，双金属片既作为感温探头又作为动作元件。当电烤炉温度达到给定温度时，双金属片

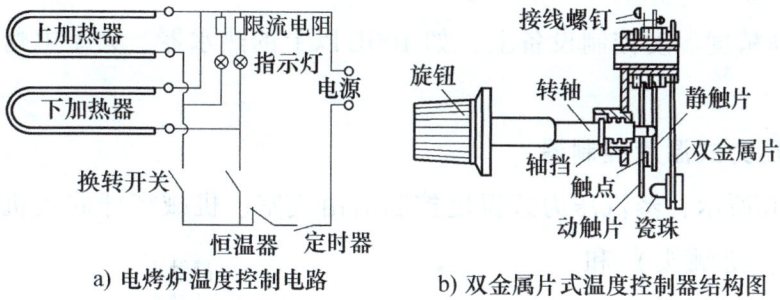

图 6-47 电烤炉温度控制电路

变形量足以推开动触片（工作原理与热继电器相同），切断电流。当温度低于给定温度时，双金属片的变形逐渐减小至复原，使动触片闭合接通电路加热，如此循环，以达到恒温控制。若要改变给定温度，可通过调节图 6-47b 中的旋钮来实现。旋钮顺时针方向旋动，给定温度升高；逆时针方向旋动，给定温度降低；当旋钮位于"关（off）"位置时，温控器触点断开，电热器不能通电加热。

2. 热电偶温控器

图 6-48 所示是热电偶工作原理示意图，A、B 是两种成分不同而互相具有一定热电特性的材料所构成的热电极。把它们的一端焊接起来，另一端连接成回路，便构成一个热电偶。热电偶的焊接端称为工作端或热端。使用时将热端置于被测温度部位，设其温度为 T_1；另一端称为自由端或冷端，设其温度为 T_2。冷端接外电路，对外输出电动势。当 $T_1 > T_2$ 时，在回路中即会产生电动势（称为热电动势）。该电动势经过放大电路放大后去控制执行机构如继电器通电或断电，便可达到控制温度的目的。

热电偶温度控制器的优点是其本身结构简单，使用方便，精确可靠，温度调节范围宽，可测量 $-200 \sim 1300℃$ 范围内的温度，特殊情况下，可测至 2800℃ 的高温，同时还可实现远距离自动控制。图 6-49 所示为热电偶结构。热电偶的应用系

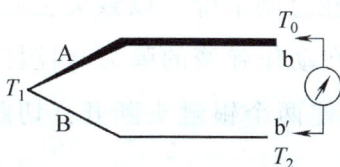

图 6-48 热电偶工作原理示意图

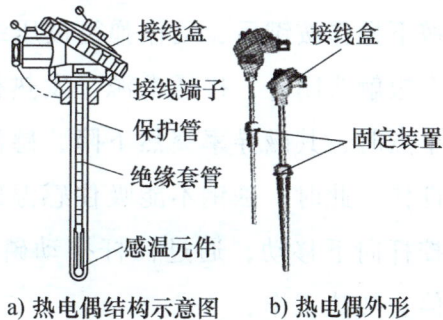

图 6-49 热电偶结构图

统（即放大、推动、控制系统）较复杂且成本较高，它一般只使用在较大功率的电热器具和高精度温度控制设备上，如100L以上的热水器、大型电烤炉、模具温度控制机等。

3. 蒸汽压力式温度控制器

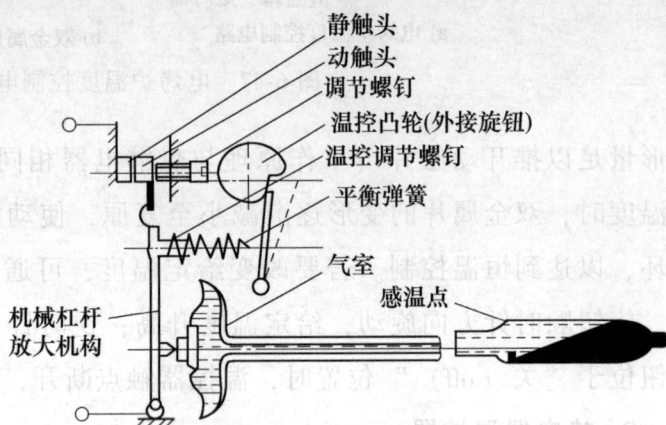

如图6-50所示，蒸汽压力式温度控制器由气室、机械杠杆放大机构、电气触头（静触头、动触头）和温控凸轮等部分组成。

蒸汽压力式温度控制器的气室内充有感温剂，感温剂的饱和蒸汽压力随温度变化而变化。温度升高，饱和蒸汽压力升高，气室波纹管膨胀，推动机械杠杆放大机构，使动触头动作，切断电源，加热器停止工作；当感温探头测得的温度降低，饱和蒸汽压力就下降，气室波纹管在

图 6-50 蒸汽压力式温度控制器

弹力的作用下收缩，使平衡弹簧变形带动触头动作，电路接通，加热器工作。蒸汽压力式温控器的探头可直接浸在被测液体或空间的一定位置中。其特点是感温点与电气工作点的距离可拉开，安装及使用的可靠性比双金属片式温度控制器优越得多，可以直接置于模具温度控制机的液体介质中检测、控制温度。

4. 磁控式温度控制器

磁控式温度控制器又称磁钢限温器，用于限温控制电路中。如电饭煲的限温（约103℃）断电控制，它感温、控温准确，动作可靠，能够迅速断开触头，性能优于双金属片温度控制器。图6-51所示为电饭煲磁钢限温器结构图，其工作原理如下：按下操作按键后，动作弹簧被压缩，磁钢（永久磁铁）上升与感温磁钢相吸，两个银触头闭合，接通电源，发热板工作，对饭锅加热。当温度达到感温磁钢的居里点时，其磁导率突然下降，感温磁钢磁性急剧下降，以致失去磁性，变为非磁性体。此时，磁钢不能吸住感温磁钢，而在动作弹簧的弹力与控杆重力作用下，控杆向下移动，通过杠杆推动磷青铜片，使两个银触头断开，切断电源，发热板停止加热工作。

利用不同居里点的感温磁钢，可制作各种不同动作温度的磁钢限温器。

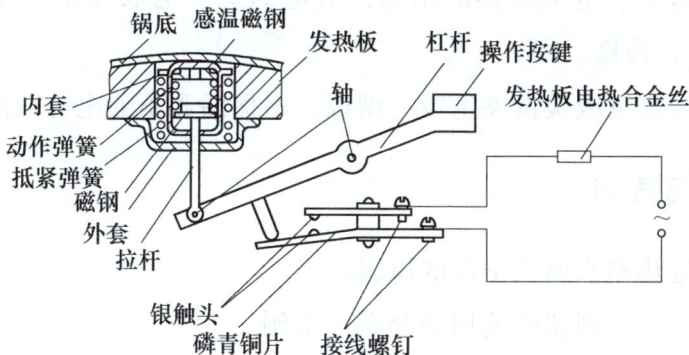

图 6-51　电饭煲磁钢限温器结构图

图 6-52 为电饭煲电路图，双金属片温度控制器（恒温器）的动作温度为 70℃，试自行分析电路的工作原理。

随着电子技术和材料科学的进步，电子温度控制器已得到广泛的应用。它主要是通过热敏电阻为探头的传感器件获取温度信号，变换后经过电子放大电路放大后控制执行器件动作，实现温度控制。

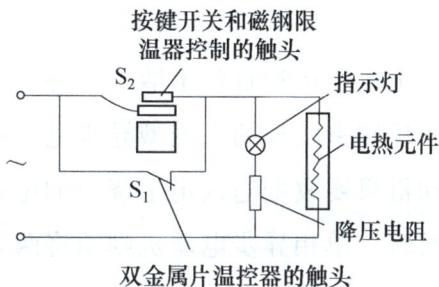

图 6-52　电饭煲电路图

四、项目实施与工艺要求

电热设备故障排除的一般流程如下：

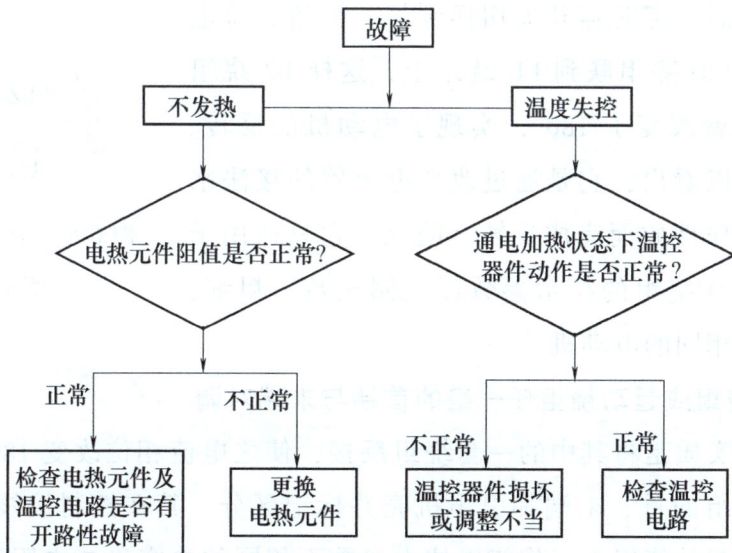

1）观察电烤炉、电取暖器的结构，对电烤炉、电取暖器不发热和温度失控等故障进行分析、检修。

2）分析并检修电饭煲做夹生饭、糊饭、不保温和不通电等故障。

五、思考与练习

1）试分析电热器水温烧不高的原因。

2）试对各温度控制器的使用场合举一实例。

阅读材料四 单相异步电动机的反转控制

工业生产和日常生活中，许多机械设备的正、反方向的运动是通过电动机的正、反转来实现的。笼型异步电动机反转原理是改变旋转磁场的转向。三相异步电动机只要改变通入定子绕组的电源相序，即将三相电源中任意两根相线交换即可反转。单相异步电动机则须将两套绕组（工作绕组和起动绕组）中任意一套绕组的电流相位改变180°来改变旋转磁场的转向实现反转，其实现方法有以下几种。

1. 起动绕组与工作绕组互换

家用洗衣机频繁的正、反转正是利用起动绕组与工作绕组互换而很容易地实现了反转控制。如图6-53所示，当定时器开关处于图示位置时，电容器串联在起动绕组 LZ 上，经过定时器的设定时间后，定时器开关切换到另一位置，将电容器从 LZ 绕组切除串联到 LU 绕组上，这样 LZ 绕组上的电流相位就改变了180°，实现了电动机的反转。从控制过程可以看出，它是通过改变电容器的接法来改变绕组的工作性质而完成反转。因此，它只适用于起动绕组与工作绕组的技术参数即线圈匝数、粗细、所占槽数都应相同的电动机。

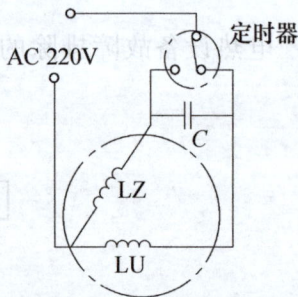

图6-53 洗衣机正、反转控制

2. 工作绕组或起动绕组任一组的首端与末端对调

这种方法实质是将其中的一套绕组反接，使之电流相位改变180°。它需要将电动机两套绕组的首、末端都引出机壳并标记区分，其在控制接线上也较麻烦。它主要适用于起动绕组与工作绕组技术参数不相同的电容（或电阻）起动异步电动机。生产商出厂时为了方便用户接线，用统一标准的接线板规范电动机绕组的引出线，如图 6-54a 所示，U1U2、V1V2 分别为工作绕组和起动绕组，C 为外接电容器，S 为电动机内部的离心开关。电动机起动后，当转速达到 80% 左右的额定值时，S 断开，切除 V1V2，工作绕组拖动负载运行。图 6-54b、c 为单相电动机铭牌上标注的正、反转接线图。

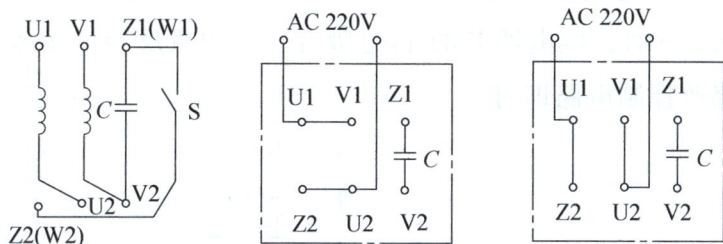

a) 绕组接线桩排列   b) 单相电动机正转接线图 c) 单相电动机反转接线图

图 6-54　单相电动机接线板标识图

1）倒顺开关控制单相电动机正反转。功率在 1kW 左右就近控制的单相电动机，例如木工刨床、小型磨粉机等，采用倒顺开关控制其正、反转。图 6-55a、b 所示是倒顺开关控制单相电动机正、反转的接线图。在正转位置，1-2、3-4、5-6 分别相通；在反转位置，1-3、2-4、5-6 分别相通。拆出接线板上连接片，将倒顺开关与接线板的接点相连，即 1 与 U1、2 与 V1、3 与 Z2、4 与 U2 连接就可完成电动机正、反转接线。如果将电源线直接接在 4、1 号或 2、3 号接点（静触头）上，电动机能按要求正、反转，但开关处于停的位置，如电源进线仍带电，则 U1U2 绕组或 V1V2 绕组仍加有电，电动机发出"嗡嗡"声而不转动，时间稍长就会烧毁绕组。电源线接法如图 6-55c 所示，在停的位置通过 5-6 号间的动触片将相线断开。

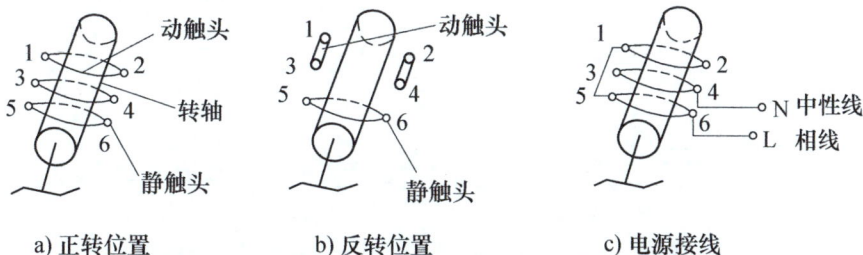

a) 正转位置　　　　　 b) 反转位置　　　　　　 c) 电源接线

图 6-55　倒顺开关控制单相电动机正反转接线图

采用 KO3 系列倒顺开关控制其正、反转的接线如图 6-56 所示。注意必须拆出接线板上的连接片。KO3 系列倒顺开关由六个相同的蝶形动触头和九个 U 形静触头及一组定位机构组成。触头动作准确迅速,性价比高。

2)接触器控制单相电动机正反转。对远距离或较高位置的危险场所,例如电动卷闸门、舞台电动拉幕等,一般采用接触器控制。拆出接线板上的连接片,将 U1、V1、Z2、U2 接点分别连接到图 6-57a 所示的主电路上。按下起动按钮 SB2,接触器 KM2 得电吸合,电动机正转。松开按钮 SB2,KM2 失电,电动机停转。按下起动按钮 SB1,继电器 KM1 得电吸合,电动机反转。接触器的联锁、保护等控制只需修改控制电路即可。

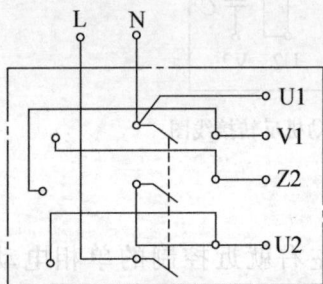

图 6-56　KO3 系列开关控制电动机正、反转的接线图

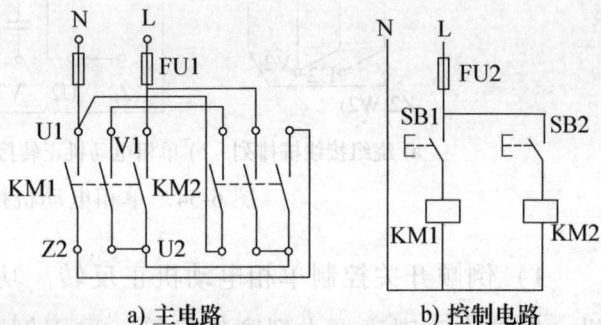

a) 主电路　　　　　b) 控制电路

图 6-57　接触器控制单相电动机正反转

单相异步电动机由于其结构的特殊性,其反转控制也有其特点。实践中我们要多总结积累经验,为电气线路安装、检修打下坚实的基础。

第七单元 安全用电

学习目标

通过这一节的学习，懂得用电安全的措施与重要性，自觉教育、引导身边的人注意安全用电和作好防触电、防电气火灾的措施。

项目1 安全电压、安全标志与屏护

一、学习目标

1）掌握安全电压的选用及其获取方式；懂得安全色标、标志牌的意义及悬挂处所。

2）了解一般屏护的作用及要求。

二、主要材料及工具

手锯、纸板、白纸、直尺、钢卷尺、毛笔、广告颜料。

三、相关知识

安全用电的基本方针是"安全第一，预防为主"。人们只有在制度上、技术上采取防止触电的措施，才能落实安全用电的治本良策。

1. 安全电压

安全电压是指人体持续接触而不会使人直接致死或致残的电压。

（1）安全电压的选用 安全电压等级的选用必须考虑用电场所和用电器具对安全的影响。凡高度不足 2.5m 的照明装置、机床局部照明灯具、移动行灯、手

持电动工具（如手电钻）以及潮湿场所的电气设备，其安全电压可采用36V。凡工作地点狭窄、工作人员活动困难、周围有大面积接地导体或金属结构（如在金属容器内），存在高度触电危险的环境以及特别潮湿的场所，则应采用12V为安全电压。

（2）安全电压的取得

1）安全电压必须由双绕组变压器降压获得，不可由自耦变压器或电阻分压器获得，如图7-1所示。在图7-1b中，因为线路中相线对地电压为220V，人体触及送电线路时仍然危险。在图7-1a中采用双绕组变压器降压时，其输入、输出电路在电气上是被绝缘隔离开的，不会发生上述触电危险。

2）安全电压的供电线路，必须与其他电气系统分开、隔离，如安全变压器的一、二次绕组输电线路应分开并做明显标志，以避免混淆错接。

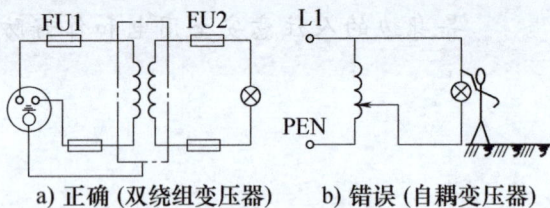

a) 正确（双绕组变压器）　　b) 错误（自耦变压器）

图7-1　行灯安全电压的取得方式

3）当电气设备采用24V以上的安全电压时，必须采取防止直接接触带电体的保护措施，如36V行灯的握持部位应采用橡胶绝缘柄。

4）安全变压器的铁心和外壳均应接地，以防止一、二次绕组间绝缘击穿时，高压窜入低压回路引起触电危险。此外，还应在高、低压回路中装设熔断器作为短路保护。

2. 安全标志

在有触电危险的场所或容易产生误判断、误操作的地方，以及存在不安全因素的现场，设置醒目的文字或图形标志，以提示人们识别、警惕危险因素，对人们防止发生危险有着重要的作用。

（1）安全色标　安全标志中的色标具有统一标准，或符合人们的习惯。

1）安全色标的意义（见表7-1）。

表7-1　安全色标的意义

色标	含　义	举　例
红色	禁止、停止、消防	停止按钮、紧急停止按钮、灭火器、仪表运行极限
黄色	注意、警告	"当心触电""注意安全"

色标	含　义	举　例
绿色	安全、通过、允许、工作	"在此工作""已接地"
黑色	警告	多用于文字、图形、符号
蓝色	强制执行	"必须戴安全帽"

2）导体色标。交流电路中 L1、L2、L3 三相分别用黄、绿、红三色表示，中性线 N 用淡绿色表示；直流电路正、负极分别用棕、黑表示；保护接地（零）线用黄/绿双色表示。

（2）安全标志牌　常用安全标志牌样式及悬挂处所，见表 7-2。

表 7-2　标志牌样式及悬挂处所

类型	名称	悬挂处所	样　式		
			长/mm×宽/mm	颜　色	字　样
禁止类	禁止合闸，有人工作！	一经合闸即可送电到施工设备的开关和刀开关操作把手上	200×100 和 80×50	白底	红字
	禁止合闸，线路有人工作！	线路开关和刀开关把手上	200×100 和 80×50	红底	白字
	禁止攀登，高压危险！	工作人员上下的铁架附近，可能上下的另外铁架上；运行中变压器的梯子上	250×200	白底红边	黑字
允许类	在此工作！	室内和室外工作地点或施工设备上	250×250	绿底，中有直径 210mm 的白圆圈	黑字，写于白圆圈中
警告类	止步，高压危险！	施工地点临近带电设备的遮栏上；室外工作地点的围栏上；禁止通行的过道上；高压试验地点；工作地点临近带电设备的横梁上	250×200	白底红边	黑字，有红箭头
提示类	由此上下！	工作人员上下的铁架、梯子上	250×250	绿底，中有直径 210mm 的白圆圈	黑字，写于白圆圈中

（3）对标志的要求

1）文字简明扼要，图形清晰，色彩醒目。例如，用白底红边黑字制作的"止步，高压危险"的标示牌，白色背景衬托下的红边和黑字，可以收到清晰醒目的效果，这也使得标示牌的警告作用更加强烈。

2）标准统一或符合习惯，以便于管理。我国采用的颜色标志的含义基本上与国际安全色标准相同。

3. 屏护

（1）屏护作用

1）防止工作人员意外碰触或过分接近带电体，如遮栏、保护网、围墙等。

2）作为检修部位与带电体的距离小于安全距离时的隔离措施，如绝缘隔板。

3）保护电气设备不受机械损伤，如低压电器的箱、盖、盒等。

（2）常用屏护规格

1）遮栏。遮栏常用于高压配电室，做成网状。高度不低于 1.7m，其金属网应接地并加锁。

2）栅栏。栅栏用于室外配电装置，高度不应低于 1.5m；室内栅栏，高度不低于 1.2m。

3）围墙。室外落地安装的变配电设施应有完好的围墙，墙体高度不应低于 2.5m。

四、项目实施及工艺要求

1）参观附近厂矿企业、学校供用电设备的安全标志与屏护。

2）分组制作"禁止类""允许类""警告类"安全标志牌。

3）测试安全电压及考查安全电压的取得是否安全。

五、思考与练习

1）说一说你见过使用安全电压的场合及安全电压等级。

2）使用了安全电压就一定安全吗？为什么？

3）停止按钮用＿＿＿＿色，起动按钮用＿＿＿＿色。

4）在三相四线制电缆中，中性线用＿＿＿＿色。电气设备的保护接地（零）用＿＿＿＿色的电线。

项目 2　保护接地与保护接零

一、学习目标

1）了解常见的触电形式。

2）掌握保护接地与保护接零的适用场合和事故防范措施。

二、主要材料及工具

单、三相插座，电动机，接地体，配电板和导线等。

三、相关知识

1. 常见人体触电方式

常见人体触电方式有单相触电、两相触电和跨步电压触电三种。

（1）单相触电　当人体直接接触带电设备或线路的一相导体时，电流通过人体而发生的触电现象称为单相触电。现在供电系统大多数采用三相四线制，如果系统的中性点接地，如图 7-2a 所示，则人体承受的电压为相电压 220V，使人触电，足以危及生命。如果系统的中性点不接地，如图 7-2b 所示，虽然线路对地绝缘，但线路还存在对地电容，而且对地绝缘电阻也因环境而异，所以触电电流仍可能达到危及生命的程度。

（2）两相触电　如图 7-3 所示，如果人体的两个不同部位同时触及两相导体而发生的触电现象称为两相触电。这时人体承受的电压为线电压 380V，其比单相触电危险更大。

a) 相线通过中性点接地系统触电　　b) 相线直接对地触电

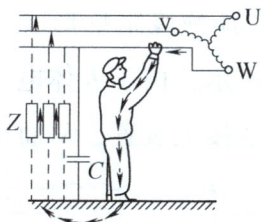

图 7-2　单相触电

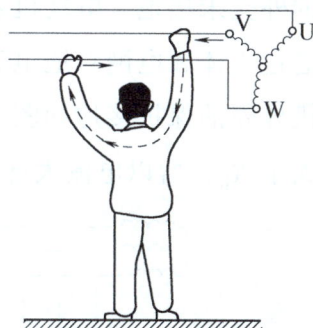

图 7-3　两相触电

（3）跨步电压触电　当电气设备发生接地故障时，如高压架空输电线断线接地，形成以电流入地点为圆心，电位向周围逐渐减弱的圆形分布区域。当人走近带电导线的接地点时，在人的两脚间形成电位差而触电的现象，如图 7-4 所示。

2. 保护接地与保护接零

保护接地与保护接零是防止触电事故的主要措施。

（1）专业名词术语

1）工作接地。工作接地是指将变压器的中性点或中性线接地，以保证电气设备安全、正常运行。中性线又称零线，用文字符号 N 表示。

2）保护接地。将电气设备不带电的金属外壳、金属杆塔、构件等用导线与接地体连接起来，以防止人身因设备绝缘损坏而遭受触电的危险，称为保护接地。

图 7-4　跨步电压触电

3）保护接零。在低压电网中将电气设备的金属外壳用导线直接与中性线连接，称为保护接零。

4）保护线（PE）。以防止触电为目的而与设备的金属外壳、总接地端子、接地干线、电源接地点、接地极等进行电气连接的导体或导线，称为保护线，用文字符号 PE 表示。保护接地线和保护接零线均为保护线。兼有保护线（PE）和中性线（N）作用的导体，称为保护中性线，用文字符号 PEN 表示。

（2）保护接地应用　保护接地适用于高压电气设备及电源中性线不直接接地的低压电气设备，如图 7-5 所示。在图 7-5a 中，中性点不接地的供电系统中电动机的外壳未接地，电动机若发生单相碰壳，当人体接触电动机的外壳时，接地电流通过人体和电网对地电容、对地绝缘阻抗形成回路，可能会造成触电事故。电动机外壳的保护接地如图 7-5b 所示，由于人体电阻 R_r 与接地电阻 R_b 并联，而 R_r 远大于 R_b，所以电流大部分流经接地装置，从而保证了人身安全。

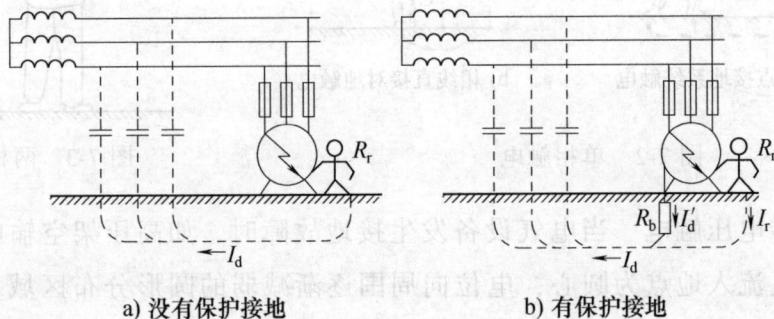

a）没有保护接地　　　　b）有保护接地

图 7-5　保护接地

（3）保护接零应用　保护接零适用于三相四线制、中性线直接接地的供电系统。采取了保护接零措施后，如果电气设备的某相绝缘损坏，电流可经过中性线成回路而形成短路电流，立即使该相的熔体熔断或其他过电流保护电气动作，即使人体触及漏电的电气设备外壳也不会发生触电事故，如图 7-6 所示。在实践中为防止保护中性线 PE 或 PEN 断线，常采用重复接地的办法，以降低其断线后对人体触电的危险程度。

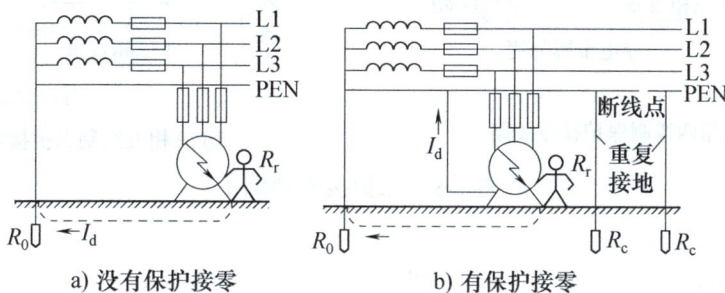

a) 没有保护接零　　　　　b) 有保护接零

图 7-6　保护接零

必须指出，在同一供电系统中，绝不允许一部分电气设备采用保护接地而另一部分设备采用保护接零，否则会发生严重后果。如图 7-7 所示，如果当采用保护接地的电动机发生碰壳故障时，其故障电流受阻抗 R_0+R_E 的限制，其数值不足以使开关保护装置动作时，碰壳设备外壳对地电压

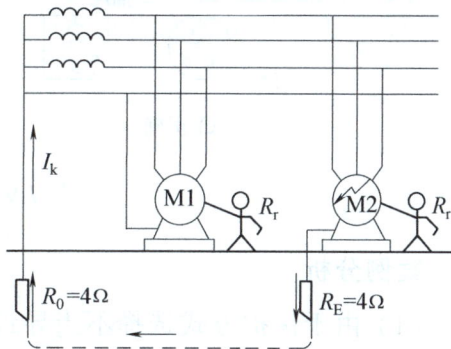

$$U_r = \frac{U}{R_0+R_E}R_0 = \frac{220}{4+4}\times4\text{V} = 110\text{V}$$

同样地，保护中性线 PEN 对地电压也为 110V。也就是说，如果当采用保护接地的设备的某相绝缘损坏，将使保护中性线的电位升高，致使所有接零设备的外壳和保护接地的设备外壳都带上危险的电压。

图 7-7　保护接地和保护接零混用的危险

四、项目实施与工艺要求

1）参观学校或附近企业设备的保护接地与保护接零。认真观察、记录，小组讨论。

2）按图 7-8，图 7-9a、c 的要求进行保护接线并注意比较。

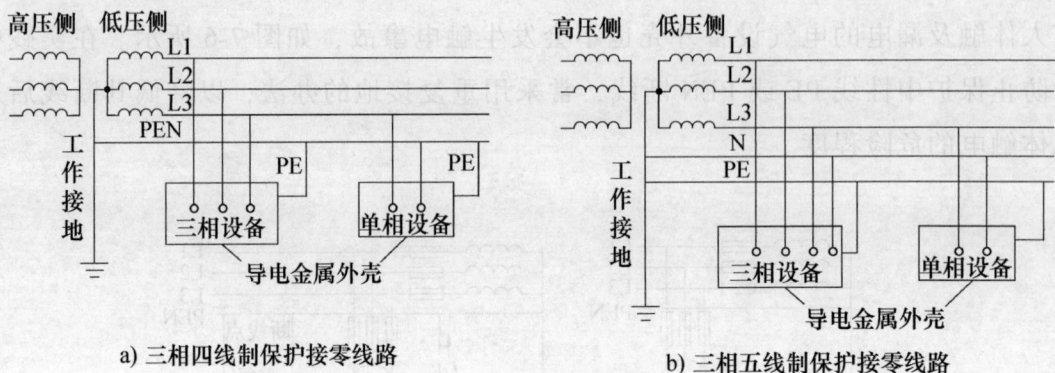

a) 三相四线制保护接零线路

b) 三相五线制保护接零线路

图 7-8　保护接零训练 1

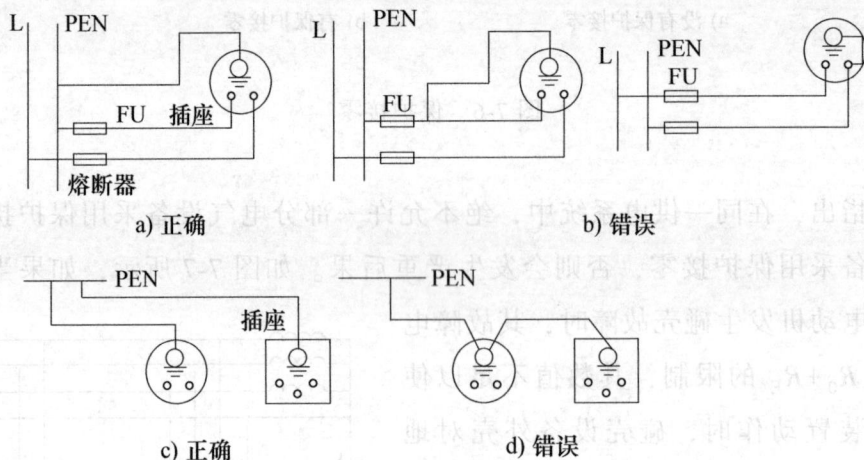

a) 正确

b) 错误

c) 正确

d) 错误

图 7-9　保护接零训练 2

案例分析

（1）由于保护方式选择不当导致操作人员触电死亡

案件经过：某铸钢厂造型车间的造型工××手握上砂机金属操作把手为砂箱上砂时，突然惨叫两声，木然不动触电死亡。

原因分析：这台上砂机是通过车间动力柜的一台 DZ10-100 型断路器供电，供电线路采用的是橡胶护套软电缆线。电缆线拖拉在地上，靠近电动机的一段电缆线被砂子埋住，使电动机接线盒的进线被拉紧且橡胶护套被剥去，电动机接线盒进线孔的护套因多次维修也没有了，进线孔处露出金属刃口。上砂机在运行时处于振动状态，接线盒进线孔的金属刃口很快将电线绝缘层磨破，导线与电动机外壳直接接触，使上砂机带电，操作者站在潮湿的砂上操作使其触电死亡。

这起事故更重要的原因是保护方式选择不当。这个车间由一台 800kV·A 的变压器直接供电，变压器中性点接地电阻值为 1.5Ω，采用三相四线制供电。所以车间内的设备应采用接零保护来防止接触触电，而这个车间的电动机采用就地接地保护。该厂以前发生过设备漏电有人触电的情况，有人认为这是接地不好导致的。于是对整个车间的接地网进行了改进，使接地电阻值降低到 2Ω。大家认为，接地电阻值已经大大小于规定的 4Ω，是不会有问题的，但事与愿违，却发生了严重的安全事故。

根据保护接零与保护接地混用的危险程度分析可知，该漏电设备外壳电压可达 126V，在潮湿的环境足以使人触电死亡。而漏电形成的短路电流 $I_d = 220/(2+1.5)A = 63A$，这个短路电流无法使断路器的过电流保护装置动作。

（2）中性线断线造成的触电死亡事故

案件经过：某粮库搬运工××在将火车上的粮包搬运到带式运输机时，他一手扶住火车门框，另一手触到带式运输机架子时，突然触电，摔下火车死亡。

原因分析：搬运工××触电死亡后，检查带式运输机的电气线路和电动机绝缘情况良好，保护接零也是正确的，只是工作现场附近有一照明灯合上开关后灯不亮。与大地绝缘的带式运输机的金属部分却带电，电压值接近 220V。根据此情况判断，带式运输机带电的原因是保护中性线带电，一定是其中性线干线在某处断线造成的。经沿线寻找，在距事故地点的 150m 远处的干线上发现由铜线过渡到铝线时，接头处严重氧化腐蚀接触不良，使中性线处于断线状态。这样当照明灯合上开关后电路不通，但电压却沿着中性线和带式运输机的保护中性线加到带式运输机的金属结构上，当搬运工××一手摸带式运输机，另一手触及火车门框时，电流通过人体、火车和道轨入地形成回路，使人触电死亡，如图 7-10 所示。

事故教训和防范措施：中性线断线特别是中性干线断线是一种严重的故障状态。由于中性干线断线能造成中性点位移，三相电源不平衡，使单相电气设备烧毁或不能正常工作，特别是居民供电区域内，将使大量的家电烧毁。更严重的是将使断线处以下所有采取保护接零设备的金属外壳带电，严重危及人身

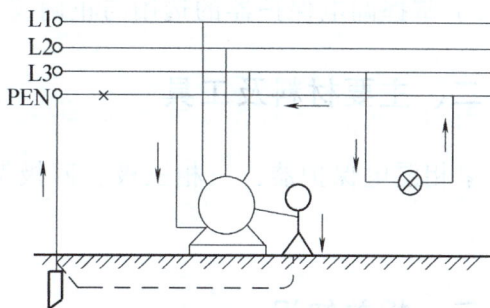

图 7-10　保护中性线断线造成的触电事故

安全。尽管可以采取重复接地的补救措施，降低触电的危险程度，但并不能解决根本问题，所以保证中性线的连续、可靠、接触良好是很重要的。因此，一般中

性线加有钢芯以提高其机械强度。

铜、铝线的连接应采用过渡材料连接，以防电化学腐蚀。

五、思考与练习

1) 单相触电与两相触电，哪种情况更危险？你怎样预防触电？

2) 参观学校或附近企业设备，哪些是保护接地？哪些是保护接零？

3) 你所在学校的教学楼、实验楼采用哪种保护形式？为什么？

4) 在"铸钢厂事故"案例中除保护方式选择不当导致发生严重的事故外，还有哪些做法为这次事故埋下了隐患？怎样改正？

5) "铸钢厂事故"案例的漏电设备外壳电压可达 126V 是怎样求出的？如果将该厂的保护方式改为保护接零，设上砂电动机到变压器的供电线路长为 80m，约为 0.4Ω 的电阻，则能否起到保护作用？

6) 进行设备的保护接零时，应注意哪些问题？

7) 若没有采用重复接地，保护中性线断线后设备发生漏电时会产生什么后果？请画图分析。

项目 3　漏电保护器

一、学习目标

1) 了解漏电保护器的基本原理。

2) 掌握漏电保护器的选用与正确安装方法。

二、主要材料及工具

单相漏电保护器，三相三极、四极漏电保护器，单、三相插座、配电板、导线等。

三、相关知识

漏电保护器（也称漏电保护开关）是一种电气安全装置。漏电保护器安装在低压电路中，当发生触电或漏电且达到保护器所限定的动作电流值时，它就立即在限定的时间内自动动作切断电源进线起到保护作用。

1. 漏电保护器的工作原理

1）结构。如图 7-11 所示，漏电保护器主要由三部分组成：检测元件、中间放大环节、动作执行机构。

① 检测元件。由零序电流互感器组成，检测漏电电流，并发出信号。

② 放大环节。将微弱的漏电信号放大，按装置不同（放大部件可采用机械装置或电子装置），构成电磁式保护器和电子式保护器。

③ 执行机构。执行机构收到已放大信号后，将开关由闭合位置转换到断开位置，切断电源，是被保护电路脱离电网的跳闸部件。

2）工作原理。漏电保护器安装在线路中时，一次绕组 L1 与电源进线相连接，二次绕组 L2 与漏电保护器中放大环节连接。如图 7-11 所示，当用电设备正常运行时，线路中电流呈平衡

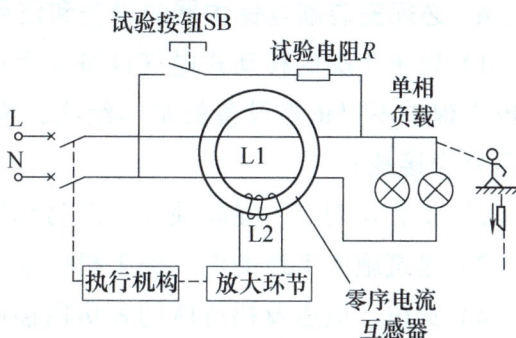

图 7-11　漏电保护器的工作原理图

状态，互感器中电流矢量之和为零（如按流出的方向为"＋"，返回方向为"－"，在互感器中往返的电流大小相等、方向相反，正负相互抵消）。当设备外壳发生漏电并有人触及时（如图中人体虚线连接），则在故障点产生分流，漏电电流经人体→大地→工作接地，返回变压器中性点（并未经零序电流互感器），致使互感器中流入、流出的电流出现了不平衡（电流矢量之和不为零），一次绕组中产生剩余电流。因此，二次绕组中就有感应电流，当感应电流值达到漏电保护器限定的动作电流值并加以放大时，其足以推动执行机构自动将开关脱扣，切断电源。图 7-12 所示为单相漏电保护器外形。

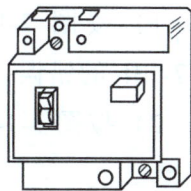

图 7-12　单相漏电保护器外形

对于三相电路，L1 可以是三根相线或是三根相线加中性线（三相四线制），这要根据具体的负载而定。

2. 类型形式

漏电保护器分为单相、三相两大类，也可分为开关式和插座式。

插座式漏电保护器是将漏电保护开关与插座合二为一，使插座具有触电保护功能，适用于移动电器和家用电器。

3. 选用

1）根据负载电压、电流选择相应的漏电保护器或插座，其额定电流应留裕量。

2）如被保护线路和设备的用电量小，漏电电流一般不超过10mA，宜选用额定动作电流为30mA，动作时间小于0.1s的漏电保护器或插座。

3）大型设备及带有多台设备的回路，可选用额定动作漏电电流为50～100mA，动作时间小于0.1s的漏电保护器。

4. 必须安装漏电保护器的设备和场所

1）属于Ⅰ类的移动式电气设备及手持式电动工具（Ⅰ类电气产品，即产品的防电击保护不仅依靠设备的基本绝缘，而且还包含一个附加的安全预防措施，如产品外壳接地）。

2）安装在潮湿、强腐蚀性等恶劣场所的电气设备。

3）建筑施工工地的电气施工机械设备和临时用电的电器设备。

4）宾馆、饭店及招待所的客房内插座回路。

5）机关、学校、企业、住宅等建筑物内的插座回路。

6）游泳池、喷水池、浴池的水中照明设备或线路。

7）医院中直接接触人体的电气医用设备。

8）其他需要安装漏电保护器的场所。

四、项目实施与工艺要求

1）按图7-13a所示通过单相漏电保护器装接插座并与图7-13b比较。图7-13b的错误接线造成当使用该插座时漏电保护器跳闸误动作。

2）按图7-14所示，对动力、照明混合线路的漏电保护器接线。

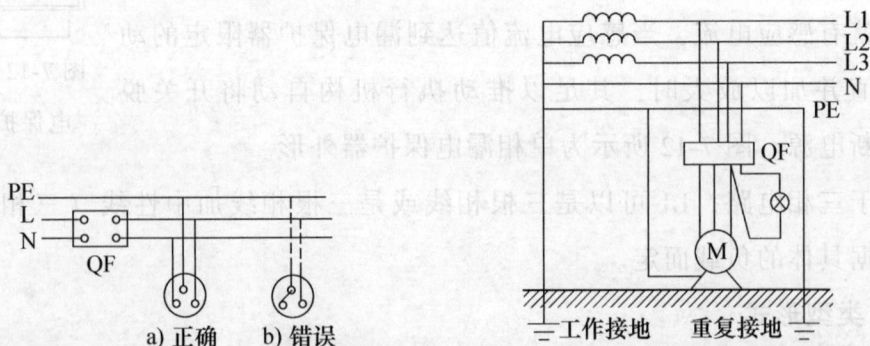

图7-13 单相漏电保护器正确接线与错误接线的比较　图7-14 三相四极漏电保护器的接线

3）按图7-15a所示，三相三极漏电保护器对电动机防漏电、触电保护的正确接线，并与图7-15b错误接线（虚线连接线）进行比较。

4）注意事项。

① 每一保护回路的中性线应专用，不能就近相互连接，否则，会造成三相电路中电流不平衡或单相电路中中性线电流一部分分流到其他控制电路的中性线中，使漏电保护器误动作。

② 漏电保护器装好后，应通电，按试验按钮试验。

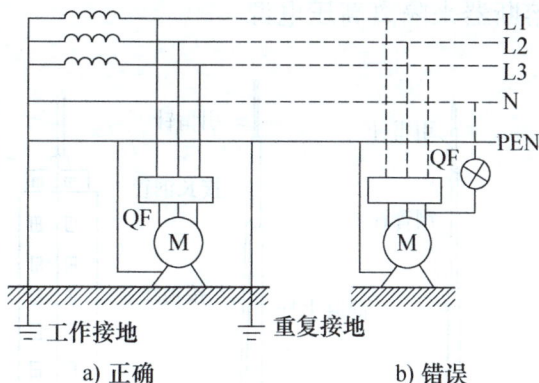

图 7-15 三相三极漏电保护器正确接线与错误接线的比较

五、思考与练习

1）请简要总结漏电保护器的安装方法与要求。

2）漏电保护器的选用应注意哪几点？

项目 4　防雷、电气防火与触电急救

一、学习目标

了解防雷、防电气火灾的基本常识及扑救方法；掌握触电急救的基本常识和方法。

二、主要材料及工具

CO_2 灭火器、干粉灭火器、1211 灭火器、手提式泡沫灭火器。

三、相关知识

1. 避雷装置

避雷装置是应用尖端放电原理做成的。它可以将大气中的雷电流直接引入到大地中，避免设备和人身遭受雷击危险。避雷装置可分为避雷器、避雷针和避雷线。它广泛应用于变配电站（所）、高压输电线路、高层建筑物和油库油站。其结构如图 7-16 和图 7-17 所示。配电变压器都装有避雷器，它一般装在跌落式熔断器安装架的内侧，与跌落式熔断器相对排列。为方便避雷器的检修与更换，常在 3 个跌落式熔断器的下接线桩分别引出 3 根线与 3 个避雷器相连，以此借助跌落式熔断器来隔离高压电源。

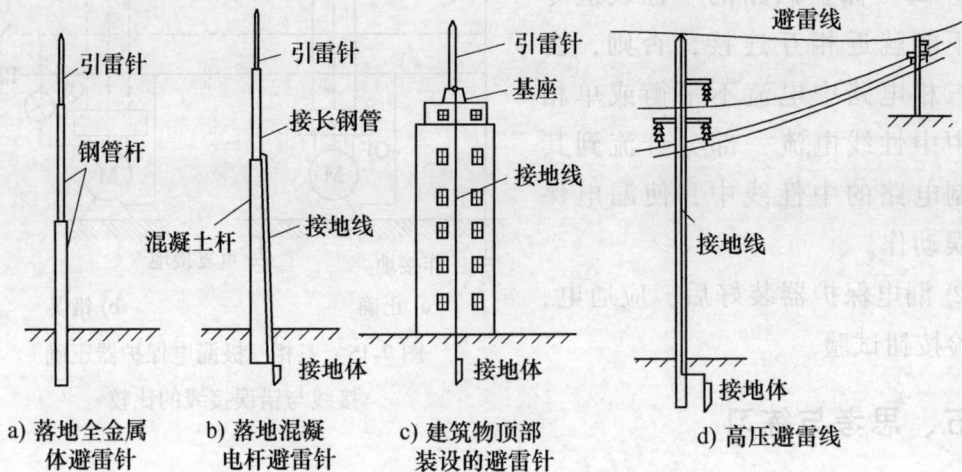

a) 落地全金属　　b) 落地混凝　　c) 建筑物顶部　　　d) 高压避雷线
体避雷针　　　　电杆避雷针　　　装设的避雷针

图 7-16　避雷针与避雷线

2. 电气防火

（1）电气火灾发生的主要原因

1）过载：由于长时间线路、设备的负荷过重，使电气设备过热，以至产生火灾。

2）安装不合理，维护不及时，使用不当等造成设备短路或导线断裂，产生电弧而引起火灾。

3）没按电气操作规程操作，在电源线或易燃易爆物品附近从事带电弧火花的操作等。

（2）电气火灾扑救方法　当电气设备发生火灾时，首先要切断电源。只有确实无法断开电源时，才允许带电灭火。当电源切断后，电气火灾的扑救方法

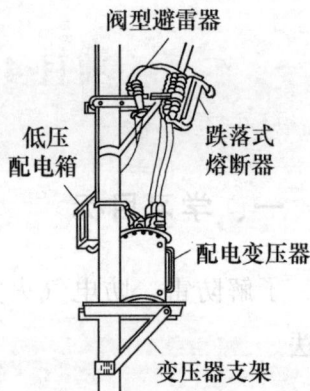

图 7-17　配电变压器上的阀型避雷器

与一般的火灾扑救相同。如果带电扑救电气火灾，要特别注意以下问题。

1）严防扑救人员的身体触及带电体而触电。

2）正确选用灭火剂，防止误用导电的灭火剂与带电体接触而触电。

3）防止因电气设备接地短路而受到接触电压或跨步电压触电。因此，在带电灭火时，主要采用以下一些特殊的方法：

① 带油的电气火灾宜用干燥的黄沙灭火。

② 用不导电的灭火剂灭火，如 CO_2 灭火剂、CCl_4 灭火剂、1211 灭火剂和干粉灭火剂等；不可用泡沫灭火剂或水枪带电灭火。

③ 注意灭火机的机体、喷嘴及人体都要与带电体保持一定距离，灭火人员应尽量穿绝缘靴，戴绝缘手套，有条件的还要穿绝缘服等。

（3）常用灭火器的使用方法　灭火器的开启机构上一般都装有保险销，必须先拔出保险销方能使用。

1）CO_2灭火器的使用。首先拔出保险销，然后一手紧握喷射喇叭上的木柄，另一只手按动鸭舌开关，提握机身，喇叭口指向火焰，即可灭火。灭火时人要站在上风头，从火势蔓延最危险的地方开始灭火，防止火势蔓延直到火星全部扑灭。同时要注意灭火时，手一定要握住喇叭口的木柄，以防 CO_2 喷出时将手冻坏，如图 7-18 所示。

2）干粉灭火器的使用。先把干粉灭火器竖立在地上，一手握紧喷嘴胶管，另一手拉住提环，用力向上一拉并向火源移动（一般保持 5m 左右），喷射出的白色粉末气即可灭火，如图 7-19 所示。

图 7-18　CO_2 灭火器的正确使用

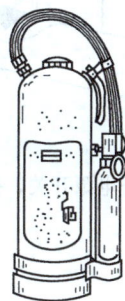

图 7-19　干粉灭火器

3）1211 灭火器的使用。1211 灭火器是用加压的方法将二氟一氯一溴甲烷液化罐装在容器里，使用时只要将开关打开，"1211"立即呈雾状喷出，遇到火焰迅速成为气体将火熄灭掉。

4）手提式泡沫灭火器的使用。一手握住提环，一手握住底边，然后将其倒置，轻轻摇动几下，泡沫就会喷射出来，如图 7-20 所示。注意：泡沫灭火器不能带电灭火。

图 7-20　泡沫灭火器的正确使用

3. 触电急救

人体触电后不一定会立即死亡，可能是假死，应及时采取急救措施。抢救时，首先要使触电者脱离电源，然后才能迅速对症救治。

（1）使触电者脱离低压电源　使触电者脱离低压电源的方法可用"拉""切"

"挑""拽"来概括。

1）"拉"指就近拉断电源开关，拔下电源插头或瓷插式熔断器，如图 7-21a 所示。

2）"切"指用绝缘性能完好的电工钳等切断电线。

3）"挑"指用干木棒、竹竿等将搭落在触电者身上电线挑开，如图 7-21b 所示。

4）"拽"指救护人可戴上手套或在手上包缠干燥的衣服、围巾等绝缘物将触电者拖拽，使之脱离电源，或站在干燥的木板等绝缘体上将触电者拉离带电体，如图 7-21c 所示。

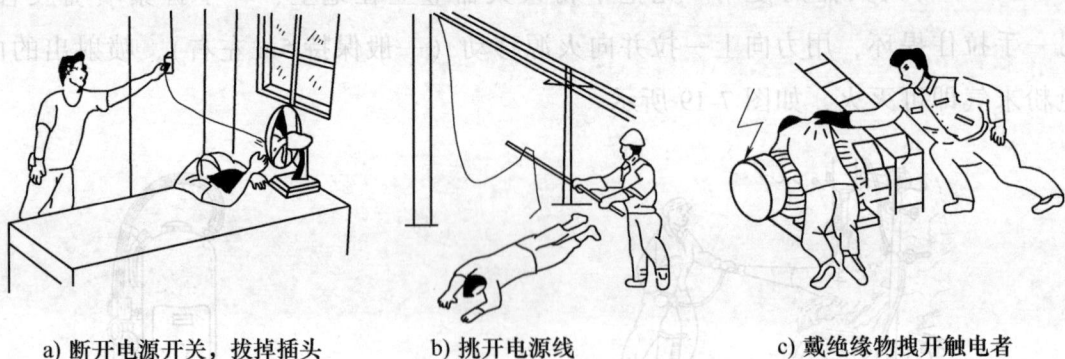

a) 断开电源开关，拔掉插头　　　b) 挑开电源线　　　c) 戴绝缘物拽开触电者

图 7-21　使触电者脱离电源的方法

（2）现场救护方法

1）当触电者脱离电源后，应将他移至安静、空气流通的地方把他的衣领、裤带等解开，使触电者保持呼吸畅通。

2）如果触电者已失去知觉，但有心跳、呼吸，则应使其安静休息，并立即请医生前来救治，同时要严密观察，随时做好人工急救的准备。

3）如果触电者的呼吸、心跳已经停止，应立即进行人工呼吸和胸外心脏按压抢救，直到医生到来为止。

（3）人工急救方法

1）口对口人工呼吸法。其方法步骤如图 7-22 所示。

① 使触电者仰卧，松开其衣领、裤带，使头部后仰，清理口腔内异物。

② 救护者一手捏紧触电者鼻孔，另一只手掰开触电者口腔。

③ 救护者深吸气后，紧贴触电者嘴往里吹气。

④ 松开触电者鼻、嘴，让其自行呼气 3~4s。

⑤ 此过程做到至触电者能自主呼吸为止。

2）胸外心脏按压法。其方法步骤如图 7-23 所示。

①与口对口呼吸法一样，先松开触电者的衣领、裤带，使头部后仰，清理口腔内异物。

② 两手相叠，手掌根部置于触电者胸骨下 1/3 部位。

③ 用掌根向下压 3~4cm，每分钟 60 次左右。

④ 按压后手掌迅速放松，让其胸廓自行弹起。

⑤ 重复进行，直至触电者的心跳、呼吸恢复。

a) 清理口腔阻塞

b) 鼻孔朝天头后伸

a) 中指对凹腔，当胸一手掌

b) 掌根用力向下压

c) 贴嘴吹，胸扩张

d) 放开鼻嘴好换气

c) 慢慢向下

d) 突然放开

图 7-22　口对口人工呼吸法　　　　图 7-23　胸外心脏按压法

四、项目实施与工艺要求

1）参观学校、周边企业、供电线路的避雷设施。

2）以小组为单位进行 CO_2 灭火器、干粉灭火器、1211 灭火器和手提式泡沫灭火器的使用演练。

3）演练使触电者脱离低压电源的方法。

4）学生回寝室可试着人工呼吸训练。

五、思考与练习

1）雷雨时，能躲在大树下吗？打雷时，是在山上安全还是在山下安全呢？

2）雷雨时，怎样预防人身遭受雷击？

3）带电灭火时应用哪种灭火器？

4）触电急救首先要_____，然后才能_____。

第八单元　常用电子元器件的识别与整流滤波电路

能识别、检测常用的电子元器件；熟练掌握半导体二极管的特性及整流滤波电路；掌握电烙铁焊接技术；了解示波器的使用方法。

项目1　电阻、电感、电容元件的识别

一、学习目标

掌握电阻、电感、电容元件的识别与检测方法。

二、主要材料及工具

各种碳膜电阻、金属膜电阻若干，可变电阻、开关等，万用表。

三、相关知识

1. 电阻器

电阻器是一种最基本的电子元件，一般由电阻率较高的材料制成。电阻器在电子电路中主要起分流、分压、降压、限流、取样及负载等作用，简称电阻，用 R 表示。

电阻器种类繁多，常分为固定电阻、可变电阻和特种（敏感、熔断）电阻三大类。其外形如图8-1所示。常用的主要是 RT 型碳膜电阻器、RJ 型金属膜电阻器、RX 型绕线电阻器和片状电阻及 WT 型碳膜电位器等。电阻器的主要技术参数有：标称值和允许误差（或精密等级）、额定功率、最高工

作温度、稳定性及温度系数等。实际应用中，主要考虑标称阻值、允许误差和额定功率三项参数。

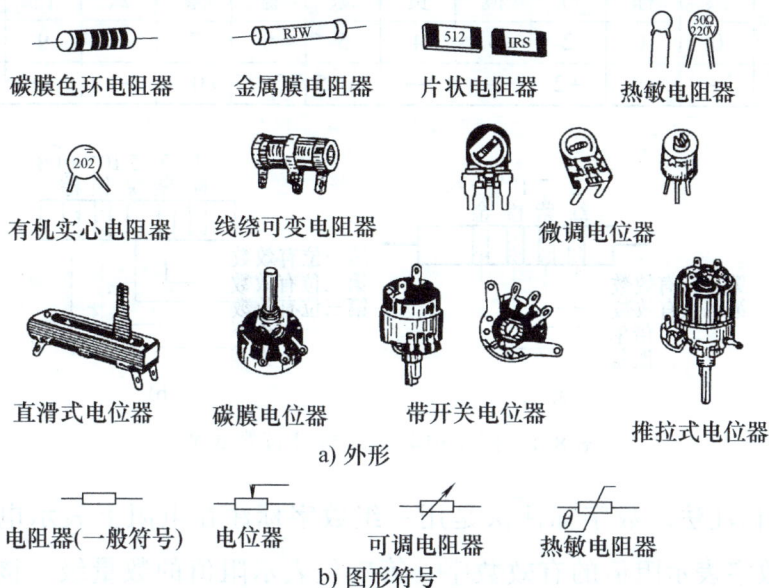

碳膜色环电阻器　　金属膜电阻器　　片状电阻器　　热敏电阻器

有机实心电阻器　　线绕可变电阻器　　　微调电位器

直滑式电位器　　碳膜电位器　　带开关电位器　　推拉式电位器

a) 外形

电阻器(一般符号)　电位器　　可调电阻器　　热敏电阻器

b) 图形符号

图 8-1　电阻器、电位器的外形及图形符号

（1）电阻器的标注方法　电阻器的标称值和允许误差一般直接标注在电阻的表面上，具体标注方法有以下几种。

1）直接标注法。在电阻上直接标注其主要技术参数的方法，如图 8-2 所示。

2）文字符号法。如图 8-3 所示，文字符号法用字母和数字符号按一定的规律组合起来在电阻上标注其主要技术参数的方法，即阻值的整数部分写在其单位符号的前面，阻值的小数部分写在单位符号的后面。例如，"R33F"表示其阻值为 0.33Ω，误差为 $\pm1\%$；"4k7Ⅱ"表示其阻值为 $4.7k\Omega$，误差为 $\pm10\%$。

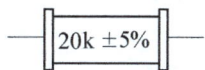

20k ±5%

图 8-2　直接标注法

R33F　　4k7Ⅱ

图 8-3　文字符号法

3）色标法。用不同颜色的色环，按照它们的颜色和排列顺序在电阻上标注标称阻值和允许误差的方法。常用于小功率电阻，特别是 0.5W 及以下的碳膜电阻和金属膜电阻。色标的基本色码及意义见表 8-1。

固定电阻色环标注读数识别如图 8-4 所示。为避免混淆，表示误差色环的宽度是其他色环的 1.5~2 倍。与误差色环相邻是"倍率"色环，它表示 $\times10^n$，n 由对应色环所代表的数字决定，单位是 Ω。图 8-4a 所示电阻值是 $27\times10^3\Omega=27k\Omega$，

误差为 $\pm5\%$。图 8-4b 所示电阻值是 $175\times10^{-2}\Omega=1.75\Omega$，误差为 $\pm1\%$。

表 8-1　色标的基本色码及意义

色别	黑	棕	红	橙	黄	绿	蓝	紫	灰	白	金	银
代表数字	0	1	2	3	4	5	6	7	8	9	−1	−2
代表误差（%）	—	±1	±2	—	—	±0.5	±0.25	±0.1	—	—	±5	±10

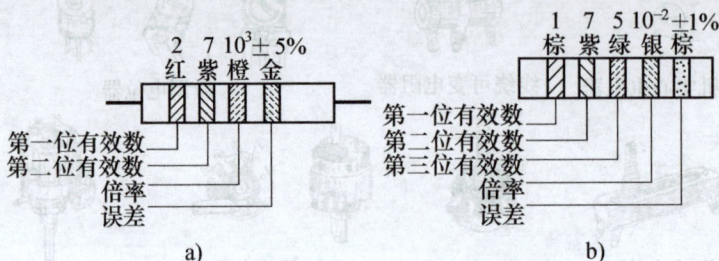

图 8-4　固定电阻色环标注读数识别

4）数字标注法。数字标注法是用一组数字标注在电阻上表示电阻的标称阻值，前两位数字表示阻值的有效数字，第三位表示阻值的数量级。该方法多用于标注电位器、敏感电阻等。例如，"202"表示 $20\times10^2\Omega$，"53"表示 $5\times10^3\Omega$，"512"表示 $51\times10^2\Omega$。

色标法、数字标注法也适合电感，识读方法与电阻相同，单位是 μH。

（2）电阻器的额定功率　电阻器的额定功率是指在一定的温度下能长期连续工作所允许承受的最大功率。常用电阻的功率有 1/8W、1/4W、1/2W、1W、2W 等。选用时其额定功率应大于它在电路中实际消耗的功率，否则将因发热而烧毁。电路中表示电阻额定功率的图形符号如图 8-5 所示。

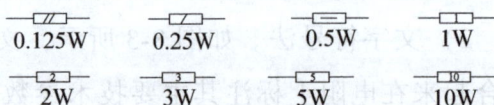

图 8-5　电阻额定功率的图形符号

2. 电感器

电感器是用各种漆包线或纱包线绕制而成的，广泛应用于收音机、扩音机、电视机以及其他电子设备中，按工作原理不同分为电感线圈（见图 8-6）和变压器。

（1）电感器的主要参数

1）电感量。线圈电感量的大小主要取决于线圈的直径、匝数及有无

图 8-6　电子电路中常见的电感器的外形及图形符号

铁心等。

2）线圈的品质因数。品质因数 Q 用来表示线圈损耗的大小。

3）额定电流。额定电流主要是对高频扼流圈和大功率的谐振线圈而言。对于在电源滤波电路中使用的低频阻流圈，额定电流也是一个重要参数。

（2）电感器的检测

1）外形观察。观察有无断开、烧黑等现象。

2）用万用表检测。用万用表电阻档检测电感器的直流电阻，以此来判断电感器是否开路、短路及局部短路等。

3. 电容器

电容器是一种基本的电子电气元件，在电子电路中应用非常广泛，主要用作交流耦合、隔离直流、滤波、交流或脉冲旁路、RC 定时、LC 谐振选频等。常用的电容器外形及图形符号如图 8-7 所示。电容器按结构分为固定电容器和可调电容器（包括微调）。按电极间填充的绝缘材料可分为云母、陶瓷、有机薄膜、金属氧化膜、空气和玻璃釉等电容器。

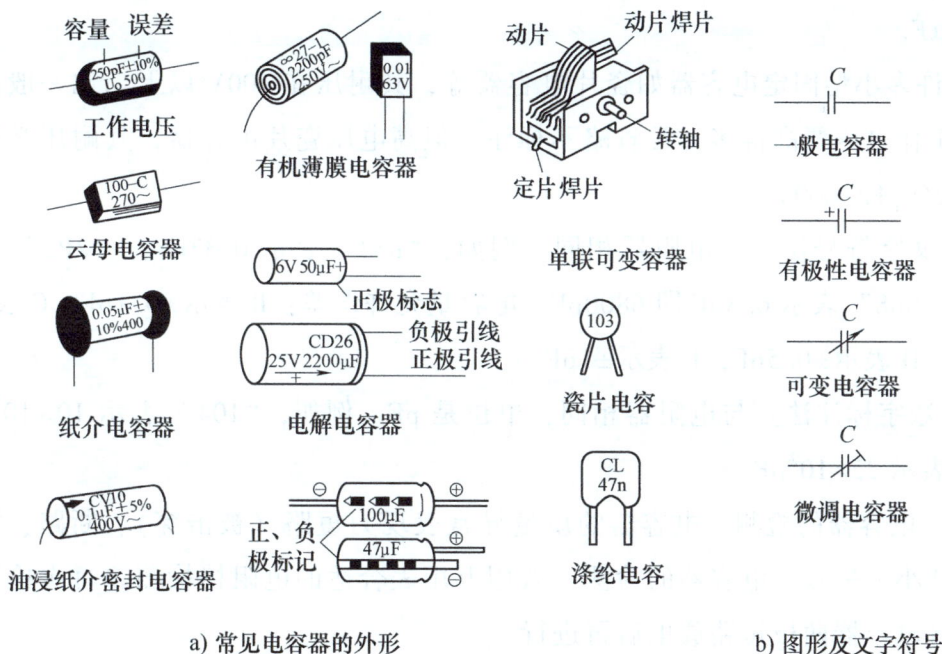

a) 常见电容器的外形   b) 图形及文字符号

图 8-7   电子电路中常见电容器的外形及图形符号

（1）电容器的主要参数

1）标称容量与允许误差。与电阻器基本相同。

2）耐压值。耐压值即额定直流工作电压是指电容器在电路中长期可靠地工作允许加的最高直流电压。例如，"25V2200μF"表示耐压为25V，容量为2200μF。

（2）电容器的单位　电容器的国际单位是法拉（F），这个单位很大。实用单位有微法（μF）、纳法（nF）、皮法（pF），它们之间的换算关系如下：

$$1F = 10^6\mu F = 10^9 nF = 10^{12} pF$$

$$1\mu F = 10^3 nF$$

$$1nF = 10^3 pF$$

（3）电容器的标注法

1）直标标注法。具体方法与电阻器相同。有些电容器由于体积较小，在标注时为了节省空间，省略了单位，但遵照以下规则：

① 凡不带小数点的整数，且无单位标志，则单位是pF。例如，"560"表示560pF。

② 凡带小数点的数，且无单位标志，则单位是μF。例如，"0.47"表示0.47μF。

③ 许多小型固定电容器如瓷片电容器等，其耐压在100V以上，比一般晶体管电路工作电压要高得多，常省略不标注。但高电压瓷片电容器，其耐压必须标注，如260pF/1600V。

2）文字符号法。与电阻器相同。例如，"n33"表示0.33nF，"2P2"表示2.2pF，"6n8"表示6.8nF即6800pF。电容量允许误差：B表示±0.1pF，C表示±0.25pF，D表示±0.5pF，F表示±1pF。

3）数字标注法。与电阻器相同，单位是pF。例如，"104"表示$10×10^4 pF$，"222"表示$22×10^2 pF$。

（4）电容器的检测　电容器的质量异常表现为短路（被击穿）、断路、漏电和容量减小、失效。电容器的检测一般用万用表合适的电阻档检测。每次检测前都必须将电容器两极短路放电后再进行。

1）非电解电容器漏电、失效的检测。这种电容器容量较小，一般用万用表$R×10k$档检测。将电容器两极短路放电后，用万用表两表棒接触电容器的两极，并认真观察万用表的指针摆动情况，如果表头指针有摆动且返回原处，说明该电容器是好的，否则是坏的。

2）电解电容的检测。电解电容的容量较大一些，根据被测电解电容器的大小，选择万用表的档位。检测容量大的电解电容时，可以看到指针摆动后，返回时比较慢。如果指针不能返回到∞处，说明电容器漏电。电容器的检测方法如图8-8所示。

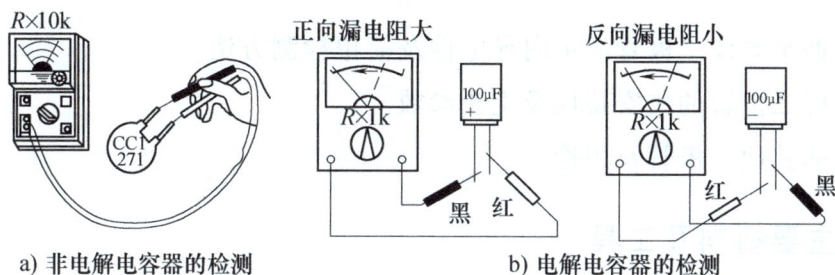

图 8-8　电容器的检测方法

四、项目实施与工艺要求

1）识读各形式的电阻阻值，了解其在电路中的用途。

2）用万用表电阻档判断电阻的好坏。

3）检测电感器的好坏。

4）电解电容器和非电解电容器好坏的检测与比较。

五、思考与练习

1）某电容上标注 6800，表示容量为_____；如标注为 0.22，则容量为_____；如电容上标注 n68，表示容量为_____；6p8 表示容量为_____；3n8 表示容量为_____，即为_____ pF。

2）一个四色环电阻前三环的颜色是棕黑红，则其阻值是_____ Ω，等于_____ kΩ；如其前三环的颜色是红绿黄，则其阻值是_____ kΩ；如前三环的颜色是棕绿金，则其阻值是_____ Ω；如一个五色环电阻前四环的颜色是橙紫黑蓝，则其阻值是_____ MΩ。

3）万用表电阻档检测电解电容的好坏时，应先对_____后再检测，检测发现其指针指向零后不返回，说明_____。

4）用万用表电阻档检测电位器时，慢慢转动电位器转轴，发现万用表指针有突变，说明电位器_____。

项目2 半导体二极管的认识与检测

一、学习目标

1）掌握半导体二极管的单向导电性及简单检测方法。

2）掌握二极管的伏安特性及主要参数。

3）了解其他二极管及用途。

二、主要材料及工具

各种型号的二极管（包括发光二极管）、万用表、直流电源、小灯泡、软导线、电压表、电流表等。

三、项目实施与工艺要求

半导体二极管是用半导体材料（如硅、锗等）制成的电子器件。将 P 型半导体和 N 型半导体有机结合在一起，其内部就形成一个 PN 结，半导体二极管的核心就是一个 PN 结。图 8-9 所示为半导体二极管的结构与图形符号，文字符号用 VD 表示。

1. 半导体二极管的单向导电性实验

按图 8-10 所示的电路实验，观察指示灯是否发光，并记录。

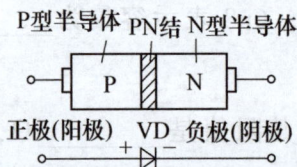

图 8-9　半导体二极管的结构与图形符号

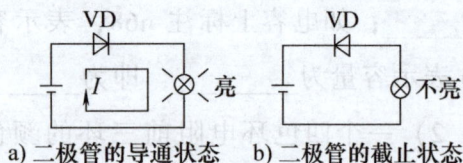

图 8-10　二极管单向导电性实验

a）二极管的导通状态　　b）二极管的截止状态

在图 8-10a 中，二极管正极加上电源正极（高电位），其负极加上电源负极（低电位）时，指示灯发光，说明二极管（或 PN 结）导通，相当于开关闭合。这一现象称为二极管正向导通。在图 8-10b 中，二极管的正极加上电源负极，负极加上电源正极时，指示灯不发光，说明二极管（或 PN 结）截止，相当于开关断开。这一现象称为二极管反向截止。

实验总结：二极管的单向导电性是加正向电压导通，加反向电压截止。

2. 半导体二极管的伏安特性实验

按图 8-11 所示的电路进行实验测试。调节 RP，二极管的端电压发生变化，将测得数据填入表 8-2 中，并做分析。

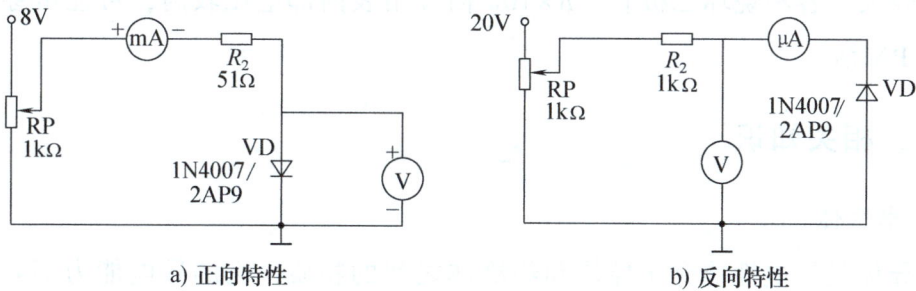

a) 正向特性   b) 反向特性

图 8-11   二极管伏安特性实验

表 8-2   二极管加正、反向电压实验数据

电压/V		0.1	0.2	0.3	0.4	0.5	0.6	0.7	-2	-5	-10	-15	-20
电流/mA	1N4007												
	2AP9												

实验总结分析：二极管加上较小的正向电压，如 2AP9（锗管）约在 0.2V，1N4007（硅管）在 0.5V 以下时，正向电流极小（几乎没有），这一电压称为死区电压或门槛电压，在死区电压范围内二极管处于不导通即截止状态。当正向电压超过门槛电压，电流随电压的上升而急剧增加。二极管加上一定的反向电压时，反向电流几乎为零，当超过某一数值时，反向电流突然增加，这一现象是二极管被反向击穿，普通二极管即被损坏。

3. 半导体二极管的简单检测

用万用表电阻档判断二极管正、负极性及质量检测，一般用 $R\times100$ 或 $R\times1k$ 两档。检测原理二极管的单向导电性。

如图 8-12 所示，将万用表拨到电阻档，将红、黑表棒分别接二极管的两端（请注意：当万用表拨到电阻档时，表内电池的正极与黑表棒相连，表内电池的负极与红表棒相连，与万用表面板上用来表示测量直流电压或电流的"+""-"符号相反），若测得的阻值在几百欧到几千欧时，再将红、黑两表棒对调位置再测量，如图 8-12b 所示；若测得的阻值在几十千欧或几百千欧或∞，则表明二极管正常且此时与红表棒相连接的是二极管的负极，另一端为正极。若测得正、反向电阻均较小，说明二极管内部短路；若所测正、反向阻值均很大或均为∞，说明二极管内部已开路。

实际生产中，二极管的管壳上都有极性标注，标志端一般是负极。

二极管检测注意事项：不可用 $R×1$ 档或 $R×10k$ 检测二极管，因为 $R×1$ 档内部电流较大，容易烧坏二极管。$R×10k$ 档万用表内部电压较高，可能击穿二极管内部的 PN 结。

四、相关知识

1. 半导体

半导体是导电性能介于导体和绝缘体之间的物质，它的导电能力随着掺入杂质、输入电压（或电流）、温度和光照等条件的变化而发生很大变化。人们根据这些特点，制成了多种性能的电子元器件，如半导体二极管、晶体管、晶闸管等。

2. 二极管的伏安特性

二极管的端电压和流过二极管电流的关系称为二极管的伏安特性，用于定量描述这两者关系的曲线叫伏安特性曲线，可由二极管伏安特性实验数据得出，如图 8-13 所示。

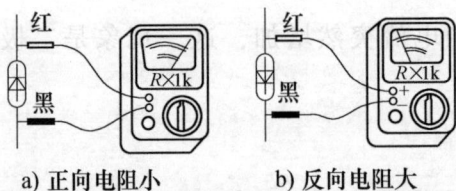

图 8-12 万用表电阻档检测二极管　　图 8-13 二极管的伏安特性曲线（硅管）

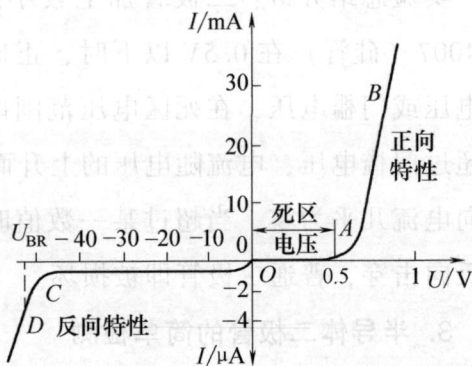

1）正向特性。起始阶段，二极管有一个门槛电压（或死区电压），硅管约为 0.5V，锗管约为 0.2V，该区域内二极管处于截止状态，电流为零。当电压超过门槛电压，二极管导通，正向电阻较小，但正向电流和正向电压是非线性关系，正向电流变化较大时，二极管两端正向压降近于定值，硅管正向压降约为 0.7V，锗管约为 0.3V。

2）反向特性。二极管加上反向电压时，处于反向截止状态，其反向电阻很大，如曲线 OC 段，但其有极小的反向漏电流（硅管比锗管小得多）。当反向电压超过一定的数值后，反向电流突然急剧增大，二极管被反向击穿，普通二极管即被损坏。因此除稳压二极管外，加在二极管两端的电压不允许超过击穿电压。

3. 半导体二极管的主要参数

1）最大整流电流 I_{VM}。最大整流电流指二极管长期工作时允许通过的最大正向电流的平均值，若实际工作的正向电流平均值超过此值，二极管内部的 PN 结会过热而损坏。

2）最高反向工作电压 U_{RM}。最高反向工作电压指二极管允许承受的反向工作电压峰压。通常采用二极管反向击穿电压的一半或 1/3。

3）反向漏电流 I_R。反向漏电流指在规定的反向电压和环境温度下测得的二极管反向电流值，这个电流值越小，二极管的单向导电性越好。

4. 常见的二极管及用途

二极管种类很多，但主要是硅、锗材料制作的硅二极管和锗二极管，常用于收音机、电视机、计算机、稳压电源等用于检波、整流、开关等，外形如图 8-14 所示。常用的二极管有 2AP、2CP、2CZ、2CK 系列。2AP 主要用于检波和小电流整流；2CP 主要用于较小功率的整流；2CZ 主要用于大功率的整流；2CK 主要用于开关电源作为脉冲开关。

5. 特殊二极管

为适应不同的功能要求，人们研制了许多特殊的半导体二极管，如发光二极管、光电二极管、稳压二极管。

1）发光二极管。发光二极管是一种把电能转变成光能的半导体器件，由磷化镓、砷化镓等半导体材料制成，和普通二极管一样也是由一个 PN 结构成，具有单向导电性，外形及图形符号如图 8-15 所示。当发光二极管正向导通有一定的电流流过时，二极管就会发光。

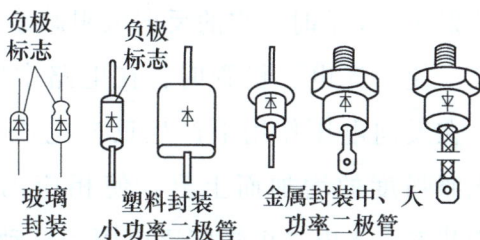

图 8-14　常见二极管的外形

发光二极管按发光的颜色可分为红色、蓝色、黄色、绿色（与封装塑料颜色相同）和眼睛看不见的红外光二极管（与封装塑料颜色无关，常用于遥控器等）。它广泛应用于交、直流电路作为指示灯、显示器件。发光二极管的应用电路如图 8-16 所示。

发光二极管正、负极性的判断方法如下：

方法一：目测识别法，如图 8-15 所示。将二极管拿到光线明亮处，从侧面仔细观察两条引线在管内的形状，较小的极片是正极，较大的则为负极。对于没使用过的新发光二极管，管脚引线较长的电极为正极，较短的电极为负极。如管壳帽上有凸起标志，则靠标志点的电极为正极。

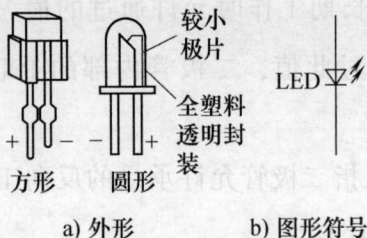

图 8-15　发光二极管的外形及图形符号

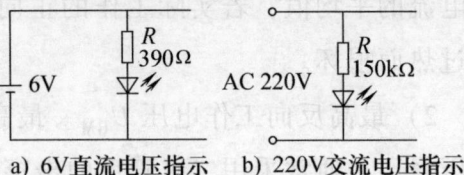

图 8-16　发光二极管的应用电路

方法二：万用表电阻档测量识别法。发光二极管的开启（门槛）电压为 2V，因此应使用 $R\times10k$ 档测量。测量时，若表头指针向右偏转过半且管子能发出微弱光点，则黑表棒所连接的电极为发光二极管的正极，红表棒连接的即为负极。此法也可以用 3V 直流电源试测。

2）光电二极管。光电二极管是一种将光信号转换为电信号的半导体器件，如图 8-17 所示。它的管壳上有一个玻璃窗口用来接收照射光。当光线照射于 PN 结时，它的反向电阻减小，导电能力提高。使用光电二极管时，在电路中应加反向电压，在反向电压作用下产生反向电流，反向电流随光照强度的增加而上升，使相应的电路接通，

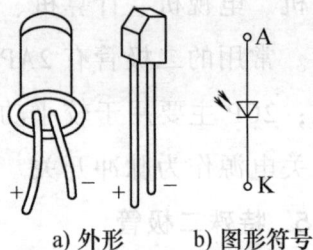

图 8-17　光电二极管的外形及图形符号

改变状态。光电二极管广泛应用于自动控制中，如路灯自动控制、红外线遥控装置、光电耦合器、光电读出装置等。光电二极管还可用于光的测量。当制成大面积光电二极管时，能将光能直接转换成电能，当作能源，称为光电池。

检测光电二极管可使用万用表的 $R\times1k$ 档，要求无光照时反向电阻大，有光照时反向电阻小，若电阻差别很小，则表明光电二极管质量不好。

五、思考与练习

1）半导体二极管具有＿＿＿＿＿＿＿＿特性，其正极接高电位，则二极管＿＿＿＿＿＿，反之，二极管＿＿＿＿＿＿＿＿。

2）发光二极管也具有_____性，其管内的较小的极片是_____极，较大的则为_____极；对于没使用过新的发光二极管，管脚引线较长的电极为_____极，较短的电极为_____极。二极管的正极接_____电位，则二极管发光，否则不发光。

3）硅二极管正向导通电压为_____V，锗二极管正向导通电压为_____V。这个电压常称为_____电压。

4）大功率整流器常选用_____型二极管，2CK型二极管主要用在_____电路中。

5）发光二极管至少要加_____V正向电压才能发光。

项目3　数字示波器的使用

一、学习目标

熟悉数字示波器的面板，掌握数字示波器的使用方法。

二、主要设备

信号源、数字示波器。

三、项目实施与工艺要求

1. 示波器面板的认识

数字示波器面板包括显示屏、旋钮和转换开关，如图8-18所示。显示屏上有标度尺指示出信号波形的电压和时间之间的关系。根据被测信号在显示屏上占的格数乘以适当的比例常数（即伏/格、秒/格档位）能计算出电压值与时间值。显示屏菜单显示当前状态。

（1）垂直系统（Y轴）　如图8-19所示，垂直控制区有六个按键、两个旋钮。

1）垂直位置旋钮POSITION：旋转该旋钮可控制信号的垂直显示位置。当旋动垂直位置旋钮时，指示通道地（GROUND）的标志跟随波形而上下移动。

2）设置到零点快捷键SET TO ZERO：按下该键可将垂直移位、水平移位、触发释抑的位置回到零点（中点）。这是垂直位置、水平位置恢复到零点的快捷键。

3）垂直标度旋钮SCALE：转动该旋钮可改变"伏/格（V/DIV）"垂直档

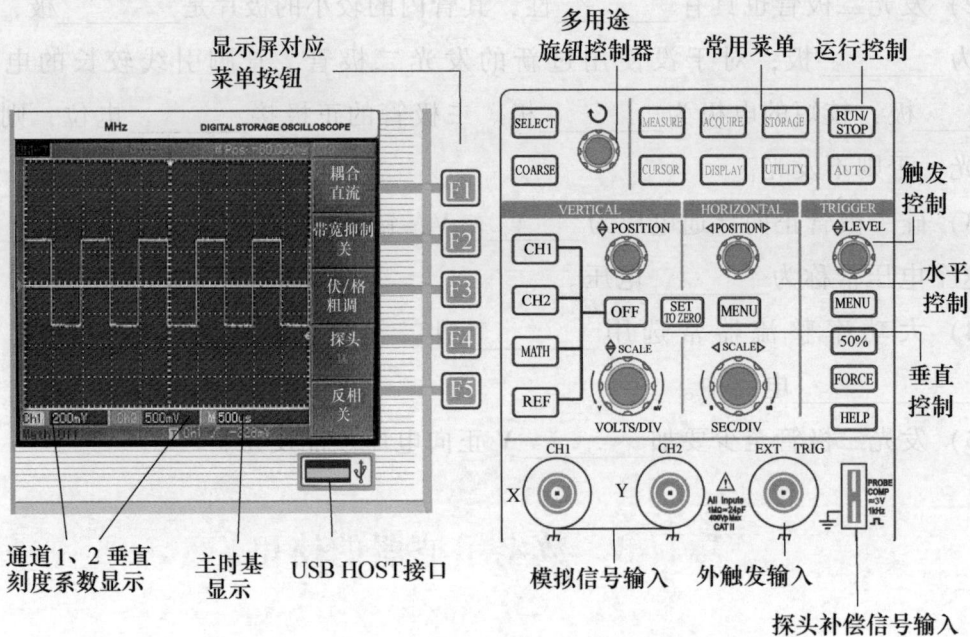

图 8-18   UTD2052CL 双通道数字存储示波器面板

位，波形窗口下方状态栏对应通道的档位显示发生相应的变化。

按下 CH1、CH2、MATH、REF 键，屏幕显示对应通道的操作菜单、标志、波形和档位状态信息。按下 OFF 键关闭当前选择的通道。

（2）水平系统（X 轴）   如图 8-20 所示，水平控制区有一个按键、两个旋钮。

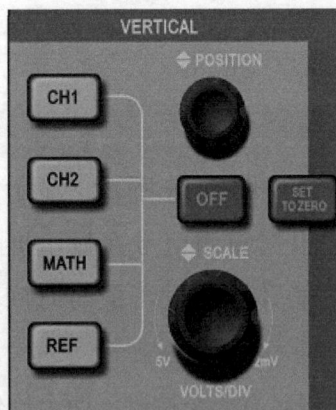

图 8-19   面板上垂直控制区

图 8-20   面板上水平控制区

1）水平位置旋钮 POSITION：转动该旋钮可调整信号在波形窗口的水平位置。

2）水平标度旋钮 SCALE：转动该旋钮可改变"秒/格（TIME/DIV）"时基档位，状态栏对应通道的时基档位显示发生相应的变化。可选范围为 5ns/格 ~ 50s/格，以 1-2-5 方式步进。

3）水平菜单键 MENU：按下 MENU 键，显示菜单。在此菜单下，按下 F3 键，可开启视窗扩展，再按下 F1 键，可关闭视窗扩展而回到主时基。

（3）触发系统　如图 8-21 所示，触发菜单控制区有一个旋钮、四个按键。

1）触发电平旋钮 LEVEL：转动该旋钮可改变触发电平，屏幕上触发电平线，随旋钮转动而上下移动，同时屏幕下部的触发电平的数值也相应发生变化。

2）50% 按键：按下该键，可以快速稳定波形，示波器可自动将触发电平设置为最小和最大电压电平间的一半左右。

3）强制键 FORCE：按下该键，强制产生一触发信号，主要应用于触发方式中的正常和单次模式。

4）触发菜单键 MENU：按下该键，可以改变触发设置，触发菜单如图 8-22 所示。

按下 F1 键，选择触发类型为"边沿"。

按下 F2 键，选择"触发源"为"CH1"。

按下 F3 键，设置"斜率"（即边沿类型）为"上升"。

按下 F4 键，设置"触发方式"为"自动"。

按下 F5 键，设置"触发耦合"为"直流"。

5）帮助键 HELP：按下此键，显示帮助菜单。

图 8-21　面板上触发菜单控制区

图 8-22　触发菜单

（4）示波器触发源的选择　示波器操作的关键是正确选择触发源信号，否则显示的波形将出现不稳定现象。所谓波形不稳定，是指波形左右移动不能停止在屏幕上，或者，出现多个波形交织在一起，无法清楚地显示波形。选择触发源主要有以下几点原则。

1）单路测试时，触发源必须与被测信号所在通道一致，例如，Y 通道 CH1

测试时触发源必须选 CH1，否则波形将不稳定。

2）两个同频信号双路测试时，应选信号强的一路为触发信号源。

3）两个有整数倍频率关系的信号双路测试时，应选频率低的一路作为触发信号源。

4）两路没有整数倍频率关系的信号，一般选择交替触发方式，否则无法同时稳定显示。例如，通道 CH1 为正弦波信号，通道 CH2 为方波信号，当选择正弦波信号为触发源时，仅正弦波一路信号稳定，此时方波信号不稳定；当以 CH2 的方波为触发源时，方波稳定，CH1 的正弦波不稳定。选择交替触发方式，可同时观测两个频率不相关的波形。

2. 仪器设置

（1）仪器功能自检　接通电源后，按下常用菜单中的功能键 UTILITY，按下 F1 键，让仪器以最大测量精度优化数字存储示波器信号路径执行自校正程序。然后进入下一页，按下 F1 键，调出出厂设置。自检结束后，按下 CH1 键，进入 CH1 通道菜单。通道菜单说明见表 8-3。

表 8-3　通道菜单说明

功能菜单	设定	说　明
耦合	交流 AC	阻挡输入信号的直流成分
	直流 DC	通过输入信号的交流和直流成分
	接地 GND	断开输入信号
带宽限制	打开	限制带宽至 20MHz，以减少显示噪声
	关闭	满带宽
伏/格	粗调	粗调按 1-2-5 进制设定垂直偏转系数
	细调	微调则在粗调设置范围之间进一步细分，以改善垂直分辨率
探头	1× 10× 100× 1000×	根据探头衰减系数选取其中一个值，以保持垂直偏转系数的读数正确。共有四种：1×、10×、100×、1000×
反相	开	打开波形反向功能
	关	波形正常显示

（2）示波器信号接入

1）设置探头上的衰减系数。将示波器探头连接到 CH1 输入端，将探头上的衰减系数开关设定为"10×"，如图 8-23a 所示。

2）在示波器上设置探头衰减系数。如图 8-23b 所示，按下 F4 键使菜单显示

"10×"。该衰减系数改变仪器的垂直档位倍率，从而使得测量结果正确反映被测信号的幅值。

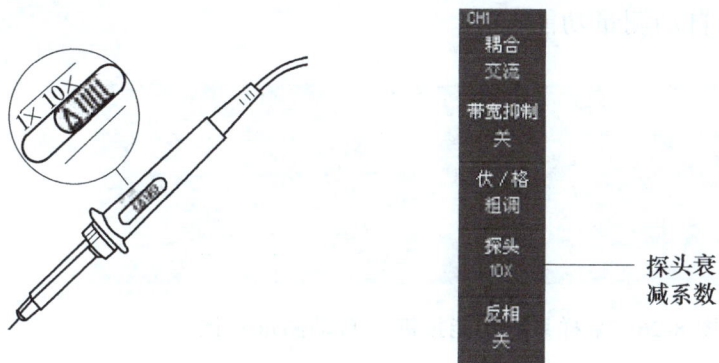

a) 探头上的衰减系数设置   b) 示波器上的探头衰减系数设置

图 8-23　探头衰减系数的设定

3）探头补偿信号检查。把探头的探针和接地夹连接到探头补偿信号的相应连接端上，如图 8-24 所示。按下 AUTO 键，几秒钟内，可见到频率为 1kHz、峰峰值约为 3V 的方波显示在屏幕上，如图 8-25 所示，按下 OFF 键可关闭 CH1。同样的方法可检查 CH2。

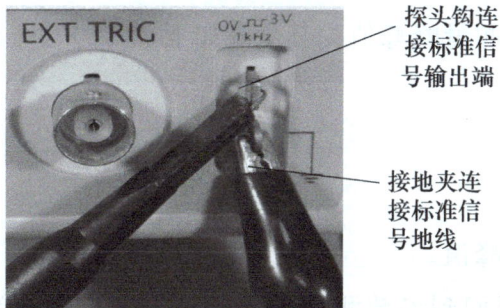

图 8-24　探头补偿信号检查

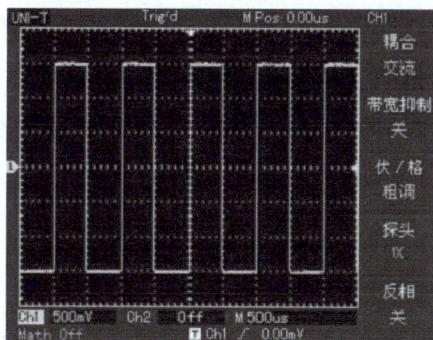

图 8-25　探头补偿信号

注意，在首次将探头与任一输入通道连接时，都需要进行此项调节，使探头与输入通道相配。未经补偿校正的探头会导致测量误差或错误。

（3）自动设置　在上述的仪器设置中也可采用自动设置，操作如下。

1）将被测信号连接到信号输入通道。

2）按下 AUTO 按钮。示波器将自动设置垂直偏转系数、扫描时基以及触发方式。如果需要进一步仔细观察，在自动设置完成后可再进行手工调整，直至使波形显示达到需要的最佳效果。

3. 数字示波器的使用训练

（1）自动测量方法的应用练习 图 8-26 所示为采样系统功能按键（自动测量）区，MEASURE 为自动测量功能键。

图 8-26 采样系统功能按键（自动测量）区

按下 MEASURE 键，进入参数测量显示菜单，该菜单有五个可同时显示测量值的区域，分别对应于功能键 F1~F5，观察图 8-18 和图 8-27。对于任一个区域需要选择测量种类时，可按下相应的功能键，以进入测量种类选择菜单。

测量种类选择菜单分为电压类和时间类两种，可分别选择进入电压或时间类的测量种类，并按相应的 F1~F5 键选择测量种类后，返回到参数测量显示菜单。另外，还可按 F5 键选择"所有参数"显示电压类和时间类的全部测量参数；按下 F2 键可选择要测量的通道，只有通道开启后才有效，若不希望改变当前的测量种类，可按 F1 键返回到参数测量显示菜单。

例如，要求在 F1 区域显示 CH2 通道的测量峰峰值，其步骤如下。

1）按下 F1 键进入测量种类选择菜单。

2）按下 F2 键选择通道"CH2"。

3）按下 F3 键选择电压类。

4）按下 F5 键可看到 F3 的位置就是峰峰值。

5）按下 F3 键即选择了峰峰值并自动返回到参数测量显示菜单。测量菜单首页，峰峰值就显示在 F1 区域。

（2）测量简单信号 观测电路中一未知信号，迅速显示和测量信号的频率和峰峰值。

1）迅速显示该信号的操作步骤如下。

① 将探头菜单衰减系数设定为"10×"，并将探头上的开关设定为"10×"。

② 将通道 CH1 的探头连接到电路被测点。

③ 按下 AUTO 键。

数字存储示波器将自动设置使波形显示达到最佳。在此基础上，可进一步调节垂直、水平档位，直至显示的波形符合要求。图 8-27 所示为测量结果。

2）自动测量信号的电压和频率。测量信号频率和峰峰值的操作步骤如下。

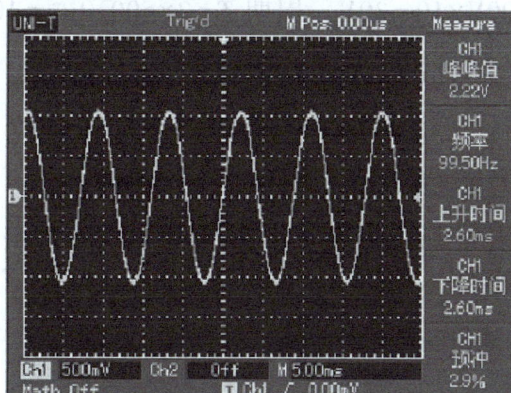

图 8-27　自动测量结果

① 按下 MEASURE 键，显示自动测量菜单。

② 按下 F1 键，进入测量菜单种类选择。

③ 按下 F3 键，选择"电压"。

④ 按下 F5 键翻至"2/4 页"，再按 F3 键，选择测量类型：峰峰值。

⑤ 按下 F1 键，进入测量菜单种类选择，再按 F4 键，选择"时间"类。

⑥ 按下 F2 键，即可选择测量类型：频率。

此时，峰峰值和频率的测量值分别显示在 F1 区和 F2 区。

（3）观察正弦信号通过电路后产生的延时波形　将探头和数字存储示波器通道的衰减系数设置为"10×"。将待测信号由 CH1 通道输入，CH2 通道与信号输出端相接。操作步骤如下：

1）显示 CH1 通道和 CH2 通道的信号。

① 按下 AUTO 键，根据需要适当调整水平、垂直档位直至波形显示满足测试要求。

② 按下 CH1 键选择 CH1，旋转垂直位置旋钮，调整 CH1 波形的垂直位置。

③ 同样地，按下 CH2 键选择 CH2，调整 CH2 波形的垂直位置，使通道 1、2 的波形既不重叠在一起，又利于观察比较，如图 8-28 所示。

2）观察正弦信号通过电路后产生的延时波形。按下 MEASURE 键以显示自动测量菜单。按下 F1 键，进入测量菜单种类选择；按下 F4 键，进入时间类测量参数列表；按两次 F5 键，进入 3/3 页；按下 F2 键，选择延迟测量；按下 F1 键，选择从"CH1"，再按下 F2 键，选择到"CH2"，然后按下 F5 键确定。此时，可以在 F1 区的"CH1-CH2 延迟"下看到延迟值。

（4）测量信号幅度与周期的计算　如果不采用自动测量与显示的方法，可进行人工计算。

电压峰峰值＝格数×每格电压档位值（V/DIV）×探头衰减系数

周期＝格数×每格时间档位值（TIME/DIV）

图 8-29 中，测量采用探头衰减系数"10×"，因此，电压峰峰值 $U_{p-p} = 3 \times 1.00V \times 10 = 30V$，周期 $T = 2 \times 500.0\mu s = 1000\mu s = 1ms$。

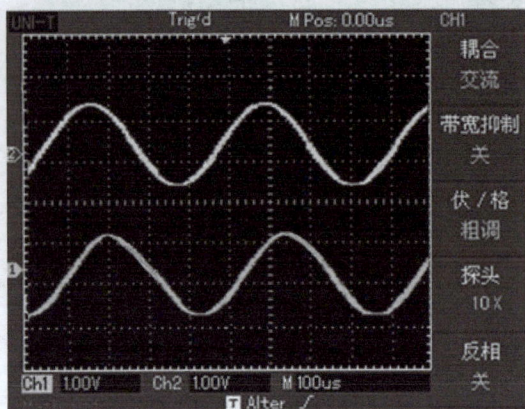

图 8-28 显示信号波形

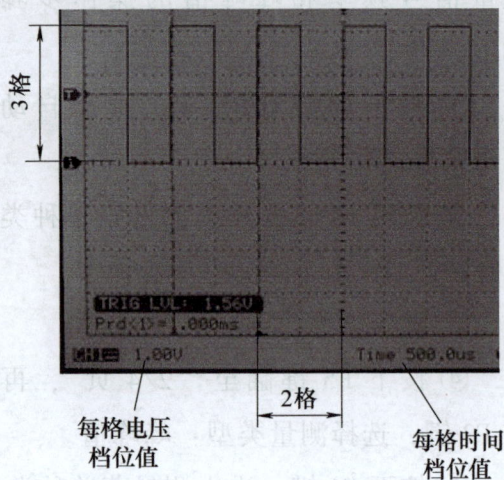

图 8-29 人工计算示例

四、思考与练习

1) 说明 AUTO 、SET TO ZERO 和 MEASURE 键的作用。

2) 说一说探头补偿信号的检查方法。

项目 4 电烙铁焊接技术

一、学习目标

掌握电烙铁的选用与使用方法。

二、主要材料及工具

电烙铁、丝状焊锡、松香、铜导线、电路板、电阻、电容、晶体管。

三、相关知识

1. 焊接工具与材料

（1）电烙铁　电烙铁由烙铁头、烙铁心、外壳、手柄、电源线和插头等部分组成。按烙铁头受热方式不同可分为两类：外热式电烙铁和内热式电烙铁。

1）外热式电烙铁。外热式电烙铁的结构如图 8-30 所示，因其烙铁心包在烙铁头外面，所以称为外热式电烙铁。

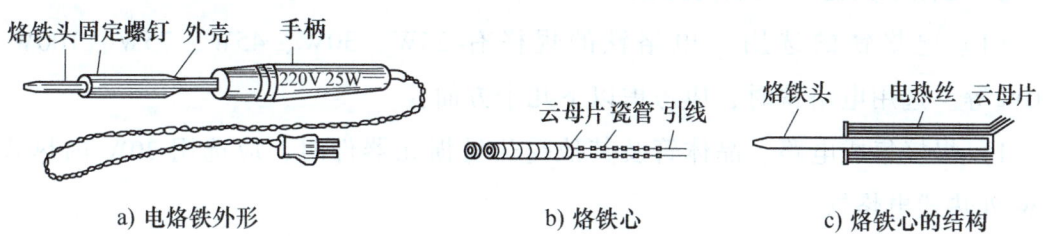

图 8-30　外热式电烙铁及烙铁心的结构

烙铁心是电烙铁的关键部件，它是将电热丝平行地绕制在一根空心瓷管上，中间用云母片绝缘，并引出两根导线与 220V 交流电源连接。烙铁头是用纯铜制成的，作用是储存热量和传导热量。为适应不同焊接物的要求，烙铁头的形状有所不同，常见的有锥形、凿形和圆斜面形等，具体的形状如图 8-31 所示。

2）内热式电烙铁。内热式电烙铁结构如图 8-32 所示，其烙铁心安装在烙铁头里面，故称为内热式电烙铁，它发热快，热利用率高。

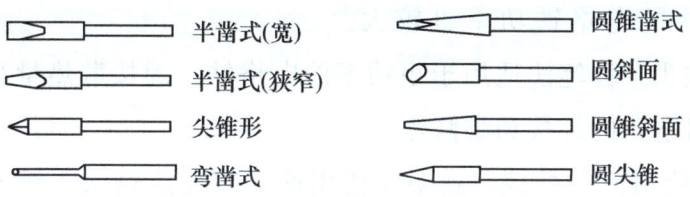

图 8-31　烙铁头的形状

（2）钎料与焊剂

1）钎料。钎料是指焊锡或纯锡，常用的有锭状和丝状两种。丝状的钎料通常在中心包着松香，便于使用。

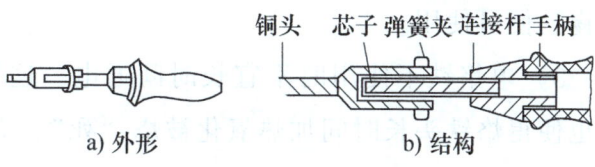

图 8-32　内热式电烙铁的外形及结构

2）焊剂。焊剂有松香、松香酒精溶液（松香 40%，酒精 60%）、焊膏和盐酸（加入适当的锌，经化学反应后方可使用）等。

松香适用于所有电子元器件和小线径线头的焊接的焊剂；松香酒精溶液适用于小线径线头和强电领域小容量元器件的焊接的焊剂；焊膏适用于大线径线头和大截面导体表面或连接处的加固搪锡的焊剂；盐酸适用于钢制件连接处表面搪锡

或钢制件的连接焊接。各种焊剂均有不同程度的腐蚀作用，所以焊接完毕后必须清除残留的焊剂。

2. 电烙铁的选用及使用方法

（1）电烙铁的选用 电烙铁的规格有 25W、30W、45W、75W、100W 和 150W 等。选用电烙铁时，应考虑以下几个方面：

1）焊接集成电路、晶体管及其他受热易损元器件时，应选用 20W 内热式或 25W 外热式电烙铁。

2）焊接导线及同轴电缆时，应选用 45~75W 外热式电烙铁，或 50W 内热式电烙铁。

3）焊接较大的元器件时，如大电解电容器引线脚、金属底盘接地焊片等，应选用 100W 以上的电烙铁。

（2）电烙铁的使用方法与注意事项

1）电烙铁的握法。电烙铁的握法有三种，如图 8-33 所示。反握法适用于使用大功率电烙铁焊接散热量较大的被焊件。使用正握法的电烙铁功率也较大，

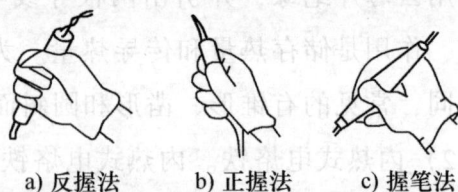

a) 反握法   b) 正握法   c) 握笔法

图 8-33 电烙铁的握法

且多为弯形烙铁头。握笔法适用于小功率的电烙铁，焊接散热量小的被焊件，如收音机、电视机电路的焊接和维修等。

2）新烙铁使用前的处理。新烙铁使用前必须先给烙铁头镀上一层焊锡。具体方法是：首先把烙铁头锉成需要的形状，然后接上电源，当烙铁头温度升至能熔化锡时，将松香涂在烙铁头上，再涂上一层焊锡，直至烙铁头的刃面部挂上一层锡，便可使用。

3）电烙铁不使用时不宜长时间通电。这样易使电热丝加速氧化而烧断，同时也使得烙铁头长时间加热氧化被烧"死"，而不"吃锡"。

4）电烙铁在焊接时，最好选用松香焊剂，以保护烙铁头不被腐蚀。烙铁应放在金属丝制成的烙铁架上，轻拿轻放，不要将烙铁头上的焊锡乱甩。

5）更换烙铁心时要注意引线不要接错。电烙铁的三个接线柱中有一个是接地的，它直接与外壳相连。若引线接错，使电烙铁外壳带电，被焊件也会带电，易发生触电事故。

6）为延长烙铁头的使用寿命，首先应经常用湿布、浸水海绵擦拭烙铁头，以保持烙铁头良好的挂锡状态，并可防止残留助焊剂对烙铁头的腐蚀。在焊接完

毕时，烙铁头上的残留焊锡应该继续保留，以防止再次加热时出现氧化层。

四、项目实施与工艺要求

1. 焊接工艺要求

焊接质量直接影响着整机产品的可靠性与质量。因此，在锡焊接时，必须做到以下几点：

1）焊点的机械强度要满足需要。一般采用把被焊元器件的引线端子折弯后再焊接的方法，但不能用过多的焊料堆积，以防止造成虚焊或焊点之间短路。虚焊主要表现以下两种现象，如图8-34所示。

2）焊点表面要光滑、清洁。不可出现夹生焊点、表面粗糙、拉尖、棱角等现象。

2. 项目内容

（1）电子元器件插装与焊接　在万能电路板上插装电子元器件，选用合适的电烙铁练习焊接。插装方式如图8-35所示。

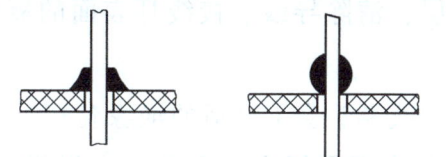

a) 与引线浸润不好　　b) 与印制板浸润不好

图 8-34　虚焊现象

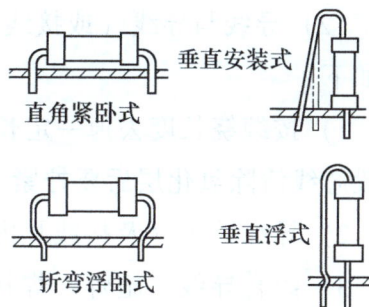

直角紧卧式　　垂直安装式

折弯浮卧式　　垂直浮式

图 8-35　电子元器件插装方式

1）焊接五步操作法。操作如图8-36所示。

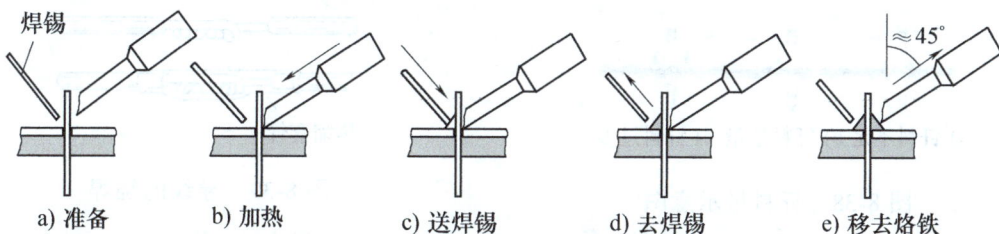

焊锡

≈45°

a) 准备　　b) 加热　　c) 送焊锡　　d) 去焊锡　　e) 移去烙铁

图 8-36　焊接五步操作法

对于大热容量焊件，采用五步操作法焊接时，加热时间稍长一些。对于小热容量焊件加热时间较短，整个焊接过程不超过3s，对电子元器件的焊接时间应更短，以防过热损坏元器件。加热时应对电子元器件引脚和焊盘同时加热，提高加热效率。

根据焊件的形状选用不同的烙铁头，尽量让烙铁头与焊件形成面接触而不是点或线接触，以提高焊接工作效率。

2) 撤离电烙铁方式。电烙铁撤离要及时，要据焊锡量选择合适的电烙铁撤离方式。电烙铁撤离时的角度与方向对焊点成型的影响如图 8-37 所示。

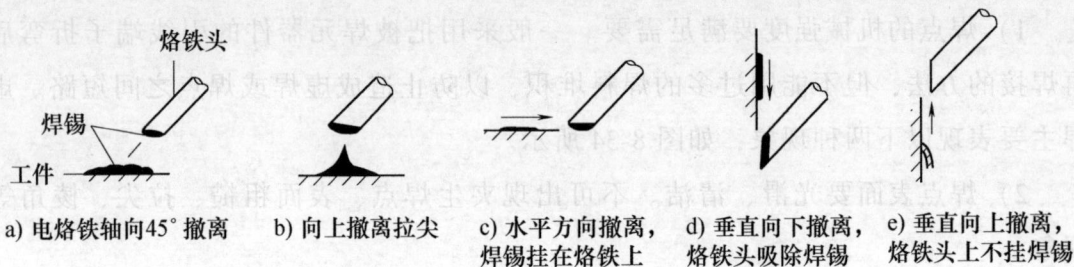

a) 电烙铁轴向45°撤离　b) 向上撤离拉尖　c) 水平方向撤离，焊锡挂在烙铁上　d) 垂直向下撤离，烙铁头吸除焊锡　e) 垂直向上撤离，烙铁头上不挂焊锡

图 8-37　电烙铁撤离方向与焊锡量的关系

3) 钎料要适当。焊接点上的钎料要适量，钎料以包着引线灌满焊盘为宜，如图 8-38 所示。

（2）导线与导线（或接线耳）的焊接　导线之间的焊接以绕焊为主，操作步骤如下：

1) 按缠绕长度去掉一定长度的绝缘外层，清除导线、接线耳表面的氧化层。多股芯线清除氧化层后要拧紧。

2) 导线端头（及接线耳内）上锡并在导线端头套上合适的绝缘套管。

3) 绞合导线，施焊。焊接后，为了避免出现焊锡夹生现象，在焊锡未充分凝固时，不要摇动接线耳、线头或清除残留焊剂。

4) 清除残留焊剂，趁热套上绝缘套管，冷却后套管固定在接头处，如图 8-39 所示。

a) 钎料不足 b) 钎料适量 c) 钎料过多

图 8-38　钎料量示意图

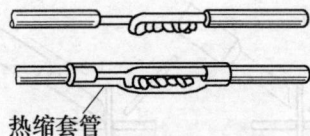

热缩套管

图 8-39　导线的绕焊

五、思考与练习

1) 电烙铁插入插座中不发热，可能的故障原因是_____、_____、

_____。检修方法：①用万用表_____档测量插座是否供电正常；②取出电烙铁，用万用表的_____档测量电烙铁的电阻，若电阻为∞，说明电源线_____或烙铁心_____，须拆开电烙铁进一步检修。

2）在电烙铁的使用中，我们应当怎样保养它？

项目5　整流滤波电路的安装与测试

一、学习目标

1）掌握半导体二极管整流电路的结构、工作原理及滤形电路的结构。

2）了解滤形电路的工作原理。

二、主要材料及工具

主要使用的材料及工具见表8-4。

表8-4　主要材料及工具

名称	参数	名称	参数	名称	参数
二极管	1N4007	负载电阻	1000Ω	电线	软铜线
小型变压器	220/12V	电解电容	20μF/50V	电阻	50Ω
万能电路板		电烙铁	30W	万用表	MF47

三、项目实施与工艺要求

1）认真观察图8-40所示单相桥式整流电路的结构，将四只二极管及负载元件 R_L（如小灯泡）按电路要求安装在图8-41所示的万能电路板上（变压器及熔断器外接，但须焊接引出线，变压器输出电压为 6~12V，元器件安装前应做检测）。

2）用示波器观察图8-41所示单相桥式整流电路的输出端A、B的波形，用万用表测试其输出的直流电压值并记录。

3）认真观察图8-42所示单相桥式整流滤波电路的结构，在图8-41所示万能板安装图的基础上安装其电路，走线如图8-43所示。

4）用示波器观察图8-43所示的单相桥式整流滤波电路的输出端A、B的波形，用万用表测试其输出的直流电压并记录。

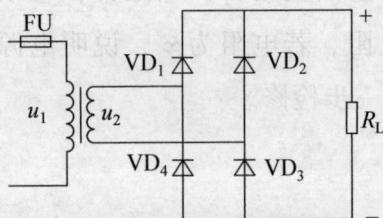

图 8-40 单相桥式整流电路

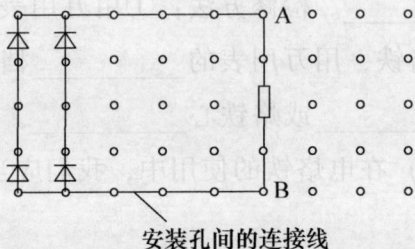

安装孔间的连接线

图 8-41 万能电路板上安装桥式整流电路走线示意图

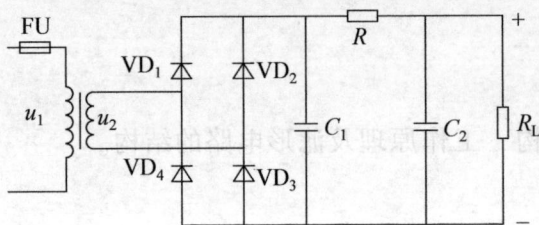

图 8-42 单相桥式整流滤波电路

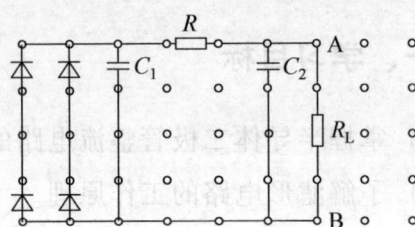

图 8-43 万能板上安装桥式整流滤波电路走线示意图

5）比较图 8-40 与图 8-42 所示电路的输出波形与电压值，总结它们与输入电压 u_2 间的关系。

四、相关知识

1. 直流稳压电路的组成

在工农业生产和日常生活中，人们不仅需要交流电还经常要用到直流电。例如，直流电动机、电镀、充电和一些家用电器等都需要直流供电。实践中常采用将交流电变换为直流电，这个过程称为整流，进行整流的设备叫作整流器，如图 8-44 所示。直流稳压电路一般由以下四部分组成。

1）电源变压器。将交流电网提供的 220V 或 380V 的电压变换成直流电源所需要的电压。

2）整流电路。将交流电压变换成脉动直流电压。

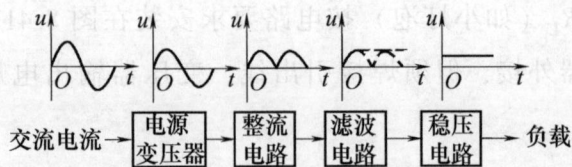

图 8-44 直流稳压电路的组成

3）滤波电路。把脉动直流电压中含有的脉动成分滤除，保持其中的直流成分，从而得到平滑的直流电压，以适应负载的需要。

4）稳压电路。经整流、滤波输出的电压不稳定，在电网电压波动或负载变化时将随之变化，稳压电路的作用就是使输出电压稳定。

2. 整流电路的工作原理

（1）单相半波整流

1）整流原理。单相半波整流电路如图 8-45 所示，该变压器二次绕组输出电压 $u_2 = \sqrt{2} U_2 \sin\omega t$，其波形如图 8-46a 所示。在交流电压 u_2 的正半周，设变压器二次绕组输出电压极性为 a 正 b 负，此时二极管正偏导通，电流 i_V 由电源变压器 a 端通过二极管 VD、负载 R_L 回到变压器二次绕组 b 端，电流波形如图 8-46b 所示。u_2 的正半周电流通过 R_L，忽略二极管正向压降（硅管 0.7V）时，则负载 R_L 上获得的电压为 $u_o = u_2$，如图 8-46c 所示。在 u_2 的负半周，电源变压器二次绕组输出电压极性变为 a 负 b 正，二极管反偏截止，负载 R_L 上电流、电压均为零。u_2 成为二极管的反偏电压，全部加在 VD 两端，如图 8-46d 所示。可见这种半波整流的结果，只有一个方向的电流通过负载，即负载上只能得到半个周期的电压和电流，所以称为半波整流。

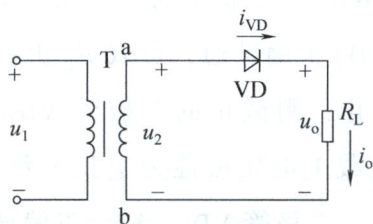

图 8-45 单相半波整流电路

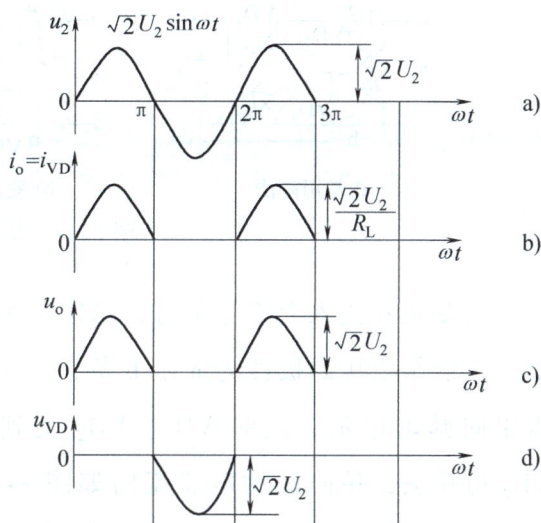

图 8-46 单相半波整流波形

2）输出电压和电流

$$U_o = \frac{\sqrt{2} U_2}{\pi} \approx 0.45 U_2$$

半波整流输出电压为方向不变，但大小是随时间不断变化的，其平均值用 U_o 表示。式中，U_2 为交流电的有效值。负载上的平均电流（输出电流）为

$$I_o = \frac{U_o}{R_L} = 0.45 \frac{U_2}{R_L}$$

在交流电压的负半周，二极管所受的最高反向电压为 u_2 的峰值，即

$$U_{VDM} = \sqrt{2}\,U_2$$

因此，选用二极管时，必须满足

$$I_o = I_{VD} = \frac{U_o}{R_L} = 0.45\frac{U_2}{R_L}$$

最大整流电流 $I_{FM} \geqslant I_o$，最高反向工作电压 $U_{RM} \geqslant \sqrt{2}\,U_2$。

（2）单相桥式整流电路 半波整流电路简单，但电能利用率低，输出电压脉动大，输出直流电压也低。实际中应用最多的是桥式整流电路。

1）电路结构与整流原理。单相桥式整流电路由电源变压器 T、4 只整流二极管 $VD_1 \sim VD_4$ 和负载 R_L 组成。其中 4 只整流二极管组成桥式电路的 4 条臂，变压器二次绕组和接负载的输出端分别接在桥式电路的两条对角线顶点，如图 8-47 所示。

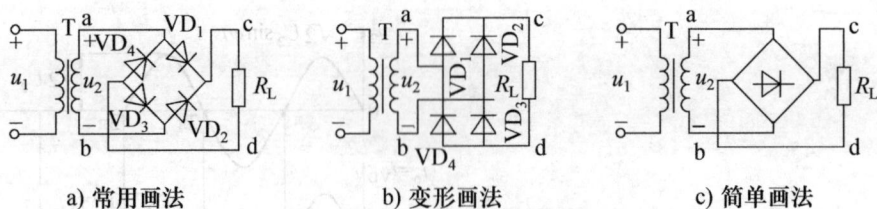

a) 常用画法　　　　b) 变形画法　　　　c) 简单画法

图 8-47　桥式整流电路

当变压器接入交流电源时，二次绕组输出的交流电压 u_2 在正半周时，设变压器二次绕组电压的极性为 a 正 b 负，二极管 VD_1 和 VD_3 正偏导通，负载 R_L 上获得单向脉动电流，此时 VD_2、VD_4 受到反向电压截止，则截止的二极管 VD_2、VD_4 可略去，单向脉动电流流向如图 8-48a 所示。负载上电压极性为上正下负。在 u_2 负半周时，变压器二次绕组电压极性为 a 负 b 正，二极管 VD_2、VD_4 正偏导通，负载 R_L 上获得单向脉动电流，二极管 VD_1、VD_3 受到反向电压而截止。图 8-48b 为 u_2 负半周电流通路，电压极性仍为上正下负。这样负载上就获得了由

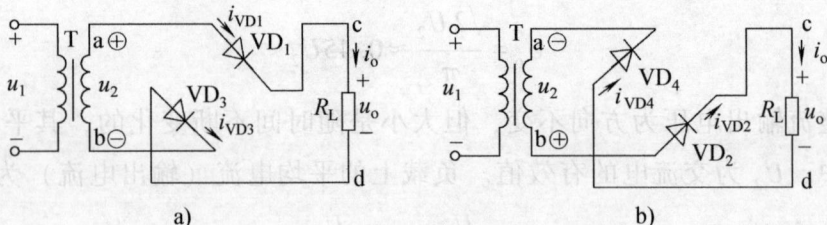

a)　　　　　　　　　　　b)

图 8-48　桥式整流电路整流原理图示

两个半波合成的极性不变的脉动直流电。因此，桥式整流为全波整流，其电压电流波形如图 8-49 所示。

2）输出电压和电流。在桥式整流电路中，交流电在一个周期内的两个半波都有同方向电流通过负载，因此该整流电路输出的电流和电压均比半波整流大一倍，即

$$U_o = 2 \times 0.45 U_2 = 0.9 U_2$$

$$I_o = 0.9 \frac{U_2}{R_L}$$

桥式电路的结构决定了每只二极管只在半个周期内导通，所以在一个周期内流过每个管子的平均电流只有负载电流的一半，即

$$I_V = \frac{1}{2} I_o = 0.45 \frac{U_2}{R_L}$$

桥式整流电路中，二极管 VD_1、VD_3 与 VD_2、VD_4 是轮流导通的，使得每对二极管承受的最高反向电压为 u_2 的峰值，如图 8-49d 所示。

$$U_{VDM} = \sqrt{2} U_2$$

因此，桥式整流电路中二极管选择原则如下：

最大反向工作电压　　$U_{RM} \geqslant \sqrt{2} U_2$

最大整流电流　　　　$I_{FM} \geqslant I_o/2$

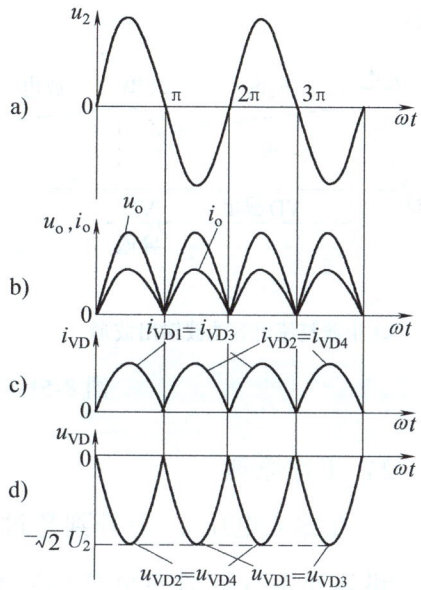

图 8-49　桥式整流电路输出波形

3）整流桥堆。整流桥堆是将桥式整流电路中的 4 只二极管集成到一块芯片上的集成电路。输入用交流信号 "~" 标志，输出的直流极性用 "+、-" 标志，如图 8-50 所示。

3. 滤波电路

把整流输出的脉动直流电滤去它的交流成分，变为平滑的直流电的过程，称为滤波。常用的滤波电路有电容滤波电路、电感滤波电路、复式滤波电路和电子滤波电路等。

（1）电容滤波

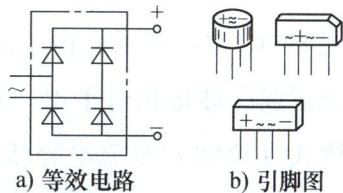

a) 等效电路　　　b) 引脚图

图 8-50　整流桥堆等效电路及引脚排列图

1) 电路构成。图 8-51a、b 所示为电容滤波电路。它是把一个大电解电容并接到整流输出端，利用电容器充、放电特性以及电容两端的电压（或能量）不能突变的原理，使输出电压变得平滑，平均电压值 U_L 得到提高。

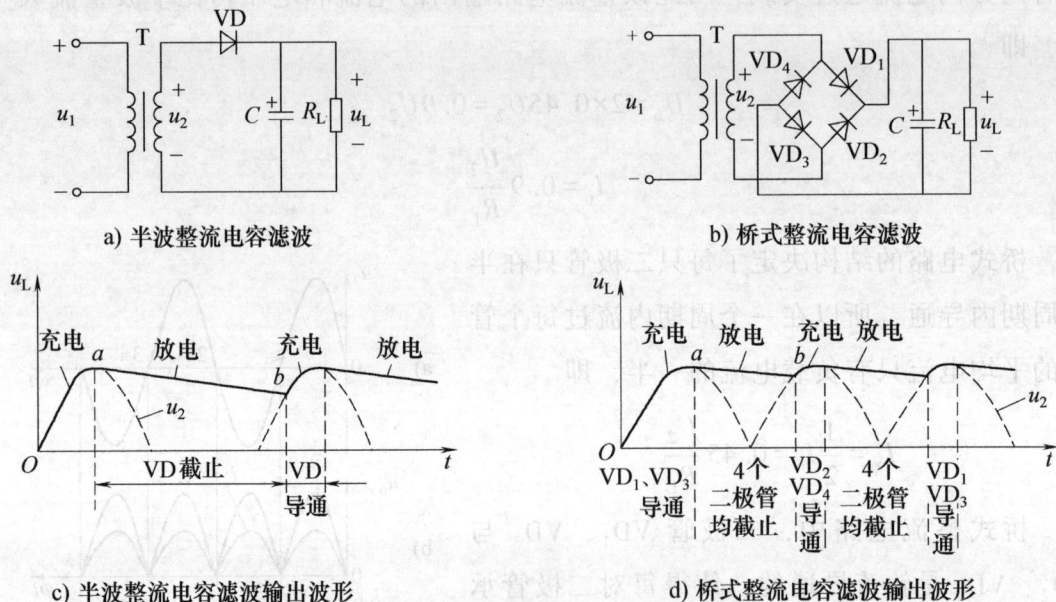

a) 半波整流电容滤波

b) 桥式整流电容滤波

c) 半波整流电容滤波输出波形

d) 桥式整流电容滤波输出波形

图 8-51　电容滤波电路与输出波形

2) 工作原理。

① 在输入电压 u_2 上升到超过电容端电压时，整流二极管 VD 正向导通并向电容 C 迅速充电（同时向负载供电），电容 C 两端电压 u_C 与 u_2 同步上升，并达到 u_2 的峰值。

② 在输入电压 u_2 下降到低于电容两端电压时，整流二极管 VD 反向截止。于是电容通过 R_L 放电，维持负载 R_L 的电流。由于 R_L 的阻值远大于二极管的正向内阻，所以放电很慢，电容 C 两端电压 u_C 下降缓慢。

输入电压是周期性直流脉动电压，充、放电的过程周而复始，其滤波电压波形如图 8-51c 实线所示，由于滤波电容的充放电作用，使得输出电压 u_L 的脉动程度大为减弱，波形相对平滑，达到了滤波的目的。

桥式（全波）整流电容滤波的工作原理与半波整流电路一样。只不过输入电压的负半周也得到了利用，输出的是全波脉动直流电，在一个周期内电容要充、放电两次，电容向负载放电的时间缩短了，因此输出电压波形比半波整流电容滤波更加平滑。输出波形如图 8-51d 所示。

电容滤波适用于负载电流较小并保持不变的场合。在电容滤波电路中，C 的容量或 R_L 的阻值越大，电容 C 放电越慢，输出的直流电压就越大，滤波效果也越好；反之，C 的容量或 R_L 的阻值越小，输出电压越低且滤波效果越差。

（2）电感滤波

1）电路构成。电感滤波电路中电感 L 与负载 R_L 串联，如图 8-52a 所示。

2）滤波原理。从能量的观点来看，电感是一个储能元件，当电流增加时，电感线圈产生自感电动势阻碍电流的增加，同时将一部分电能转化为磁场能量；当电流减小时，电感线圈便释放其储存的磁场能量，防止电流减小。因此通过负载 R_L 的电流的脉动成分受到抑制而变得平滑，其波形如图 8-52b 所示。

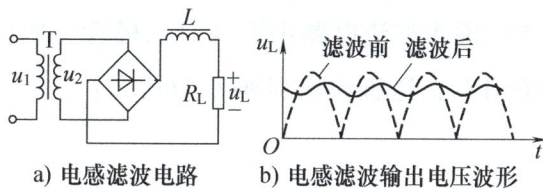

a）电感滤波电路　　b）电感滤波输出电压波形

图 8-52　电感滤波电路与输出波形

（3）复式滤波器　复式滤波器是由电感和电容或电阻和电容组合起来的多节滤波器，常见的有 L 形和 π 形两类复式滤波器，如图 8-53a、b 所示，它们的滤波效果要比单电容或单电感滤波效果好。

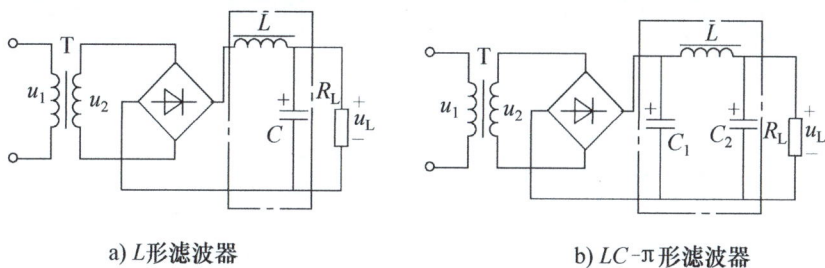

a）L 形滤波器　　　　　　b）LC-π 形滤波器

图 8-53　复式滤波器

五、思考与练习

1）画出桥式整流、电感电容复式滤波电路。

2）分析图 8-54 所示的工作原理。

3）故障分析。在桥式整流电路中，①若有一个二极管装反了，会发生什么问题？②若一个二极管虚焊，测得输出电压会有什么变化？③若一个二极管被击穿，则会出现什么问题？

4）在桥式整流电路中，如 4 只二极管全部装反了，对输出有什么影响？

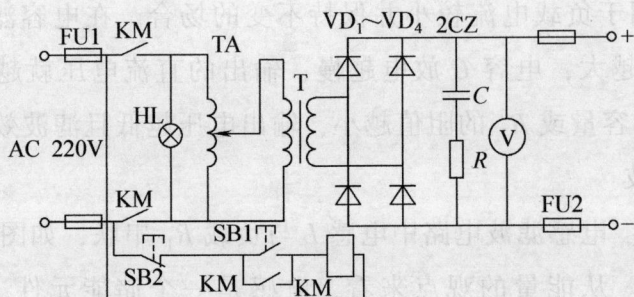

图 8-54　充电用硅整流器电气原理图

5）桥式整流电路中有 4 只二极管，所以每个二极管中电流的平均值等于负载电流的 1/4，这种说法对吗？为什么？

第九单元　晶体管放大电路

▶ 学习目标

　　了解晶体管的结构，能用万用表判别晶体管的管型和管脚，掌握晶体管的基本放大电路与作用。

项目1　晶体管的认识与检测

一、学习目标

1）掌握晶体管的类型、符号，了解晶体管的结构。

2）理解晶体管的电流放大作用。能用万用表判别晶体管的管型和管脚。

3）了解晶体管三种工作状态。

二、主要材料及工具

　　塑料封装、金属封装的各种晶体管若干，学生电源一台，万用表、电压表、电流表各一块，万能电路板一块，电烙铁一把和50cm长带助焊剂的焊丝。每小组一套。

三、项目内容与工艺要求

1. 晶体管的认识

　　1）结构、符号与管脚排列。常见的晶体管外形与管脚排列如图9-1所示。其内部结构都是由三个区、两个PN结组成，如图9-2所示。三个区分别称为集电区、基区和发射区，基区与集电区交界处的PN结称为集电结，发射区与基区交界处的 PN 结称为发射结；由发射区、基区和集电区各引出一个电极，分别称为发射极、基极和集电极，依次用 e（E）、b（B）、c（C）表示。

图 9-1　常见晶体管的外形与管脚的排列

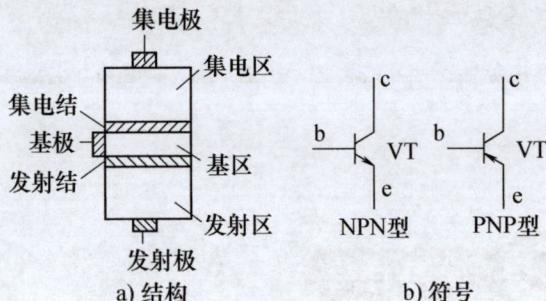

a) 结构　　b) 符号

图 9-2　晶体管的结构与符号

晶体管分为 PNP 型和 NPN 型两大类（按结构分），图形符号如图 9-2b 所示，文字符号都用 VT 表示，发射极 e 的箭头表示电流的方向。

2）晶体管的类型。晶体管可以根据结构、材料、功率、工作频率及用途等方面进行分类，如按半导体材料可分为锗管和硅管；按功率可分为小功率管、中功率管和大功率管；按工作频率可分为低频管和高频管等。

2. 晶体管放大作用实验

按图 9-3 所示，连接电路做晶体管放大作用实验，调节电位器 R_P 可以改变基极电流 I_B，每调整一次，测得一相应变化的集电极电流 I_C 和发射极电流 I_E 的值，认真观察、记录各电极的电流值填入表 9-1 中，总结它们之间的关系。

表 9-1　晶体管各电极电流值

I_B/mA	0	0.02	0.04		
I_C/mA					
I_E/mA					

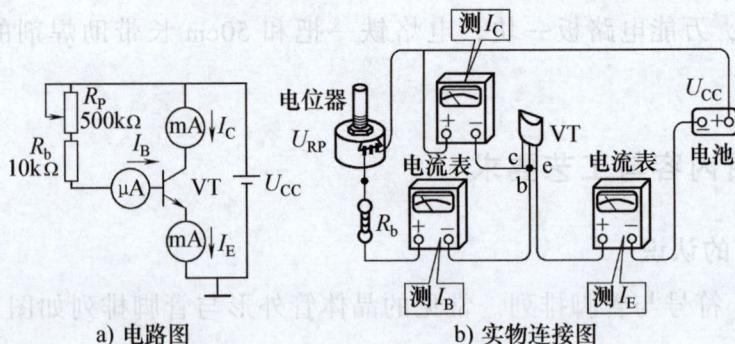

a) 电路图　　b) 实物连接图

图 9-3　晶体管放大作用实验

1) 从表9-1中的实验数据可以得出晶体管各电极电流分配关系为

$$I_E = I_B + I_C$$

由于基极电流 I_B 很小，则有 $I_E \approx I_C$。

2) 晶体管的电流放大作用。由表9-1中数据还可以看出，当调节电位器 R_P 使 I_B 有较小的变化时，会引起集电极电流 I_C 有较大变化。这种现象称为晶体管的电流放大作用，即晶体管是一个电流控制器件。

3) 晶体管放大状态的工作电压。为使晶体管工作在放大状态，必须在基极和发射极之间加上正向电压（又称正向偏压）。一般硅管为 $0.6\sim0.7V$，锗管为 $0.1\sim0.3V$，加在集电极和发射极之间的反向电压为几伏至十几伏。如图9-4所示，图9-4a是NPN型管，图9-4b是PNP型管，两类晶体管外电路所接电源的极性正好相反。也就是必须给晶体管的发射结加正向电压，集电结加反向电压。

图9-4所示的电路，其输入回路（电源正极—R_b—晶体管基极—发射极—电源负极）与输出回路（电源正极—R_c—晶体管集电极—发射极—电源负极）以晶体管的发射极为公共端，因此这种接法称为共发射极放大电路。

3. 晶体管管型与管脚的判断

1) 先判定基极和管型。

测试原理：晶体管由两个 PN 结组成，根据 PN 结正向电阻小，反向电阻大的特点，用万用表的电阻档测试相应的电阻来判断其基极和管型。

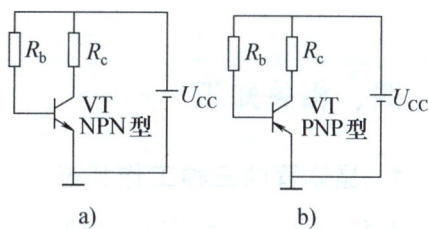

图9-4　晶体管放大状态工作电压

测试方法：如图9-5所示，将万用表转换开关旋至电阻档，选择 $R\times100$ 或 $R\times1k$ 档，黑表棒（内接表内电池的正极）接晶体管的任意一只管脚，再用红表棒（内接表内电池的负极）接触其余两只管脚，如果两次测量的电阻值都很小（或都很大），则黑表棒接的管脚是基极，且这只晶体管是 NPN 型管。若两次测量的电阻都很大，则黑表棒接的管脚是基极，且晶体管是 PNP 型管。

若测试结果不符合两次电阻均很小或两次电阻均很大的条件，则黑表棒接的不是基极，需另换一个管脚再进行测试，直到确定基极为止。

2) 判定集电极和发射极。

测试原理：晶体管处于放大状态时，集电极电流较大，则对应的电阻就小。

判定方法如图9-6所示，对于 NPN 型管，测定基极（b）后，假设其余的两只管脚中的一只为集电极（c），在b、c之间接入一个较大的电阻，一般用手指代替，即用手指捏住基极（b）和假定的集电极（c）（两极不能接触），用黑表棒接触集电极，红表棒接触发射极，读出一个阻值，然后将上述假定的集电极、发射极对调一下，用同样方法再测一次阻值，比较两次读数的大小，读数较小（即电流较大）的一次为正确的假设，即黑表棒接的是集电极（c），红表棒接的是发射极（e）。对于 PNP 型管，只是将上述的红、黑表棒对调，仍用上述方法测两次 c、e 间的电阻，读数较小的一次，红表棒接的便是集电极（c）。

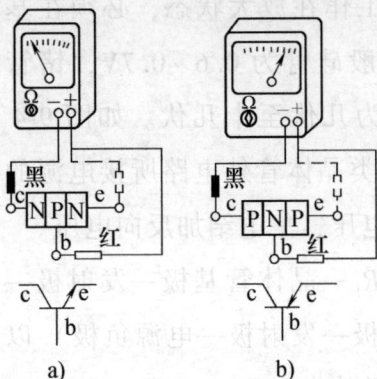

图 9-5　晶体管基极的判断　　　　图 9-6　晶体管集电极、发射极的判断

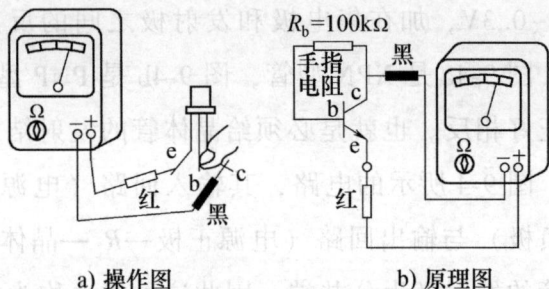

四、相关知识

1. 晶体管的三种工作状态

晶体管的工作状态有三种，除放大状态外，还有截止状态和饱和状态。在脉冲数字电路中，晶体管主要工作在截止和饱和两个状态之间。

1）截止状态。当加在晶体管的基极与发射极之间的电压——发射结上的电压 U_{BE} 为反偏电压或低于发射结的死区电压（硅管为 $0.6 \sim 0.7V$、锗管为 $0.1 \sim 0.3V$）时，基极电流 $I_B = 0$，此时的 $I_C \neq 0$，称为穿透电流 I_{CEO}，但其值很小，可以认为 $I_C = I_{CEO} \approx 0$。晶体管就处于截止状态，集电极和发射极之间呈现很大的电阻，相当于 c、e 之间是断开的，这时 $U_{CE} \approx U_{CC}$。

晶体管处于截止状态的条件是：发射结反偏（或零偏），集电结也反偏。用万用表的直流电压档分别测量 b、c 间和 b、e 间的电压就能做出判断。

2）放大状态。晶体管发射结上的正偏电压大于死区电压，则 $I_B > 0$，集电极电流 I_C 受 I_B 控制。

晶体管工作在放大状态的条件是：发射结正偏，集电结反偏。

3）饱和状态。如果使基极电流 I_B 不断增大，当 I_B 的值达到一定数值后，我们就会发现，集电极电流 I_C 将不再随 I_B 的增大而增大。

在晶体管的输出回路存在着这样的电压关系：$U_{CE} = U_{CC} - I_C R_C$，当 I_C 随 I_B 而增加时，U_{CE} 将逐渐下降，由于 U_{CE} 的下降有一定限度，所以 I_C 的增加也是有一定限度的。假定 $U_{CE} = 0V$，那么此时 I_C 已达到最大值，即 $I_C = U_{CC}/R_C$，即使 I_B 再增大，I_C 也不能增大了。这就是饱和状态，此时的 I_B 已失去了对 I_C 的控制作用。实际上 U_{CE} 的值下降到 $0.2 \sim 0.3V$ 就不能再下降了，我们将此时的 U_{CE} 称为饱和压降，用 U_{CES} 表示，由于 U_{CES} 很小，我们可以近似认为集电极和发射极之间相当于短路或认为这里成了一个导通的开关。

晶体管处于饱和状态的条件是：集电结和发射结都处于正偏状态。

2. 晶体管的主要参数

1）电流放大系数（倍数）β。我们研究表 9-1 中实验数据可以看出，I_C 的变化量是 I_B 变化量的几十至几百倍，通常将此值称为晶体管的电流放大系数，用 β 表示，即

$$\beta = \frac{\Delta I_C}{\Delta I_B}$$

不同的晶体管，β 不同，即电流放大能力不同，一般晶体管的 β 值在 $20 \sim 200$ 之间。

2）穿透电流 I_{CEO}。基极开路（$I_B = 0$）时，集电极和发射极之间的反向电流叫穿透电流，用 I_{CEO} 表示，I_{CEO} 随温度升高而增大，I_{CEO} 越小，晶体管的性能越稳定。硅管穿透电流比锗管小，因此硅管的稳定性较好。

3）集电极最大允许电流 I_{CM}。集电极最大允许电流指晶体管正常工作时集电极所允许的最大电流。当 I_C 超过一定值时，电流放大系数 β 会下降，如果超过了 I_{CM}，则 β 值就下降到不能允许的程度了。

4）反向击穿电压 U_{CEO}。反向击穿电压指基极开路时，加在集电极和发射极之间的最大允许电压，如果 $U_{CE} > U_{CEO}$，会使晶体管击穿而损坏。

5）集电极最大耗散功率 P_{CM}。集电极最大耗散功率指晶体管正常工作时，集电结所允许的最大耗散功率。$P_{CM} < 1W$ 的称为小功率管，$P_{CM} > 1W$ 的称为大功率管，超过 P_{CM} 会使晶体管的工作温度过高而损坏。大功率管的 P_{CM} 值是在常温下带有散热器的数值。

五、思考与练习

1）晶体管的三个电极是____极、____极、____极，它由____结、____结两

个 PN 结组成。晶体管分为＿＿＿＿＿ 型和＿＿＿＿＿ 型，其图形符号分别是＿＿＿＿＿、＿＿＿＿＿。

2）晶体管工作于放大状态的条件是＿＿＿＿＿＿＿＿＿＿＿＿＿＿＿。晶体管工作于截止状态的条件是＿＿＿＿＿＿＿＿＿＿＿＿＿，晶体管工作于饱和状态的条件是＿＿＿＿＿＿＿＿＿＿＿＿＿。

3）一只晶体管 $I_{B1} = 20\mu A$ 时，$I_{C1} = 2mA$；$I_{B2} = 40\mu A$ 时，$I_{C2} = 4mA$，求 β 值。

4）一只晶体管接入电路中，测得三个引出脚对公共端（地）电位分别为 $U_A = 11.6V$，$U_B = 2V$，$U_C = 2.7V$，试判断晶体管的类型及 A、B、C 三个引脚各为什么电极？

项目 2 共发射极单管放大电路的安装与测试

一、学习目标

1）掌握基本放大电路的组成和工作原理，理解设置静态工作点的必要性。

2）了解分压式射极偏置电路的工作原理。

3）了解静态工作点 Q 的简单计算方法。

二、主要设备、材料及工具

主要使用的设备、材料及工具见表9-2。

表 9-2 主要设备材料及工具

代号	名称	元器件参数	数量	代号	名称	元器件参数	数量
VT	晶体管	9013	2	C_1、C_2	电解电容	$20\mu F/50V$	3
R_{P1}	微调电位器	0.5W，$1M\Omega$	1	R_b	JR 型电阻	$100k\Omega$，$1/8W$	1
R_{P2}	微调电位器	0.5W，$220k\Omega$	1	R_c、R_L	JR 型电阻	$5.6k\Omega$，$1/8W$	4
R_{b1}	JR 型电阻	$20k\Omega$，$1/8W$	1	R_{b2}	JR 型电阻	$10k\Omega$，$1/8W$	1
R_e	JR 型电阻	$1k\Omega$，$1/8W$	1	C_e	电解电容	$100\mu F/50V$	1
	示波器	SR-8	1		信号发生器	XD1B	1
	晶体管毫伏表	DA-16	1		直流稳压源		
电烙铁(25W)、镊子、尖嘴钳、斜口钳、钎料等							

三、相关知识

1. 放大电路的功能

晶体管最基本的用途是组成晶体管放大电路。在生产过程中，常常需要检测和控制一些与设备运行有关的非电量，例如温度、声音、光、力和机械位移等。这些非电量的变化可以用传感器转换成相应的电信号，但这些电信号都相当微弱，必须经过放大以后，才能驱动功率较大的继电器、显示仪表、微型控制电动机或其他执行机构动作。所以，放大电路是工业自动控制、检测、通信、计算机和家用电子设备中最基本的组成部分，如温度控制器、电视机和扩音机等。

如图 9-7 所示，传声器把声音转换成微弱的电信号，经扩音机内部的放大电路将信号放大后送至扬声器被还原成声音。由于经过了放大，扬声器发出的声音比送入传声器的声音要大得多。又如常见的路灯自动控制，是由光信号（白天/夜晚光差异）控制路灯开关的通断。

图 9-8 所示是一个简易路灯自动开关装置。图中，2CR44 是硅光电池，即太阳电池，它是一种把光能直接转换为电能的半导体器件，硅光电池受光照射时，能产生随光照情况而变化的电动势并提供电流。图中使用的继电器是一种流过 6mA 电流就动作的高灵敏继电器，它的常闭触点控制路灯电路的通断。白天，硅光电池受光照产生电流，经 R_P 流入晶体管基极成为电流 I_B，于是集电极中出现大的电流 I_C，流经继电器使常闭触点断开，路灯熄灭。晚上，硅光电池不受光照不产生电流，晶体管没有基极电流，集电极电流近似为零，继电器常闭触点闭合，路灯电源接通。调整电位器 R_P 可以调整基极电流 I_B，也就可以根据外界光照的发光强度来控制路灯开关的通断，以实现自动控制。

类似的电路还可用于机床的安全保护，如果人手伸入了危险部位，挡断了光源，控制电路就马上动作，切断电源，保护操作人员。形形色色的半导体敏感器件配合晶体管的放大作用，构成了电工电子设备中各种各样的控制电路。

图 9-8 所示电路必须接有 12V 直流电源，放大电路才能正常工作。电路中的硅光电池只能提供微小的晶体管基极电流，使继电器动作所需的较大直流电流即晶体管集电极电流不是硅光电池提供的，而是由 12V 的直流电源转化而来的。由于基极电流对集电极电流的控制作用，所以硅光电池能以微小的功率变化来控制由电源提供给继电器的较大功率变化。

上述实例说明，放大作用实质是一种控制作用，是用较小的信号去控制较大

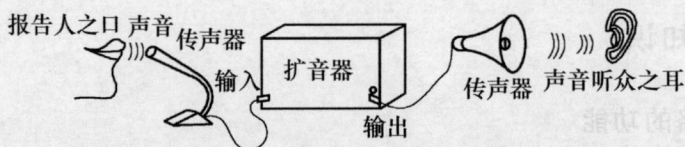

图 9-7 扩音机工作示意图

的信号。

2. 晶体管的基本放大电路

（1）晶体管的连接方式 放大电路的核心是晶体管，它的三个电极可分别作为输入信号和输出信号的公共端，如图 9-9 所示。因此，它有共发射极、共集电极和共基极三种接法，其中，共发射极放大电路应用较广。

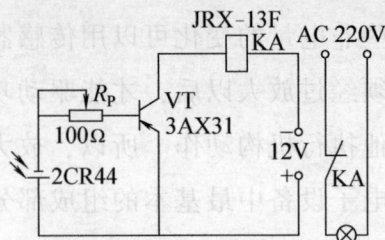

图 9-8 简易路灯自动开关电路

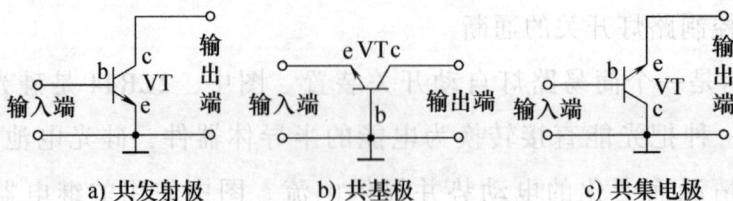

a) 共发射极   b) 共基极   c) 共集电极

图 9-9 晶体管在电路中的三种基本连接方式

（2）共发射极放大电路 图 9-10 所示电路是以 NPN 型晶体管为核心的共发射极放大电路。电路中的公共端"⊥"是电位的参考点，也称接地点。电路中某点的电位就是该点至接地点的电压。

1）电路组成及各元器件的作用。

① 晶体管 VT。它是放大电路的核心，起电流放大作用，即将微小的基极电流变化转换成较大的集电极电流变化，反映晶体管的电流控制作用。

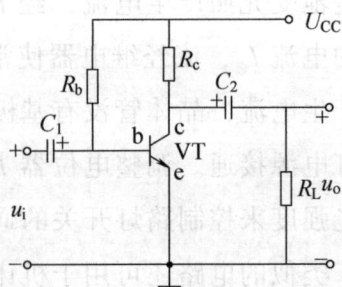

图 9-10 共发射极放大电路

② 直流电源 U_{CC}。它使晶体管的发射结正偏，集电结反偏，确保晶体管工作在放大状态。它又是整个放大电路的能量提供者。

③ 集电极电阻 R_c。其作用是将晶体管的电流放大作用变换成电压放大作用。

④ 基极偏置电阻 R_b。R_b 决定静态基极电流 I_B 的大小。I_B 也称偏置电流，故 R_b 称为偏置电阻。

⑤ 耦合电容 C_1 和 C_2　电容 C_1 和 C_2 的作用有两点：一是隔断直流，使电路的静态工作点不受输入端的信号源和输出端负载的影响；二是传导交流信号，当 C_1、C_2 的电容量足够大时，它们对交流信号呈现的容抗很小，可近似认为短路。C_1 为输入耦合电容，C_2 为输出耦合电容。C_1、C_2 通常是大容量的电解电容器，一般是几微法至几十微法，在电路中连接时要注意它们的极性。

2）放大电路的工作原理。

① 直接输入交流信号，波形产生失真的原因。

按图 9-11a 所示接好实验电路，断开开关 S，$I_B = 0$，即无直流信号。信号发生器输入 1kHz 的正弦波信号，用示波器观察输出电压波形，如图 9-11b 所示，波形少了一半，产生了严重的失真（与输入波形不同）。闭合开关 S，调节电阻 R_b 的阻值，观察输出电压波形的变化。

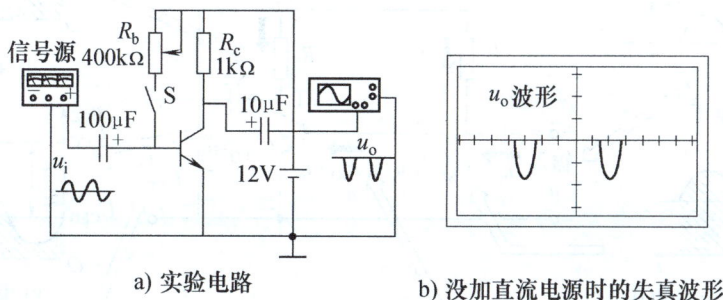

a) 实验电路　　　　　b) 没加直流电源时的失真波形

图 9-11　直接输入交流信号时的波形情况

当输入信号 $u_i > 0.5V$ 时，晶体管发射结导通，输入电流 i_b 随输入电压 u_i 变化。

当输入信号 $u_i < 0.5V$ 时，晶体管发射结截止，输入电流 $i_b = 0$，不随 u_i 变化。故 i_b 产生了失真，显然被放大的输出电流 i_c、电压 u_{ce} 也将产生严重的失真，如图 9-12a 所示。

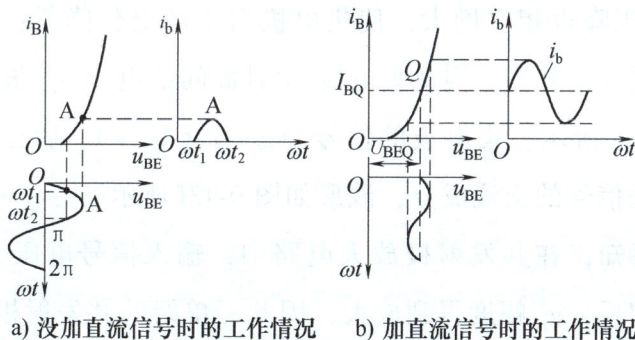

a) 没加直流信号时的工作情况　　b) 加直流信号时的工作情况

图 9-12　直接输入交流信号时产生失真的原因

如果在放大交流信号时，给晶体管加上一定的基极电流 I_B 和电压 U_{BE}，晶体管发射结始终处于线性放大区域，i_b 能跟随 u_i 几乎不失真地变化，如图 9-12b 所示。这时的电流 I_B、I_C 和电压 U_{BE} 称为放大电路的静态工作点 Q，为与一般情况区分，用 I_{BQ}、I_{CQ} 和 U_{BEQ} 表示。

② 增加合适的直流信号后放大电路的工作原理。

图 9-13 所示的放大电路中，输入交流信号 u_i 通过电容 C_1 的耦合送到晶体管的基极和发射极。图 9-13a 所示为输入信号波形。电源 U_{CC} 通过偏置电阻 R_b 提供 U_{BEQ}，基极-发射极间电压为交流信号 u_i 与直流电压 U_{BEQ} 的叠加，其波形如图 9-13b 所示，基极电流 i_b 产生相应的变化，其波形如图 9-13c 所示。

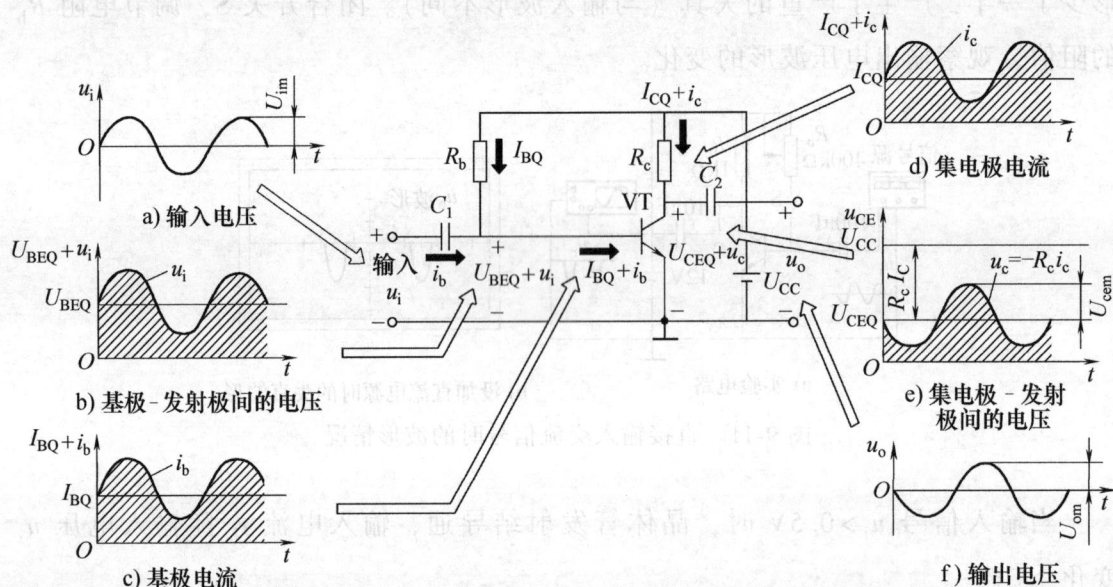

图 9-13 放大电路的电压、电流波形

电流 i_b 经放大后获得对应的集电极电流 i_c，如图 9-13d 所示。电流 i_c 大时，集电极电阻 R_c 的压降也相应增大，使集电极对地的电位降低；反之，电流 i_c 小时，集电极对地的电位升高。因此集电极-发射极间的电压 u_{ce} 波形与 i_c 变化情况正相反，如图 9-13e 所示。集电极的信号经过耦合电容 C_2 后已隔离了直流成分 U_{CEQ}，输出的只是信号的交流成分，波形如图 9-13f 所示。

由上述分析可知，在共发射极放大电路中，输入信号电压 u_i 与输出电压 u_o 频率相同，相位相反，u_o 幅度得到放大，因此，单级的共发射极放大电路是反相放大器。

3）放大电路静态工作点 Q 的简单计算。放大电路的静态工作点（I_{BQ}、I_{CQ} 和 U_{CEQ}）都是直流量，因此可用放大电路的直流通路来计算。由于电容对直流电相当于开路，故画直流通路时电容支路断开即可，如图 9-14 所示。

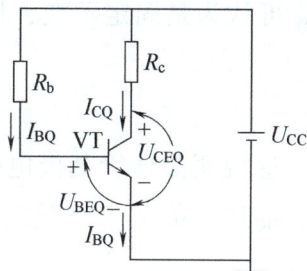

图 9-14　直流通路

$$I_{BQ} = \frac{U_{CC} - U_{BEQ}}{R_b}$$

硅管的 U_{BEQ} 约为 0.7V，锗管为 0.3V，当 $U_{CC} \gg U_{BEQ}$ 时，则可将 U_{BEQ} 略去，即

$$I_{BQ} \approx \frac{U_{CC}}{R_b}$$

根据晶体管的电流放大特性可得

$$I_{CQ} = \beta I_{BQ}$$

由输出回路可得　　$U_{CEQ} = U_{CC} - I_{CQ} R_c$

4）分压式共射极偏置电路。图 9-10 所示的基本共射极放大电路结构简单，电压、电流放大作用较大，但静态工作点不稳定，受环境温度的影响较大，严重时会使放大电路不能正常工作。实际工作中常采用能稳定静态工作点的分压式共射极偏置放大电路，如图 9-15 所示。

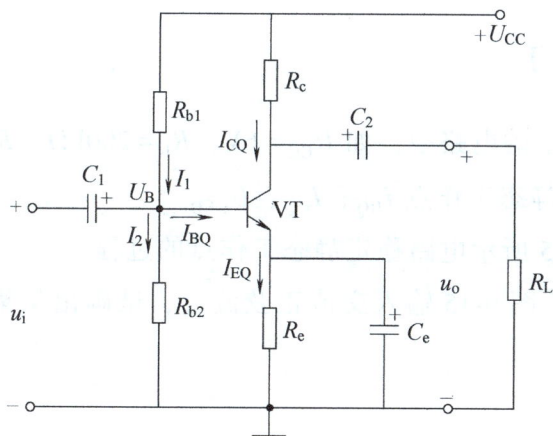

图 9-15　分压式共射极偏置电路

图中，R_{b1} 和 R_{b2} 组成分压电路，供给基极偏置。发射极电路中串接了电阻并增加了发射极旁路电容。

由图 9-15 知，$I_1 = I_2 + I_{BQ}$，因 $I_{BQ} \ll I_1$，可忽略，则 $I_1 \approx I_2$。晶体管基极电压

U_{BQ} 可认为是固定不变，即

$$U_{BQ} = \frac{R_{b2}}{R_{b1}+R_{b2}} U_{CC}$$

这说明晶体管基极电位由 R_{b1}、R_{b2} 的分压比决定。一旦 R_{b1}、R_{b2} 和 U_{CC} 确定后，晶体管的 U_{BQ} 也就确定了，而与晶体管本身参数无关，不受温度影响，分析如下。

图中，R_e 使发射极获得电位 $U_{EQ} = I_{EQ}R_e$。设温度升高引起 I_{CQ} 增大，则 I_{EQ} 增大，R_e 两端的电压 U_{EQ} 也随着增大。但 $U_{BQ} = U_{BEQ} + U_{EQ}$，且为常数，所以 U_{EQ} 的增大必然使 U_{BEQ} 减少，导致 I_{BQ} 和 I_{CQ} 下降，从而稳定静态工作点。其稳定过程如下：

温度 $T\uparrow \to I_{CQ}\uparrow \to I_{EQ}\uparrow \to U_{EQ}\uparrow \to U_{BEQ}\downarrow \to I_{BQ}\downarrow \to I_{CQ}\downarrow$

四、项目实施与工艺要求

1）在万能电路板上按图 9-10 所示安装共射极放大电路，R_b 改为可变电阻 R_{P1}，改变 R_{P1} 的值，用万用表（或晶体管毫伏表）观测 U_{ce} 数值和用示波器观测 U_{ce} 波形的变化，分析、总结观测到的情况。

2）在万能电路板上按图 9-15 所示安装分压式共射极偏置电路，R_{b1} 改为可变电阻 R_{P2}，改变 R_{P2} 的值，用万用表（或晶体管毫伏表）观测 U_{ce} 数值和用示波器观测 U_{ce} 波形的变化，分析、总结观测到的情况。

五、思考与练习

1）在图 9-10 所示的电路中，如 $U_{CC}=6V$，$R_b=200k\Omega$，$R_c=2k\Omega$，$\beta=50$，试近似估算放大电路的静态工作点 I_{BQ}、I_{CQ}、U_{CEQ}。

2）试分析图 9-15 所示电路稳定静态工作点的过程。

3）如给图 9-10、图 9-15 输入交流正弦波形，试画出从集电极电容耦合输出的波形。

项目 3　稳压电路的安装与测试

一、学习目标

1）掌握稳压二极管的特性及正常工作时在电路中的连接。

2）理解稳压电路的构成，能安装、测试集成稳压电源。

3）了解晶体管串联型稳压电路的工作原理。

二、主要设备、材料及工具

稳压二极管，电解电容（0.33μF/16V、0.1μF/16V 各两只），CW78、CW79 三端稳压器，万能电路板，万用表等。

三、相关知识

1. 稳压二极管

（1）稳压二极管的特性与外形　稳压二极管是利用其反向击穿时，流过稳压二极管的电流有较大的变化而其两端电压基本稳定在某一数值上不发生变化。它的伏安特性、图形符号及外形如图 9-16 和图 9-17 所示，文字符号用 VZ 或 VS 表示。

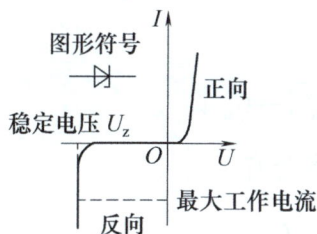

图 9-16　稳压二极管的伏安曲线及图形符号　　　图 9-17　稳压二极管外形

稳压二极管的正向特性与普通二极管相似。反向电压小于击穿电压时，反向电流很小，反向电压临近击穿电压时反向电流急剧增大，发生电击穿。这时电流在很大范围内改变时稳压二极管两端电压基本保持不变，起到稳定电压的作用。必须注意的是，稳压二极管在电路中应用时一定要串联限流电阻，不能让稳压二极管击穿后电流无限增长，否则将立即烧毁。

（2）稳压二极管的主要参数

1）稳定电压 U_Z。稳压二极管在正常工作时，管子两端保持基本不变的电压值，不同型号的稳压二极管，具有不同的稳压值。对同一型号的稳压二极管，由于工艺的离散性，会使其稳压数值不完全相同。例如，稳压二极管 2CW72 的稳定电压是 7~8.8V，也就是说稳定电压可能是 7V，也可能是 8.8V 或 8V。但一只具体的稳压二极管的稳定电压是唯一的确定值。

2）稳定电流 I_Z 及最大稳定电流 I_{ZM}。稳压二极管在稳压范围内的正常工作电流称为稳定电流 I_Z。稳压二极管允许长期通过的最大电流称为最大稳定电流 I_{ZM}。稳压二极管实际工作电流要小于 I_{ZM} 值，否则稳压二极管会因电流过大而过热损坏。

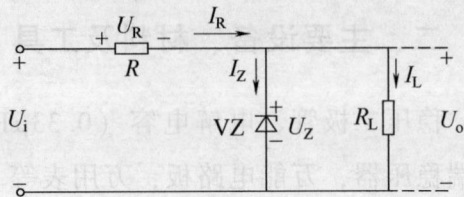

图 9-18　硅稳压二极管稳压电路

2. 硅稳压二极管并联型稳压电路

利用稳压二极管反向击穿工作特性，若将稳压二极管与负载并联，并让其工作在反向击穿区，就能在一定条件下保证负载上的电压基本不变，从而起到稳压的作用，如图 9-18 所示。

1）电路组成。稳压二极管 VZ 反向并联在负载 R_L 两端，这是一个典型的并联型稳压电路。电阻 R 起限流和分压作用。稳压电路的输入电压 U_i 来自整流、滤波电路的输出电压。

2）稳压过程。当电网电压升高引起整流滤波的输出电压 U_o 升高时，在电路中将会有

$$U_o \uparrow \rightarrow U_L \uparrow \rightarrow I_Z \uparrow \rightarrow I_R \uparrow \rightarrow RI_R \uparrow \rightarrow U_o \downarrow$$

若 U_o 不变，I_L 增大（负载加重），在电路中将会有

$$I_L \uparrow \rightarrow I_R \uparrow \rightarrow RI_R \uparrow \rightarrow U_o \downarrow \rightarrow I_L \downarrow$$

3）电路特点。该稳压电路结构简单、元器件少，但输出电压由稳压二极管的稳压值决定，不能调节且输出电流亦受稳压二极管的稳定电流的限制，因此输出电流的变化范围较小，只适用于电压固定的小功率负载且负载电流变化范围不大的场合。

*3. 晶体管串联型稳压电路

在要求输出直流电压连续可调、输出电流大的情况下，就需要采用晶体管串联型稳压电路。图 9-19a 所示为串联型稳压电路原理图，当输入电压波动或负载电流变化时，都会引起输出电压 U_o 的变化，如果能改变 R 值，将 U_o 的变化量转移到 R 两端，U_o 就可以稳定了，其框图如图 9-19b 所示，各环节的作用如下：

1）取样电路：当输出电压变化时，取样电路将 U_o 变化量的一部分送到放大电路放大。

2）基准电压电路：用来产生基准电压。

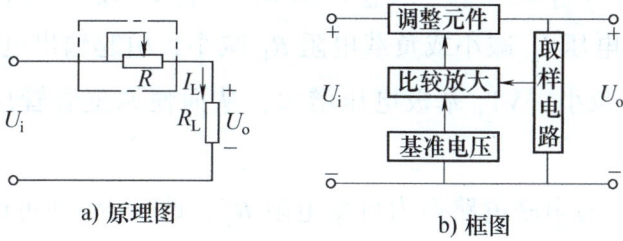

a) 原理图   b) 框图

图 9-19　串联型稳压电路原理图及框图

3）比较放大电路：将取样电路送来的信号与基准电压进行比较放大后，送入调整元件。

4）调整元件：由调整管组成，等效为一个可变的电阻，能实现自动调节输出电压 U_o，使之基本不变。图 9-20 所示为晶体管串联型稳压电路图。工作原理如下：交流电经整流、滤波变为直流电 U_i 输送到由调整管 VT_1、比较放大管 VT_2 及起稳压作用的硅稳压二极管 VZ 和 R_3、R_4 组成的分压取样电路等组成的稳压电路。晶体管 VT_1 集电极与发射极之间的电压降简称为管压降。调整管上的管压降是可变的，当输出电压有减小的趋势时，管压降会自动地变小；有增大趋势时则相反，从而维持输出电压不变。调整管的管压降是由比较放大管来控制的，输出电压经过 R_3、R_4 分压后一部分加到 VT_2 的基极和地之间。由于 VT_2 的发射极对地电压是通过稳压二极管 VZ 稳定的，可认为其不变，这个电压称为基准电压。这样 VT_2 基极电压的变化就反映了输出电压的变化。此变化

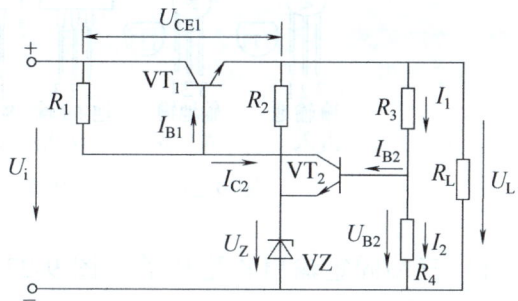

图 9-20　晶体管串联型稳压电路图

反映到 VT_2 的集电极，直接去控制调整管的基极，使调整管的管压降发生相应的变化，从而使输出电压保持稳定。R_2 是提供 VZ 合适电流的限流电阻。R_1 是 VT_2 的集电极负载电阻，又是调整管 VT_1 基极的偏流电阻。

该电路的稳压过程如下：如果输入电压 U_i 增大，或负载电阻 R_L 增大，输出电压 U_L 也增大，通过取样电路将这个变化加在 VT_2 管的基极上，使 U_{B2} 增大。由于 U_Z 是一个恒定电压值，U_{B2} 增大，结果导致 I_{B2} 和 I_{C2} 增大，R_1 上电压降增大，使调整管 VT_1 基极电压减小，基极电流减小，管压降 U_{CE1} 增大，从而使输出电压保持不变。上述稳压过程表示为

$$U_i \uparrow \to U_L \uparrow \to U_{B1} \uparrow \to U_{B2} \uparrow \to I_{B2} \uparrow \to I_{C2} \uparrow \to U_{B1} \downarrow \to I_{B1} \downarrow \to U_{CE1} \downarrow \to U_L \downarrow$$

同理，当输入电压 U_i 减小或负载电阻 R_L 减小，引起输出电压 U_L 减小时，晶体管 VT_2 基极电压减小，VT_1 基极电压增大，从而使调整管管压降减小，输出电压保持不变。

如果将 R_3、R_4 的串联电路换为可变电阻 R_P，改变 R_P 即可改变输出电压。

晶体管串联型稳压电源电路较复杂，一般用集成电路实现，它将稳压电路的各个环节全部集成在一块芯片上，具有体积小、外围元器件少、性能可靠、使用、调整方便等优点，因此得到了广泛的应用。

4. 集成稳压电源

图 9-21 所示为应用最普遍的三端稳压器引脚排列图与框图符号。三端式是指稳压器仅有输入、输出、公共（地）三个接线端子。例如，CW78 系列有 5V、6V、9V、12V、15V、18V、24V 共七档固定正电压输出。如果需要 15V 的输出电压，则选用 CW7815 型。

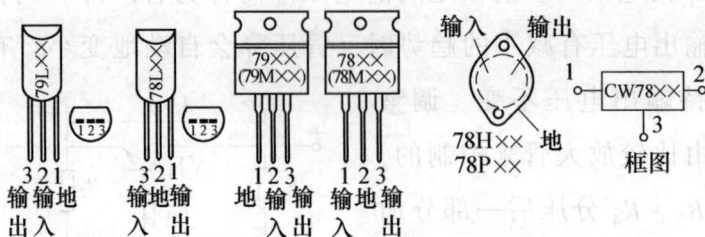

图 9-21 三端稳压器引脚排列图与框图符号

1）三端固定输出式稳压器。图 9-22 所示是具有固定电压输出的稳压电源在电路中的实际连接，通常是在整流滤波电路之后接上三端稳压器。输入端接入的电容 C_1，以旁路高频干扰信号，消除自激振荡。输出端的电容 C_2 起滤波作用。

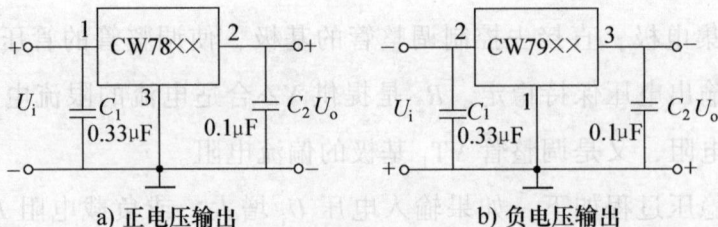

a) 正电压输出　　　　b) 负电压输出

图 9-22 三端固定式稳压电路

2）正负电压输出电路。图 9-23 所示为正负电压输出的应用电路，它由一个 CW78 与 CW79 系列的典型电路共用一个接地端组合而成。图中，CW78 部分输出正电压，CW79 部分输出负电压，输出电压的数值由电路中所选用的稳压器的型号相对应。

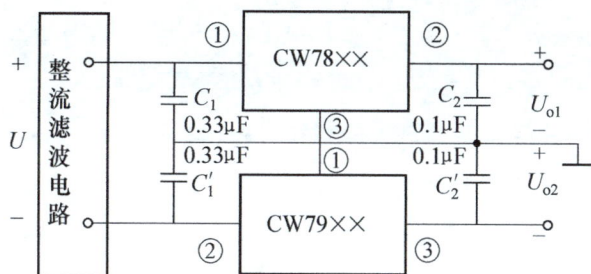

图 9-23　正负电压输出电路

四、项目实施与工艺要求

采用第八单元项目 5 的整流电源，完成下列项目。

1）在万能电路板上按图 9-18 所示安装硅稳压二极管稳压电路，改变 U_i 和 R_L，测试输出电压 U_o 的变化（注意 U_i、R_L 的范围）。

2）在万能电路板上按图 9-22 所示安装三端固定式稳压电源，改变 U_i 和 C_1、C_2，测试输出电压 U_o 的变化。

五、思考与练习

1）要使稳压二极管正常工作，在电路中其正极应接_____（高、低）电位。稳压二极管的正向特性与普通二极管_____，但反向特性_____，稳压二极管工作于_____区。

2）稳压二极管正常工作须在一定的电流范围，因此其电路中往往要串联一个_____。

3）三端稳压器电路的输入端接入电容的作用是_____。输出端电容的作用是_____。

4）同一型号的稳压二极管的稳压值一定相同吗？

第十单元　数字电路基础

▶ **学习目标**

了解数字电路的特点和常用逻辑门电路的逻辑符号与逻辑功能。

电子电路所处理的电信号可分为两大类：一类是其数值随时间连续变化的信号，称为模拟信号，如音频信号、温度模拟信号等；另一类是其数值不连续变化的信号，称为数字信号，也称为脉冲信号。用来处理数字信号的电路称为数字电路，它是现代电子技术的基础，例如，微型计算机、数控系统、数字视听设备等都是采用数字电路技术来处理信息的。

项目1　晶体管的开关特性与逻辑门电路

一、学习目标

1）进一步巩固二极管的开关特性。
2）了解晶体管的开关特性及逻辑门电路。

二、主要设备、材料及工具

每组：红、绿发光二极管各一只，300Ω 碳膜电阻两只，200Ω、600Ω 碳膜电阻各一只，学生电源一台，万能电路板一块，软导线等。

三、相关知识

1. 二极管与晶体管的开关特性

在数字电路中，大多数二极管和晶体管是工作在开关状态。它们在脉冲信号作用下，时而饱和导通，相当于开关"接通"；时而截止，相当于开关

"断开"。研究它们的开关特性，就是具体分析饱和导通与截止之间的转化问题。

1）二极管的开关特性。如图 10-1 所示，当输入为高电平 U_H 时，二极管正向导通，在负载 R_L 上获得一个除去二极管压降的高电平。当输入为不超过反向击穿电压的低电平 U_L 时，二极管反向截止，电路中只有二极管的反向漏电流存在。一般地，二极管由截止到导通所需的时间极短，可以忽略，但由导通转为截止过程所需的时间（反向恢复时间）为几纳秒，不可忽略。

2）晶体管的开关特性。晶体管作为开关应用时，常采用共发射极接法，如图 10-2 所示。当基极输入一定幅度的正脉冲时，晶体管进入饱和导通状态，c、e极间相当于接通的开关，电路中有稳定电流流过，$U_{ce} \approx 0$；当基极输入为负脉冲时，晶体管进入截止状态，c、e极间相当于断开的开关，$U_{ce} = U_{cc}$。

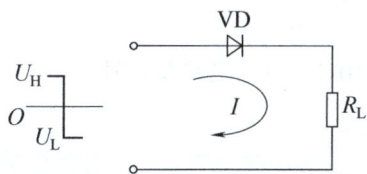

图 10-1　二极管开关电路　　　　图 10-2　晶体管开关电路

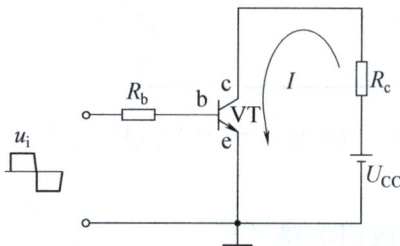

2. 基本逻辑门电路

逻辑门电路是指具有多个输入端和一个输出端的开关电路。它是按照一定的规律而动作的。这些电路像门一样依一定的条件"开"或"关"，所以又称"门"电路。逻辑门中逻辑的内涵是指一定的因果关系，即"条件和结果的关系"。

为简便地描述逻辑关系，通常用熟知的符号"0"和"1"来表示某一事物的对立状态，比如电路的"高"与"低"、开关的"合"与"断"、事物的"真"与"假"等。这里的 0 和 1 的概念，并不是通常在数学中表示数量的大小，而是作为一种表示符号，故称之逻辑"0"和逻辑"1"。在逻辑电路中总是用电位的高、低来控制门电路，如果用"1"表示高电平，用"0"表示低电平，称正逻辑；如果用"1"表示低电平，用"0"表示高电平，则称负逻辑。一般地，人们习惯采用正逻辑关系。

（1）与门电路

1）与逻辑关系。与逻辑关系可用图 10-3 说明。图中只有当两个开关 A 与 B

都闭合时，灯泡才亮；只要有一个开关断开，灯泡就不亮。这就是说，"当一件事情（灯亮）的几个条件全部具备（开关 A、B 均闭合）之后，这件事情（灯亮）才能发生，否则不发生"。这样的因果关系称为与逻辑关系。逻辑与的表达式为 $P = AB$ 或 $P = A \cdot B$。式中的 A、B 表示两个条件的状态。

2）与门电路。最简单的与门电路由二极管和电阻组成，如图 10-4 所示，A、B 为电路的两个输入端，输出端的电位（电平）有高、低两种情况。高电平为 2.7~5V，低电平为 0~0.4V。该电路的逻辑关系为当 A、B 全为高电平时，P 端输出为高电平；否则 P 端输出为低电平。

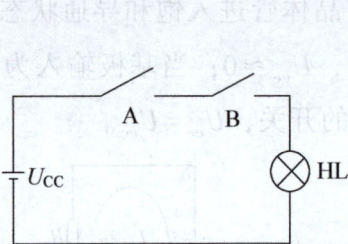

图 10-3　用串联开关说明与逻辑关系　　　图 10-4　与门电路及符号

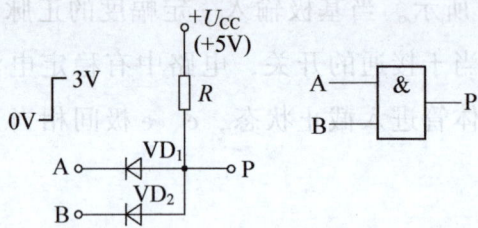

（2）或门电路

1）或逻辑关系。或逻辑关系可用图 10-5 说明。图中电路由 A、B 两个并联开关和灯泡组成。显然，只要开关 A、B 中有一个（或一个以上）接通，灯泡就会亮。只有开关 A、B 全部断开，灯泡才不亮。这就是说，在决定一件事情的各种条件中，至少具备一个条件，这件事情就会发生。这样的因果关系称为或逻辑关系。逻辑或的表达式为 $P = A + B$。

2）或门电路。图 10-6 所示为或门电路，其输入、输出端与二极管的连接关系同与门电路相比是相反的。其逻辑关系为当 A、B 全为低电平输入时，P 端输出为低电平；否则，输入端只要有一个高电平，P 端输出即为高电平。

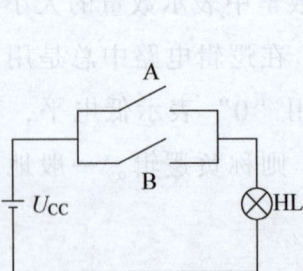

图 10-5　用关联开关说明或逻辑关系　　　图 10-6　或门电路及符号

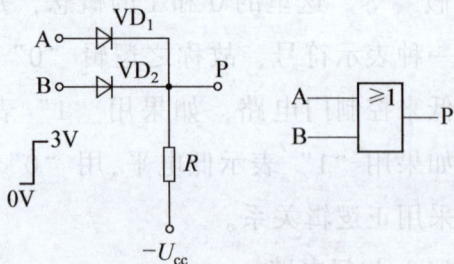

（3）非门电路 输入与输出是反相的关系，即输出总是输入的否定，这种逻辑关系称为逻辑非。其逻辑关系为 P = $\overline{A}$。式中的 $\overline{A}$ 应读作 A 非或 A 反。

图 10-7 所示为非门电路及符号。晶体管是开关器件，$-U_{cc}$ 是使晶体管可靠截止而设的偏置电源，C_1 为加速电容。当电路输入端 A 为高电平，$u_i = 3V$ 时，晶体管饱和（c、e 极间相当于开关接通），输出端 P 为低电平，$u_o = 0V$；当 A 端为低电平时，晶体管截止（c、e 极间相当于开关断开），输出端 P 为高电平，$u_o = +U_{cc}$，实现了非逻辑关系。

四、项目实施与工艺要求

按图 10-8 所示制作逻辑电平笔。印制板以狭长形为宜，可置入旅行牙刷盒或空心塑料管内，将红、绿发光二极管的球形端面稍露出盒（管）外，焊接无误后，即可通电试验。输入端的触针可用直径为 1mm 的铜线制作。逻辑电平笔的结构、外形也可自行设置。

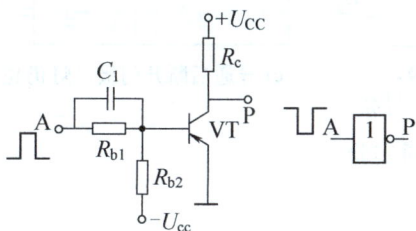

图 10-7 非门电路及符号

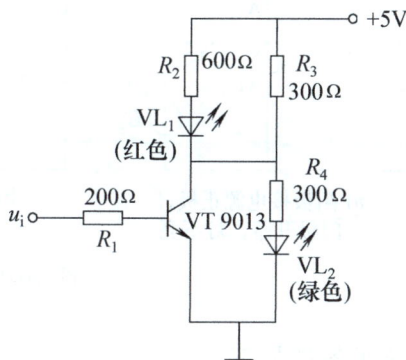

图 10-8 逻辑电平笔电路图

五、思考与练习

1）分析与门、或门的输入端输入全高、全低、不全高、不全低电平时其输出电平值，由此列出逻辑关系表，总结它们的逻辑关系。

2）分析图 10-8 所示逻辑电平笔电路图的工作原理。

3）逻辑关系式 P = A·B 及 P = A+B，是指 A 乘以 B 及 A 加 B 吗？

＊项目 2 晶闸管调光、调速

晶闸管简称 SCR，是一种大功率变流电力电子器件。它的种类很多，但应用最多的是单向晶闸管和双向晶闸管。通常在未加说明的情况下指单向晶闸管。

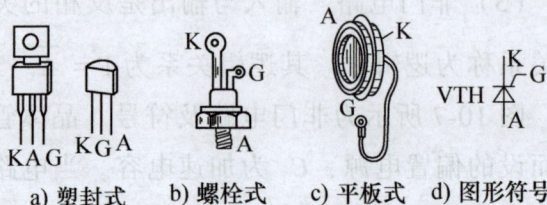

a) 塑封式　　b) 螺栓式　　c) 平板式　d) 图形符号

图 10-9　晶闸管的外形与图形符号

1. 单向晶闸管

（1）单向晶闸管的外形和工作条件

1）单向晶闸管的外形。目前大功率晶闸管的外形结构有螺栓式和平板式两种，其外形和电路图符号如图 10-9 所示，它有三个电极：阳极 A、阴极 K 和门极 G。

2）晶闸管的工作条件。做图 10-10 所示的实验，总结其导通与关断的工作条件。

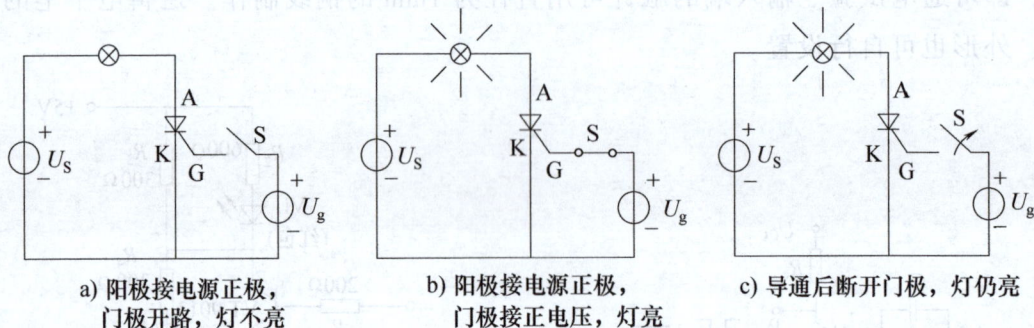

a) 阳极接电源正极，门极开路，灯不亮　　　b) 阳极接电源正极，门极接正电压，灯亮　　　c) 导通后断开门极，灯仍亮

图 10-10　晶闸管导通实验

导通条件如下：

① 不加门极电压，即使阳极加正电压，晶闸管也不能导通。

② 只有阳极、门极都加上正电压，晶闸管才能导通。因此门极具有控制晶闸管导通的作用。

③ 晶闸管一旦导通，门极将失去作用。

关断条件：正向阳极电压降低到一定值或在晶闸管阳、阴极之间施加反向电压，使流过晶闸管的电流小于导通的维持电流。

（2）单向晶闸管的主要参数

1）额定正向平均电流。额定正向平均电流指在规定的环境温度和散热条件下，允许通过阳极和阴极之间的电流平均值。

2）维持电流。维持电流指在规定的环境温度、门极断开的条件下，保持晶闸管处于导通状态所需要的最小正向电流，一般为几毫安到几十毫安不等。

3）门极触发电压和电流。门极触发电压和电流指在规定的环境温度及一定正向电压条件下，使晶闸管从关断到导通，门极所需的最小电压和电流。小功率晶闸管触发电压约为1V，触发电流为零点几到几毫安，中功率以上的晶闸管触发电压约为几伏到几十伏，触发电流为几十毫安到几百毫安。

4）正向阻断峰值电压。门极断开加正向电压，晶闸管截止的状态称为正向阻断，此时允许加到晶闸管上的正向电压最大值，称为正向阻断峰值电压。使用时，正向电压若超过此值，晶闸管即使不加触发电压也能从正向阻断转向导通。

5）反向阻断峰值电压。门极断开，加反向电压晶闸管截止的状态称为反向阻断，此时允许加到晶闸管上的反向电压最大值，称为反向阻断峰值电压。通常正、反向峰值电压是相等的，统称峰值电压。一般晶闸管的额定电压就是指峰值电压。

（3）单向晶闸管的简易检测　对外形是螺栓式、平板式的晶闸管，其极性凭外形即可判断，但对一些小电流的塑封管就需要掌握其极性的简单判别方法。

1）将万用表置于电阻档的 $R \times 1k$，测量三个电极间电阻，一般地，阳极与阴极间，阳极与门极间的正、反向电阻值均应在几百千欧以上，而门极与阴极间的正、反向电阻稍小些，且正、反向电阻有一定的差别，但较小（如果没有差异，则该管是坏的），测试时阻值较小时黑表棒对应的为门极，红表棒对应的为阴极。

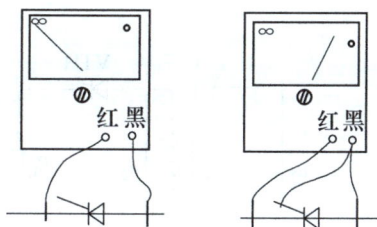

图 10-11　万用表检测小功率晶闸管

2）对上述电极的判断可进一步按图10-11所示的方法进行确认。将万用表置于电阻档 $R \times 10$，黑表棒接初步判定的阳极（万用表内电源正极），红表棒接初步判定的阴极（万用表内电源负极），此时晶闸管阳极与阴极间加上正向电压，但晶闸管并没导通，万用表指针指示∞处。然后从黑表棒上引出一根导线与门极相连，此时万用表指针摆动，晶闸管导通（相当于门极加触发电压）。之后，将门极连线脱开，万用表指针不返回∞处（晶闸管维持导通），这说明上述电极判断是正确的，也说明此晶闸管是好的。

（4）单向晶闸管的应用　利用晶闸管"触发导通"的特性，可用它组成"可控、可调"的整流电路，使负载得到可调控的电压。

1）单向半波可控整流电路。图10-12所示为单向半波可控整流电路。

① 在电源正半周时，晶闸管 VTH 承受正向电压，当门极没有加触发电压时，

其处于正向阻断状态，负载电压为 0。

② 当 $\omega t = \alpha$ 时，门极加有触发电压 u_g，晶闸管 VTH 具备了导通条件而导通，晶闸管本身正向压降很小可忽略，电源电压几乎全部加到负载上，$u_L = u_2$。

③ $\alpha < \omega t < \pi$ 期间，尽管 u_g 在晶闸管导通后即已消失，但晶闸管仍保持导通，因此，在这期间，负载电压 u_L 基本上与电源电压相等。

④ 交流电过零时晶闸管自行关断。之后进入电源负半周，晶闸管承受反向电压，呈反向阻断状态，负载电压为 0。以后，以此往复。

通常，把图 10-12 中的 α 角叫作触发延迟角，θ 叫作导通角。显然，触发延迟角 α 越大，导通角 θ 越小，两者关系为 $\alpha + \theta = \pi$。

晶闸管的门极控制电压起触发作用，因此，该电压一般采用脉冲信号。

2) 单相桥式可控整流电路。图 10-13a 是单相桥式可控整流电路。T 为变压器，$VD_1 \sim VD_4$ 四个整流二极管组成桥式整流电路，晶闸管 VTH 控制输出电压的值，R_L 为负载。参看图 10-13b，工作原理如下。

① 桥式整流输出电压，对晶闸管 VTH 而言是正向电压，只要触发电压 u_g 到

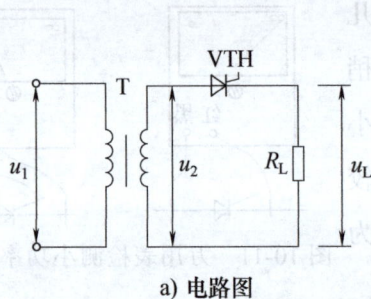

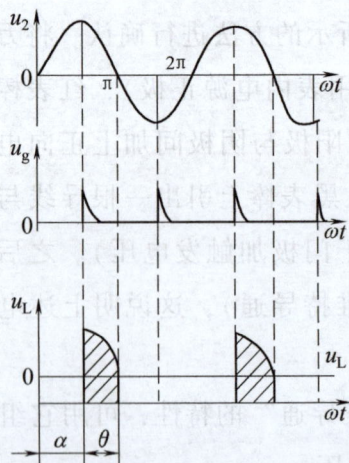

a) 电路图

b) 波形图

图 10-12 单向半波可控整流电路

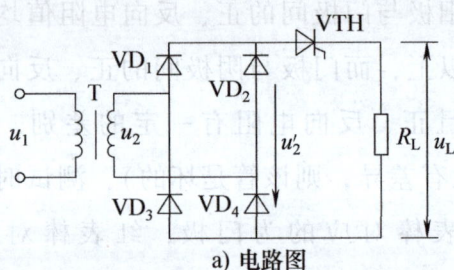

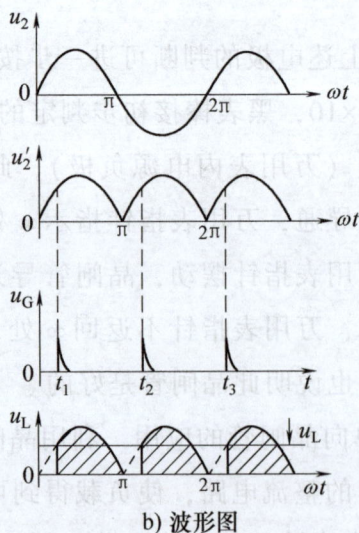

a) 电路图

b) 波形图

图 10-13 单向桥式可控整流电路

来，VTH 即导通。忽略 VTH 正向压降，则负载电压 u_L 与 u_2' 对应部分基本相等。

② u_2' 过零值时，晶闸管自行关断，在 u_2' 的第二个半周中，电路重复第一个半周的情形。

由图 10-13 可知，该电路也是通过调整触发信号出现的时间来改变晶闸管的触发延迟角 α 和导通角 θ 来实现控制输出直流电压平均值。

3）音乐彩灯控制器。图 10-14 为音乐彩灯控制器电路。从收录机、功率放大器等音响设备的扬声器两端，引出音频信号（属交流正弦波信号），以该音频信号经升压变压器 T 升压后，作为单向晶闸管（3CT 型）的触发信号。由于音频信号的幅度会随着音乐节奏而不断变化，因此，当幅度大时（交流正半周），晶闸管导通；而当幅度小时，晶闸管仍处于阻断状态。另外，由于音频信号的构成比较复杂，其中的某些信号会改变晶闸管的导通角。这样晶闸管就工作在导通、阻断或非全导通状态，使负载黄、红、绿、蓝 4 组彩灯随音乐的旋律而不断闪烁。

图中 R_p 为 5.1kΩ 带开关的大型电位器，调节 R_p 的阻值，可使彩灯工作在跳跃、干脆、明快的最佳状态。T 为升压变压器，可用晶体管收音机的输入变压器代替，使用时，变压器二次侧接电位器，一次侧接在晶闸管的 G、K 之间。VTH

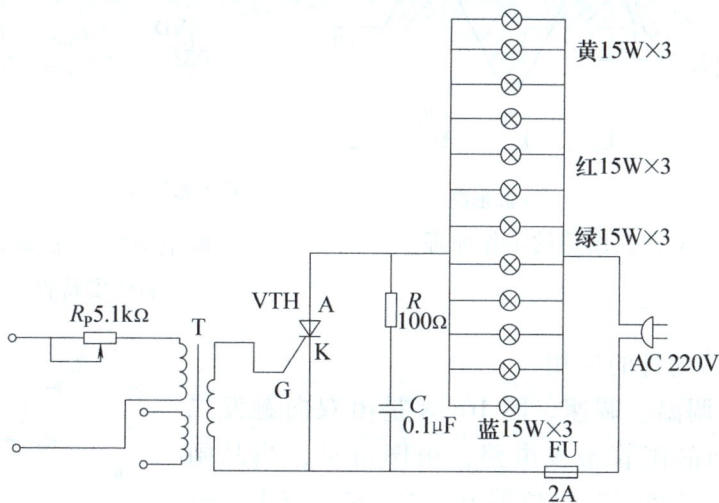

图 10-14　音乐彩灯控制电路

可选用 3A/600V 的 3CT 型国产塑封单向晶闸管。

2. 双向晶闸管

在生产中有的场合常常需要交流电压可调，例如异步电动机调速（如风扇），或没有必要将交流电整流成直流电后再调压，例如电热设备的调温、灯泡调光等。实践中人们采用双向晶闸管，它在交流电的正、负半周在门极触发电压的作用下都能可控导通，实现调压。

（1）双向晶闸管的外形 图 10-15 所示是双向晶闸管的外形与图形符号。它与单向晶闸管一样有三个电极，但它没有阳极与阴极之分，而统称为主电极 T1 和 T2。

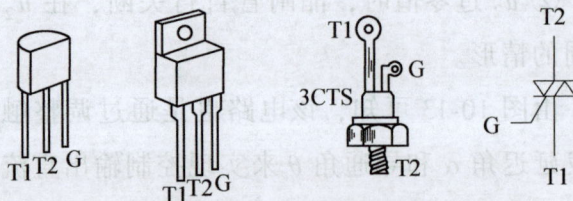

图 10-15 双向晶闸管的外形与图形符号

（2）双向晶闸管的工作原理 双向晶闸管的工作原理如图 10-16 所示，图 10-16a 为电路图，图 10-16b 为波形图。在电源正半周时，门极 G 加触发电压（正、负均可）u_g，晶闸管正向导通。交流电过零值时，晶闸管阻断。在电源负半周时，门极 G 加触发电压，晶闸管反向导通。双向晶闸管具有正反两方向都可控导通的特性，因此，它输出的电压是交流可调。这一特性使它广泛应用于交流调压、交流调速电路。

由于双向晶闸管门极 G 的触发电压可以是正电压也可以是负电压，因此可采用交流电压。实践中采用双向触发二极管来构成。双向触发二极管的图形符号、伏安特性如图 10-17 所示。它的正反向特性具有基本的对称性。

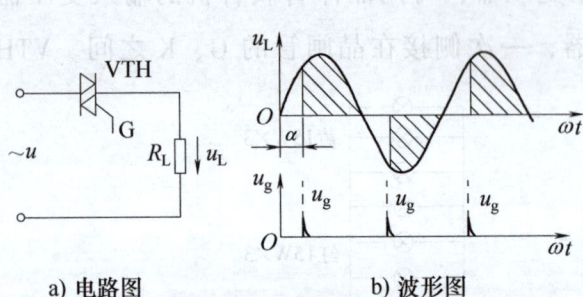

a) 电路图　　　b) 波形图

图 10-16　双向晶闸管的工作原理

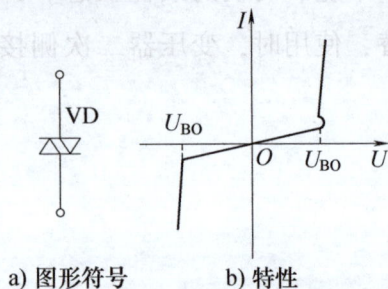

a) 图形符号　　b) 特性

图 10-17　双向触发二极管的伏安特性、符号

（3）双向晶闸管的应用

1）调光、调温、调速。图 10-18 是由双向触发二极管组成的双向晶闸管触发电路，由图可见，当晶闸管阻断时，电源经负载及电位器 R_P 向电容 C 充电。电容电压 u_C 达到一定值时，双向二极管 VD 转折导通，双向晶闸管 VTH 触发导通，R_L 上的电压即为对应的交流 u；双向晶闸管 VTH 导通后将触发电路短路。交流电压过零反向时，双向晶闸管 VTH 自行关断。之

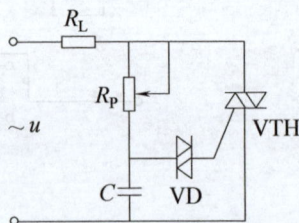

图 10-18　双向二极管、晶闸管构成的电路图

后，电源反向给电容 C 充电，充电到一定值时，双向触发二极管 VD 反向转折导通，再次触发双向晶闸管 VTH 导通。改变 R_P 阻值即可改变正负半周触发延迟，从而调节在负载 R_L 上的交流电压。图 10-19 是实用交流调压电路，将图中 R_L 换

成灯泡、电热毯、电扇就可完成调光、调温及调速功能。若换成插座就可对外交流调压供电。

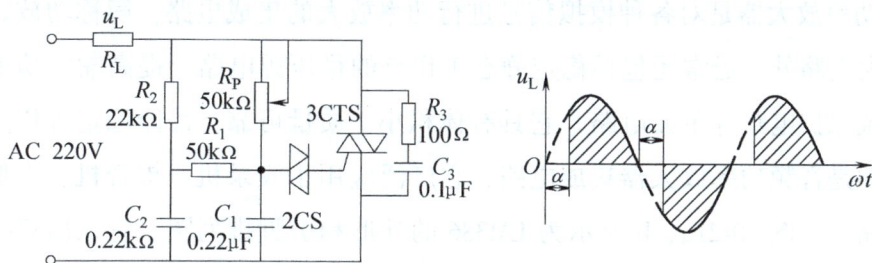

图 10-19　交流、调压电路

2) 安全感应开关电路。生产中为防止机床、冲床等危险工作场所发生意外等危险事故，常安装安全感应开关以保护操作人员的安全，也可安装在某些场合作防盗用。

安全感应开关电路如图 10-20 所示，是以双向晶闸管 3CTS 为主组成。图中，Ne 为氖管，B 是一块金属板作为感应板，放置在危险区的边缘。当人体接近感应板时，产生的电容和本机的电容器 C_1 对电源进行分压，促使氖管 Ne 导通点

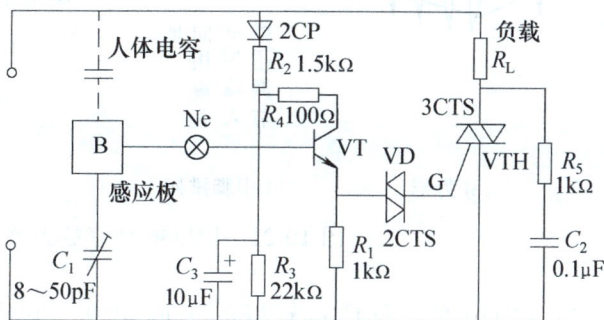

图 10-20　安全感应开关电路图

燃，再经 VT 组成的射极输出器使双向二极管 VD 导通，触发双向晶闸管 VTH 导通，负载 R_L 上就有电流通过，带动负载如控制电源开关断开的线圈工作，切断电源保护操作人员。负载也可以是防盗装置如电铃等。图中，R_5、C_2 起到保护 VTH 的作用，消除双向晶闸管的控制感性负载产生的过电压。调整 C_1 的大小和改变感应板的大小，就可改变人体与感应板的触发距离。

阅读材料五　集成功率放大器简介

集成电路是指将具有特定功能的整个电路的元器件及它们之间的连接线通过特定的工艺制作在同一块硅基片上所形成的电子器件，用 IC 表示，如第九单元项

目 3 中的集成稳压器。

1. 集成功率放大器

集成功率放大器是对各种模拟信号进行功率放大的集成电路，简称功放。它的内部除了放大电路外，通常还包括稳定静态工作点的稳压源电路、提高输出功率的输出电路、过载保护电路等单元电路。它具有体积小、质量可靠、性能稳定等优点。目前应用最多的是音频功率放大器集成电路，它广泛应用于收录机、扩音机、小型电视机等家电产品中。图 10-21a、b 所示为 LM386 的外形和引脚排列图。它采用双列直插式塑料封装，其额定工作电压范围为 4～16V。当其工作电压为 4V，负载电阻为 4Ω 时，输出功率约为 300mW。图 10-21c 为 LM386 功率放大器应用电路。

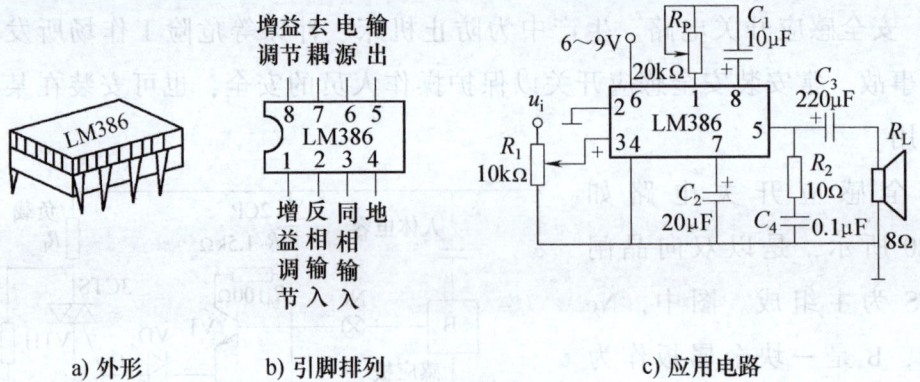

a) 外形　　　　b) 引脚排列　　　　c) 应用电路

图 10-21　LM386 功率放大器及其应用电路

TDA2030 是一种质量较好的集成功放。它内部有过载保护电路，输出过载时不会损坏；可以采用双电源供电，也可以采用单电源供电。当 $U_G = 14V$，$R_L = 4Ω$ 时，输出功率可达 14W。图 10-22a 为其外形图，图 10-22b 是 TDA2030 的应用电

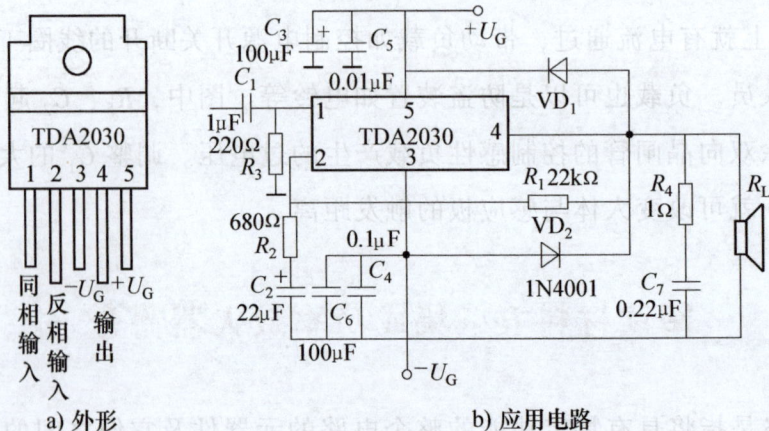

a) 外形　　　　　　　　　　b) 应用电路

图 10-22　TDA2030 功率放大器及其应用电路

路，图中接入二极管 VD_1、VD_2 是为防止电源接反而损坏组件所采取的措施。

2. 集成电路的引脚识别

集成电路引脚较多，正确识别引脚排列顺序是很重要的，否则将造成使用上的失误，轻者电路不能正常工作，重者将损坏集成电路。

1) 集成电路引脚定位标志。定位标志有突耳、空位、色点、缺角、小孔、色带、凸点、凹点等。

2) 集成电路引脚识别方法。正面（标注商标的一面）朝上，标识端朝左，从定位标识侧的第一只引脚开始，按逆时针方向依次为 1，2，3，…，n 脚，如图 10-23 所示。

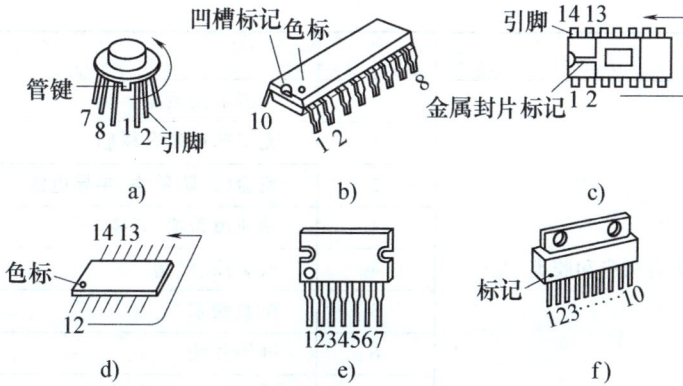

图 10-23　几种集成电路引脚标志

附录

附录 A 电气绝缘材料产品的大类代号与小类代号

大类代号	大类名称	小类代号	小 类 名 称
1	漆、可聚合树脂和胶类	0	有溶剂浸渍漆
		1	无溶剂可聚合树脂
		2	覆盖漆、防晕漆、半导电漆
		3	硬质覆盖漆、瓷漆
		4	胶黏漆、树脂
		5	熔敷粉末
		6	硅钢片漆
		7	漆包线漆、丝包线漆
		8	灌注胶、包封胶、浇注树脂、胶泥、腻子
2	树脂浸渍纤维制品类	0	棉纤维漆布
		2	漆绸
		3	合成纤维漆布、上胶布
		4	玻璃纤维漆布、上胶布
		5	混织纤维漆布、上胶布
		6	防晕漆布、防晕带
		7	漆管
		8	树脂浸渍无纬绑扎带
		9	树脂浸渍适形材料
3	层压制品、卷绕胶制品和引拔制品类	0	有机底材层压板
		1	真空压力浸胶制品
		2	无机底材层压板
		3	防晕板及导磁层压板
		5	有机底材层压管
		6	无机底材层压管
		7	有机底材层压棒
		8	无机底材层压棒
		9	引拔制品

大类代号	大类名称	小类代号	小类名称
4	模塑料类	0	木粉填料为主的模塑料
		1	其他有机填料为主的模塑料
		2	石棉填料为主的模塑料
		3	玻璃纤维填料为主的模塑料
		4	云母填料为主的模塑料
		5	其他有机填料为主的模塑料
		6	无填料塑料
5	云母制品类	0	云母纸
		1	柔软云母板
		2	塑型云母板
		4	云母带
		5	换向器云母板
		6	电热设备云母板
		7	衬垫云母板
		8	云母箔
		9	云母管
6	薄膜、黏带和柔软复合材料类	0	薄膜
		1	薄膜上胶带
		2	薄膜黏带
		3	织物黏带
		4	树脂浸渍柔软复合材料
		5	薄膜绝缘纸柔软复合材料、薄膜漆布柔软复合材料
		6	薄膜合成纤维纸柔软复合材料、薄膜合成纤维非织布柔软复合材料
		7	多种材质柔软复合材料

注：绝缘材料的分类号均为0~9共10个号，其中空缺号为将来新产品预备号。

附录 B 常见电工仪表和附件的表面标志符号

名称	符号	名称	符号
A. 测量单位的符号		千状	kV
千安	kA	伏特	V
安培	A	毫状	mV
毫安	mA	微伏	μV
微安	μA	兆瓦	MW

（续）

名称	符号	名称	符号
千瓦	kW	电动系仪表	
瓦特	W		
兆乏	Mvar	电动系比率表	
千乏	kvar		
乏尔	var		
兆赫	MHz	铁磁电动系仪表	
千赫	kHz		
赫兹	Hz		
太欧	TΩ	铁磁电动系比率表	
兆欧	MΩ		
千欧	kΩ		
欧姆	Ω	感应系仪表	
毫欧	mΩ		
微欧	μΩ		
库仑	C	静电系仪表	
毫韦伯	mWb		
毫特斯拉	mT		
微法	μF	整流系仪表（带半导体整流器和磁电系测量机构）	
皮法	pF		
亨	H		
毫亨	mH	热电系仪表（带接触式热变换器和磁电系测量机构）	
微亨	μH		
摄氏度	℃		
B. 仪表工作原理的图形符号		C. 工作电流种类的符号	
磁电系仪表		直流	
		交流（单相）	
磁电系比率表		直流和交流	
电磁系仪表		具有单元件的三相平衡负载交流	
		D. 准确度等级的符号	
电磁系比率表		以标度尺量限百分数表示的准确度等级。例如1.5级	1.5

名称	符号	名称	符号
以标度尺长度百分数表示的准确度等级。例如 1.5 级	∨1.5	接地用的端钮（螺钉或螺杆）	⊥
以指示值的百分数表示的准确度等级。例如 1.5 级	∨1.5	与外壳相连的端钮	⊥
E. 工作位置的符号		与屏蔽相连的端钮	◯
标度尺位置为垂直的	⊥	调零器	⌒
标度尺位置为水平的	⌐	H. 按外界条件分组的符号	
标度尺位置与水平面倾斜成一角度。例如 60°	∠60°	A 组仪表	△A
F. 绝缘强度的符号		B 组仪表	△B
不进行绝缘强度试验	☆0	C 组仪表	△C
绝缘强度试验电压为 500V	☆	Ⅰ级防外磁场（例如磁电系）	⬛
绝缘强度试验电压为 2kV	☆2	Ⅰ级防外电场（例如静电系）	⬛
G. 端钮、调零器符号		Ⅱ级防外磁场及电场	Ⅱ ⬛
正端钮	+	Ⅲ级防外磁场及电场	Ⅲ ⬛
负端钮	−		
公共端钮（多量限仪表和复用仪表）	⤬	Ⅳ级防外磁场及电场	Ⅳ ⬛

参 考 文 献

[1]　王兆晶. 维修电工：初级 [M]. 2版. 北京：机械工业出版社，2018.

[2]　朱照红. 设备电气安装工：初级 [M]. 2版. 北京：机械工业出版社，2013.

[3]　潘玉山. 设备电气安装工：中级 [M]. 2版. 北京：机械工业出版社，2013.

[4]　文春帆，李乃夫. 电工与电子技术 [M]. 2版. 北京：高等教育出版社，2008.

[5]　文春帆，金受非. 电工仪表与测量 [M]. 2版. 北京：高等教育出版社，2004.

[6]　申凤琴. 电工电子技术及应用 [M]. 3版. 北京：机械工业出版社，2016.

[7]　李敬梅. 电力拖动控制线路与技能训练 [M]. 4版. 北京：中国劳动社会保障出版
　　社，2015.

[8]　赵承荻. 维修电工技能训练 [M]. 3版. 北京：中国劳动社会保障出版社，2005.

[9]　麦汉光，王军伟. 家用电器技术基础与维修技术 [M]. 3版. 北京：高等教育出版
　　社，2007.